# Lexikon
# Lebensmittelzusatzstoffe

**Die Deutsche Bibliothek — CIP-Einheitsaufnahme**

Lexikon Lebensmittelzusatzstoffe / Hrsg: Erich Lück.
Unter Mitarbeit von Käte K. Glandorf . . .
Hamburg: Behr's, 1992
ISBN 3-86022-049-7
NE: Lück, Erich [Hrsg.]; Glandorf, Käte K.

© B. Behr's Verlag GmbH & Co., Averhoffstraße 10, 2000 Hamburg 76
Auflage 1992
Gesamtherstellung: DSD, Datenaufbereitung, Satz und Druckprodukte, Hamburg

Alle Rechte – auch die der auszugsweisen Wiedergabe vorbehalten. Autoren und Verlag haben das Werk mit größter Sorgfalt zusammengestellt. Für etwaige sachliche und drucktechnische Fehler kann jedoch keine Haftung übernommen werden.

Geschützte Warennamen (Warenzeichen) werden nicht besonders kenntlich gemacht. Aus dem Fehlen eines solchen Hinweises kann nicht geschlossen werden, daß es sich um einen freien Warennamen handelt.

# Lexikon Lebensmittelzusatzstoffe

**Herausgeber: Erich Lück**

unter Mitarbeit von
Käte K. Glandorf, Hartmut Gölitz, Ludwig Grosse,
Alfred Jäger, Gisbert Otterstätter,
Gert-Wolfhard von Rymon Lipinski

**BEHR'S...VERLAG**

# Vorwort

Lebensmittelzusatzstoffe werden seit Jahren in der Öffentlichkeit kontrovers diskutiert. Sie stehen in einem Spannungsfeld zwischen

- dem Nutzen für den Verbraucher,
- der Notwendigkeit für den Lebensmittelhersteller und den Lebensmittelhandel,
- der Furcht vor der Möglichkeit einer Schädigung der Gesundheit und
- der Meinung, solche Stoffe seien zum größten Teil schlicht überflüssig.

So gut wie alle Zweige der Lebensmittelwirtschaft benutzen Zusatzstoffe – weil man sie braucht. Viele Lebensmittel wären ohne sie gar nicht vorstellbar. Selbst im Haushalt werden sie verwendet, oft, ohne daß die Hausfrau sich dieser Tatsache bewußt ist.

Auf der einen Seite reden Nichtfachleute oder selbsternannte „Experten" mit einem bemerkenswerten Mangel an Sachkenntnis und Verständnis für die Zusammenhänge der Öffentlichkeit eine angebliche Schädlichkeit solcher Stoffe ein. Selbst einzelne Fachkollegen mit einem gewissen Sendungsbewußtsein versuchen nörgelnd, dem Verbraucher nahezubringen, er werde von der „bösen Industrie" mit Zusatzstoffen vergiftet (wer vergiftet schon seine Kunden?). Gleichzeitig verdammen sie dann aber den „Fabrikzucker", weil er so rein ist und keine anderen Stoffe enthält als Saccharose.

Auf der anderen Seite gibt es eine Anzahl von kompetenten und seriösen Fachleuten verfaßter Bücher, welche die Fakten über bestimmte Zusatzstoffe oder Zusatzstoffgruppen darstellen. Auch Monographien über das Gesamtgebiet der Zusatzstoffe sind vorhanden. So hat z. B. der Behr's Verlag kürzlich damit begonnen, eine Loseblattsammlung unter dem Titel „Handbuch Lebensmittelzusatzstoffe" herauszubringen, verfaßt von Käte K. Glandorf und Peter Kuhnert.

Dieses Lexikon hat es sich zum Ziel gesetzt, einem Mangel abzuhelfen. Es bringt in kurzer und prägnanter Form Informationen und Fakten darüber,

- woher die Zusatzstoffe kommen,
- woraus sie bestehen,
- warum man sie einsetzt,
- in welcher Form man sie verwendet,
- in welcher Konzentration man sie benutzt und
- wofür sie zugelassen sind.

Ein Lexikon wie dieses fehlte bisher. Als Nachschlagewerk kann und soll es Bücher und Monographien über Spezialthemen nicht ersetzen, sondern zu ihnen hinführen, vor allem zu dem erwähnten Handbuch Lebensmittelzusatzstoffe. Es ist eine Gemeinschaftsarbeit von Autoren, die sich ausnahmslos seit vielen Jahren, einige ein Berufsleben lang, mit dem Thema der Lebensmittelzusatzstoffe und ihrer Anwendung befaßt haben und befassen. Der Herausgeber hat die von den Autoren gelieferten Einzeltexte in eine einheitliche Fassung gebracht, um das Nachschlagen zu erleichtern. Der telegrammartige Stil ist aus Platzgründen gewählt worden. Viele durch → kenntlich gemachte Querverweise stellen den Bezug zwischen den Namen der Zusatzstoffgruppen und der Einzelstoffe her.

Unter Zusatzstoffen werden in diesem Lexikon nicht nur die Zusatzstoffe im Sinne des deutschen Lebensmittel- und Bedarfsgegenständegesetzes oder entsprechender ausländischer Gesetze verstanden, sondern schlechthin alle Stoffe, die man Lebensmitteln zusetzt, um gezielt bestimmte Effekte zu erreichen. Das Buch geht also in seiner Thematik weit über den Begriff des Lebensmittelzusatzstoffes der Lebensmittelgesetze hinaus.

Das Buch enthält zwei Arten von Stichwörtern, solche die bestimmte Zusatzstoffgruppen erklären (z. B. Emulgatoren, Konservierungsstoffe usw.) und Stichwörter, die sich auf ganz bestimmte Stoffe beziehen (z. B. Sorbinsäure, Lecithin, Essigsäure usw.). Der Umfang der Worterklärungen richtet sich nach der Bedeutung der Stoffgruppen bzw. Einzelstoffe.

Für die Darstellung wurde nicht nur ein einheitlicher Stil angestrebt sondern auch eine einheitliche Systematik. Nach kurzen Angaben über die Geschichte der Stoffe und, soweit erforderlich, die gesundheitliche Unbedenklichkeit werden die Wirkungen der Stoffe und Stoffgruppen in der notwendigen Ausführlichkeit dargestellt. Es folgen Angaben über die Verwendbarkeit. Hier steht zwar die Situation in der BR Deutschland im Vordergrund, es werden aber auch Anwendungsmöglichkeiten angesprochen, die in anderen Ländern wichtig sind. Dann folgen Angaben über die lebensmittelrechtliche Zulässigkeit. Auch hier wird in besonderen Fällen die Situation in Nachbarländern berücksichtigt. Die lebensmittelrechtlichen Angaben verstehen sich nur als Hinweise, sie sollen keinesfalls ein Nachschlagen in Gesetzes- und Verordnungstexten oder lebensmittelrechtlichen Kommentaren überflüssig machen. Bei den meisten Stoff- und Gruppennamen sind die englischen und französischen Übersetzungen angebracht worden. Dadurch erhält das Lexikon zusätzlich den Charakter eines kleinen deutsch-englisch-französischen Fachwörterbuches. Das Literaturregister führt vor allem Bücher auf, die in den letzten Jahren erschienen sind.

Im Anhang ist eine Liste der E-Nummern der Zusatzstoffe abgedruckt worden und der internationalen Zifferbezeichnungen für Zusatzstoffe, die mehr und mehr an Bedeutung gewinnt. Beide sind dem Handbuch Zusatzstoffe von Glandorf und Kuhnert entnommen worden.

Das Lexikon wendet sich an alle Fachleute auf dem Lebensmittelgebiet und will Hilfen und Anregungen vermitteln für den Umgang mit Zusatzstoffen bei der Entwicklung und Herstellung von Lebensmitteln. Darüberhinaus spricht es Ökotrophologen und Ärzte an, die in Fragen der Lebensmittel und der Ernährung und damit auch der Zusatzstoffe wichtige Ratgeber sind. Dem Studenten kann es als Begleiter von Lehrbüchern dienen. Dem Fachjuristen soll es helfen, sich im Dschungel einer ihm oft fremden Terminologie besser zurechtzufinden. Ganz besonders richtet sich das Lexikon aber auch an den Verbraucher. Ihm sei es zusätzlich zu der eingangs angesprochenen Literatur als unparteiische und unvoreingenommene Informationsquelle empfohlen.

Zu danken haben die Autoren und der Herausgeber weiteren Fachleuten, die bestimmte Kapitel kritisch durchgesehen haben, u. a. den Herren Prof. Dr. L. Wassermann, Neu-Ulm und Dr. J.-U. Salzer, Holzminden. Herr Regierungsdirektor Peter Kuhnert, Königswinter, hat das gesamte Manuskript kurz vor seiner Fertigstellung kritisch durchgesehen und viele wertvolle Anregungen gegeben. Ihm sein deshalb ganz besonders gedankt, ebenso Frau Ingrid Herr, deren Geduld beim Schreiben des Manuskriptes bewundernswert war.

Bad Soden am Taunus im Mai 1992　　　　　　　　　　　Autoren und Herausgeber

# Inhaltsverzeichnis

| | |
|---|---|
| Vorwort | 5 |
| Inhaltsverzeichnis | 7 |
| Namen der Bearbeiter | 9 |
| Verzeichnis der Abkürzungen | 10 |
| Im Hauptteil zitierte Gesetze und Verordnungen | 11 |
| Hauptteil A – Z | 13 |
| Gesamtverzeichnis der E-Nummern | 227 |
| Liste der ISN-Nummern | 232 |
| Weiterführende Literatur | 245 |

# Namen der Bearbeiter

Käte K. Glandorf  
Feldbergstraße 79  
6800 Mannheim

*K. G.*  
Säuren und Salze

Hartmut Gölitz  
Chemische Fabrik Grünau GmbH  
Geschäftsgebiet Lebensmitteltechnologie  
Robert-Hansen-Straße 1  
Postfach 10 63  
7918 Illertissen / Bayern

*H. G.*  

Emulgatoren

Dr. Ludwig Grosse  
Sauerbruchstraße 37  
6204 Taunusstein-Neuhof

*L. G.*  
Verdickungsmittel

Dr. Alfred Jäger  
Hoffmann-La Roche AG  
Abt. Lebensmittelindustrie  
7887 Grenzach-Wyhlen

*A. J.*  
Vitamine

Dr. Erich Lück  
Hoechst AG  
Abt. Lebensmitteltechnik  
Postfach 80 03 20  
6230 Frankfurt 80

*E. L.*  

alle anderen Stoffe

Gisbert Otterstätter  
Dragoco GmbH  
Farbenabteilung  
3450 Holzminden

*G. O.*  

Farbstoffe

Prof. Dr. Gert-Wolfhard von Rymon Lipinski  
Hoechst AG  
Abt. Lebensmitteltechnik  
Postfach 80 03 20  
6230 Frankfurt 80

*v. R. L.*  

Süßungsmittel

# Verzeichnis der Abkürzungen

**de**      deutsch

**en**      englisch

**fr**       französisch

**BR**      Bundesrepublik

**EG**      Europäische Gemeinschaft

**DV**      Durchführungs-Verordnung

**G**       Gesetz

**ppm**    parts per million (Teile pro Million)

**V**       Verordnung

**\***       Begriff erscheint als eigenes Stichwort im Text

# Im Hauptteil zitierte Gesetze und Verordnungen

| | |
|---|---|
| **AflatoxinV** | Verordnung über Höchstmengen an Aflatoxinen in Lebensmitteln (Aflatoxin-Verordnung) |
| **AromenV** | Aromenverordnung |
| **AV WeinG** | Verordnung zur Ausführung des Weingesetzes |
| **BiersteuerG** | Biersteuergesetz |
| **BierV** | Bierverordnung |
| **ButterV** | Butterverordnung |
| **DDT-Gesetz** | Gesetz über den Verkehr mit DDT (DDT-Gesetz) |
| **DiätV** | Verordnung über diätetische Lebensmittel (Diätverordnung) |
| **EG-WeinMO** | Verordnung (EWG) Nr. 822/87 des Rates über die gemeinsame Marktorganisation für Wein |
| **EiprodukteV** | Verordnung über gesundheitliche Anforderungen an Eiprodukte und deren Kennzeichnung (Eiprdukte-Verordnung) |
| **ELV** | Verordnung über die Verwendung von Extraktionslösungsmitteln bei der Herstellung von Lebensmitteln (Extraktionslösungsmittelverordnung) |
| **FleischV** | Verordnung über Fleisch und Fleischerzeugnisse (Fleisch-Verordnung) |
| **Fruchtnektar- und FruchtsirupV** | Verordnung über Fruchtnektar und Fruchtsirup |
| **FruchtsaftV** | Verordnung über Fruchtsaft, konzentrierten Fruchtsaft und getrockneten Fruchtsaft (Fruchtsaft-Verordnung) |
| **KäseV** | Käseverordnung |
| **KaffeeV** | Verordnung über Kaffee, Zichorie, Kaffee-Ersatz und Kaffeezusätze (Kaffeeverordnung) |
| **KakaoV** | Verordnung über Kakao und Kakaoerzeugnisse (Kakaoverordnung) |
| **KonfitürenV** | Verordnung über Konfitüren und einige ähnliche Erzeugnisse (Konfitürenverordnung) |

Im Hauptteil zitierte Gesetze und Verordnungen

| | |
|---|---|
| **LMBG** | Gesetz über den Verkehr mit Lebensmitteln, Tabakerzeugnissen, kosmetischen Mitteln und sonstigen Bedarfsgegenständen (Lebensmittel- und Bedarfsgegenständegesetz) |
| **LMKV** | Verordnung über die Kennzeichnung von Lebensmitteln (Lebensmittel-Kennzeichnungsverordnung) |
| **MilcherzV** | Verordnung über Milcherzeugnisse (Milcherzeugnisseverordnung) |
| **Mineral- und TafelwV** | Verordnung über natürliches Mineralwasser, Quellwasser und Tafelwasser (Mineral- und Tafelwasser-Verordnung) |
| **PHmV** | Verordnung über Höchstmengen an Pflanzenschutz- und sonstigen Mitteln sowie anderen Schädlingsbekämpfungsmitteln in oder auf Lebensmitteln und Tabakerzeugnissen (Pflanzenschutzmittel-Höchstmengenverordnung) |
| **Schaumwein-BranntweinV** | Verordnung über Schaumwein und Branntwein aus Wein (Schaumwein-Branntwein-Verordnung) |
| **SHmV** | Verordnung über Höchstmengen an Schadstoffen in Lebensmitteln (Schadstoff-Höchstmengenverordnung) |
| **SpeiseeisV** | Verordnung über Speiseeis |
| **TrinkwV** | Verordnung über Trinkwasser und über Wasser für Lebensmittelbetriebe (Trinkwasserverordnung) |
| **VitaminV** | Verordnung über vitaminisierte Lebensmittel |
| **WeinV** | Verordnung über Wein, Likörwein und weinhaltige Getränke (Wein-Verordnung) |
| **ZuckerartenV** | Verordnung über einige zur menschlichen Ernährung bestimmte Zuckerarten (Zuckerartenverordnung) |
| **ZVerkV** | Verordnung über das Inverkehrbringen von Zusatzstoffen und einzelnen wie Zusatzstoffe verwendeten Stoffen (Zusatzstoff-Verkehrsverordnung) |
| **ZZulV** | Verordnung über die Zulassung von Zusatzstoffen zu Lebensmitteln (Zusatzstoff-Zulassungsverordnung) |

**Hauptteil A - Z**

# Wir lassen über jeden Geschmack mit uns reden

Und das seit mehr als 150 Jahren. Denn so lange beschäftigen wir uns mit der Herstellung von Aromen. Unsere Kunden sind die Süßwaren- und Nahrungsmittelindustrie sowie die Tee- Hersteller. Mit unserem umfangreichen Standard-Programm erfüllen wir höchste Ansprüche auch für Produkte des täglichen Bedarfs. Dabei ist Qualität zu günstigen Konditionen ein wesentliches Merkmal unserer Leistungsfähigkeit. Unsere besondere Stärke aber sind das kreative Know-How und die Flexibilität, um individuelle Wünsche nach speziellen Geschmackskompositionen optimal zu erfüllen. Wir lassen nicht nur mit uns reden, wenn es um Aromen geht, sondern wir reden auch mit Ihnen, wenn die Ergebnisse unserer Entwicklungsarbeiten den Anstoß für eine erfolgreiche Innovation Ihrer Produkte ergeben könnten.

Nehmen Sie sich den Spezialisten zum Partner, der immer ein offenes Ohr für Ihre Probleme hat. Und nutzen Sie unsere 150 Jahre Erfahrung.

**FREY + LAU GMBH** — **NORDERSTEDT/HAMBURG**

F&L Seit 1836

FABRIK ÄTHERISCHER ÖLE · PARFÜMÖLE · AROMEN

2000 Norderstedt · Postfach 31 67 · Tel. 040/528 40 80 · Telex 214 539 flhh d · Telefax 040/528 40 880

**A**

## Acceptable daily intake
→ ADI

## Acesulfam
(E 950)
*Süßstoff\**
Erstmals 1967 von Clauß und Jensen durch Zufall aufgefunden. Wird im menschlichen Körper nicht metabolisiert, daher ohne physiologischen Brennwert. 200 mal süßer als Zucker. Synergistisch mit den meisten anderen Süßstoffen, besonders Aspartam\*, Zuckeraustauschstoffen\* und Kohlenhydraten. Schnell einsetzende reine Süße, Beigeschmack nur in hohen Konzentrationen. Gute Hydrolyse-, Temperatur- und Lagerstabilität. **Anw.:** In Konzentrationen bis ca. 0,06 % bei Getränken, Desserts, Milcherzeugnissen und Feinkostprodukten, bis 0,1 % bei zuckerfreien Süßwaren und bis 0,5 % bei Kaugummi. **Zul.:** ZZulV.

**en:** *acesulfame*
**fr:** *acésulfame*

Literatur:
KEMPER, F., und MAYER, D.: Acesulfame-K. Marcel Dekker New York — Basel 1991. von RYMON LIPINSKI und SCHIWECK, S. 445-458. O'BRIEN NABORS und GELARDI, S. 11-28.

*v.R.L*

## Acetate
(E 261 - E 263)
*Säureregulatoren\* und Trägerstoffe\**
Salze der Essigsäure\*. Sind physiologisch ebenso zu bewerten wie diese. **Anw.:** Am meisten verwendet werden Natriumacetat (262) und Natriumdiacetat (E 262), daneben auch Kaliumacetat (E 261) und Calciumacetat (E 263) zur pH-Einstellung von Kutterhilfsmitteln\* und Sülzen, Behandlung von Därmen und als Trägerstoffe von Aromen\*. Natriumdiacetat ist eine Molekülverbindung aus je einem Molekül Natriumacetat und Essigsäure zur Konservierung von Backwaren. Wirkung beruht auf der pH-absenkenden Wirkung der Essigsäure. **Zul.:** ZZulV, DiätV, FleischV und AromenV.

**en:** *acetates (sodium, potassium, calcium acetate and sodium diacetate)*
**fr:** *acétates (acétate de sodium, de potassium, de calcium et diacétate de sodium)*

Literatur:
siehe Essigsäure.

*E.L.*

## Acetem
→ Mono- und Diglyceride der Speisefettsäuren, verestert mit Essigsäure

## Acetoglyceride
→ Mono- und Diglyceride der Speisefettsäuren, verestert mit Essigsäure

## Aceton
Extraktionslösemittel\*
**Zul.:** ELV.

**en:** *acetone*
**fr:** *acétone*

*E.L.*

## Acetylierte Stärke
→ Stärkeacetat

## Acetylierte Stärke, vernetzt durch Glycerin
(E 1423)
*Verdickungsmittel\**
Mit Essigsäureanhydrid unter alkalischen Bedingungen umgesetzte Stärke. Hohe Hitze-, Säure- und Scherstabilität. Verkleisterung gegenüber nativer Stärke reduziert, daher gleichmäßigere Lösungen herstellbar, die nicht zur Retrogradation neigen. **Anw.:** Fertiggerichte, Soßen, Suppen, Kindernährmittel, Milchprodukte. **Zul.:** In einigen Ländern, in der BR Deutschland nicht zugelassen.

**en:** *acetylated starch, crosslinked with glycerol*

Literatur:
TEGGE, S. 180-185.

*L.G.*

## Acetyliertes Distärkeadipat
(E 1422)
*Verdickungsmittel\* und Trägerstoff\**
Mit Adipinsäure vernetztes Stärkeacetat*. Vernetzung bewirkt eine höhere Viskosität und Scherstabilität. Gute Gefrier- und Taustabilität. Bildet durchscheinende Kleister mit hohem Verdickungsvermögen, jedoch ohne Geliereigenschaften. Je höher der Veresterungsgrad, um so geringer die Wasserlöslichkeit. **Anw.:** In Konzentrationen von 0,08-25 % bei Tiefgefrierlebensmitteln, Soßen, Suppen, Süßwaren, Milchmischerzeugnisse, Käsezubereitungen, Schmelzkäsezubereitungen, Backwaren, Puddings, Kuchenfüllungen, Fertiggerichten, Säuglings- und Kinderernährung. **Zul.:** ZZulV, MilcherzV, KäseV, DiätV und AromenV.

**en:** *acetylated distarch adipate*
**fr:** *adipate de diamidon acetylé*

Literatur:
Tegge, S. 184-185.

*L.G.*

## Acetyliertes Distärkephosphat
(E 1414)
*Verdickungsmittel\* und Trägerstoff\**
Mit Phosphorsäure vernetztes Stärkeacetat*. Vernetzung bewirkt eine höhere Viskosität und Scherstabilität. Gute Gefrier- und Taustabilität. Bildet durchscheinende Kleister mit hohem Verdickungsvermögen, jedoch ohne Geliereigenschaften. Je höher der Veresterungsgrad, um so geringer die Wasserlöslichkeit. **Anw.:** In Konzentrationen von 0,08-25 % bei Tiefgefrierlebensmitteln, Soßen, Suppen, Süßwaren, Milchmischerzeugnisse, Käsezubereitungen, Schmelzkäsezubereitungen, Backwaren, Puddings, Kuchenfüllungen, Fertiggerichten, Säuglings- und Kindernahrung. **Zul.:** ZZulV, MilcherzV, KäseV, DiätV und AromenV.

**en:** *acetylated distarch phosphate*
**fr:** *phosphate de diamidon acetylé*

Literatur:
TEGGE, S. 184-185.

*L.G.*

## N-Acetyl-methionin
*Nährstoff\**
Gleiche physiologische Wirkung wie Methionin*, jedoch beständiger gegen Erhitzen. **Anw.:** Bilanzierte Diäten.
**Zul.:** DiätV.

**en:** *N-acetylmethionine*
**fr:** *N-acetyl méthionine*

*E.L.*

## N-Acetyl-tyrosin
*Nährstoff\**
Gleiche physiologische Wirkung wie Tyrosin*, jedoch beständiger gegen Erhitzen. **Anw.:** Bilanzierte Diäten.
**Zul.:** DiätV.

**en:** *N-acetyltyrosine*
**fr:** *N-acetyl tyrosine*

*E.L.*

## Acilanbrillantblau FFR
Brillantwollblau FFR (C 5)
*Farbstoff\**
Blauvioletter wasserlöslicher Triarylmethanfarbstoff*. **Anw.:** Stempeln der Oberfläche von Lebensmitteln und Verpackungsmitteln, Färben und Bemalen der Schale von Eiern. **Zul.:** ZZulV.

**en:** *brilliant wool blue FFR*

Literatur:
OTTERSTÄTTER, S. 184, BERTRAM, S. 51.

*G.O.*

## Acilanechtgrün 10G
Alkaliechtgrün 10G (C 8)
*Farbstoff\**
Grüner wasserlöslicher Triarylmethanfarbstoff*. **Anw.:** Färben, Bemalen, Lackieren Schale von Eiern und Färben von Ostergras (Holzwolle für Osternester). **Zul.:** ZZulV.

**en:** *alkali fast green 10G*

**Literatur:**
OTTERSTÄTTER, S. 179, DFG L-ext. Grün 2, BERTRAM, S. 51.

*G.O.*

## ADI
*acceptable daily intake*
Der von JECFA, gemeinsamen Expertenkomitees der FAO und WHO festgelegte Wert für die vertretbare tägliche Aufnahmemenge eines Hilfs- und Zusatzstoffes in Milligramm, die pro Tag und Kilo Körpergewicht ohne Bedenken über die gesamte Lebenszeit verzehrt werden kann. ADI steckt lediglich eine Rahmen ab; geringfügige Überschreitungen sind akzeptabel. In neuerer Zeit neigen der Wissenschaftliche Lebensmittelausschuß der EG-Kommission, der Europarat, die FDA* und andere wissenschaftliche Gremien einzelner Länder dazu, eigene und teilweise von JECFA abweichende Werte für den ADI festzulegen.

ADI orientiert sich an den Ergebnissen von toxikologischen Untersuchungen. Er ist der Quotient aus der Dosis des betroffenen Stoffes, die im Tierversuch gerade noch keine schädliche Effekte mehr hervorsucht (NOEL*) und einem Sicherheitsfaktor, in der Regel von 100. Er kann verschärft werden, wenn es dafür besondere Gründe gibt; er kann großzügiger angesetzt werden, wenn es sich um Stoffe handelt, die Bestandteile der menschlichen Nahrung sind, oder wenn der Abbauweg des betreffenden Stoffes dem von Nahrungsbestandteilen nahekommt. Sicherheitsfaktor deckt die Unsicherheit und Bewertungsrisiken ab, die in der Übertragung der Ergebnisse von Tierversuchen auf den Menschen liegen: Die Nahrungsaufnahme mancher Tiere ist, bezogen auf das Körpergewicht, höher als die des Menschen; in der Nahrung sind häufig mehrere Zusatzstoffe gleichzeitig enthalten; Synergismen im toxikologischen Verhalten sind zwar selten, müssen aber in Betracht gezogen werden; Lebensmittelzusatzstoffe werden auch von Menschen aufgenommen, die besondere Verhaltensweisen im Stoffwechsel zeigen, z. B. Kindern, Kranken, älteren Menschen, Schwangeren und Stillenden. Diese zusätzlichen Risiken sind ausdrücklich im ADI-Konzept enthalten. ADI gilt für die gesamte Lebenszeit und deckt auch die Variationen des persönlichen Verzehrsverhaltens ab.

In den Fällen, in denen die Toxikologie einer Substanz noch nicht ausreichend geklärt ist, wird manchmal ein vorläufiger ADI (temporary ADI) festgesetzt. Unbegrenzter ADI (ADI not limited) wird Substanzen mit besonders geringer Toxizität gegeben oder solchen, die wesentliche Lebensmittelbestandteile sind oder normale Stoffwechselprodukte des menschlichen Organismus. Tatsächlicher Konsum an Lebensmittelzusatzstoffen liegt in aller Regel weit unterhalb des ADI.

**de:** *DTA (duldbare tägliche Aufnahmemenge)*
**en:** *ADI (acceptable daily intake)*
**fr:** *DJA (dose journalière admissible)*

**Literatur:**
CLASSEN, H.-G., ELIAS, P. S., und HAMMES, W. P.: Toxikologisch-hygienische Beurteilung von Lebensmittelinhalts- und -zusatzstoffen sowie bedenklicher Verunreinigungen. Parey Berlin-Hamburg 1987. FÜLGRAFF, G.: Lebensmittel-Toxikologie. Ulmer Stuttgart 1989.

*E.L.*

## Adipate
(356 - 359)
*Kochsalzersatz* und Säureregulatoren**
Salze der Adipinsäure*. Sind physiologisch ebenso zu bewerten wie diese.
**Anw.:** Ammoniumadipat (359), Kaliumdipat (357), Calcium- und Magnesiumdipat als Kochsalzersatz und bei natriumarmen diätetischen Lebensmitteln, darüber hinaus auch Kalium- und Natriumadipat (356) als Säureregulatoren u. a. bei Schmelzkäse. **Zul.:** DiätV.

**en:** *adipates (ammonium, sodium, potassium, calcium and magnesium adipate)*
**fr:** *adipates (adipate d'ammonium, de sodium, de potassium, de calcium et de magnésium)*

Literatur:
siehe Adipinsäure.

K.G.

## Adipinsäure
(355)
*Kochsalzersatz\*, Säuerungsmittel\* und Säureregulator\**
Wurde zuerst durch Oxidation von Fett (Adeps) mit Salpetersäure erhalten, daher der Name. Wegen der geringen Wasserlöslichkeit Sauergeschmack lange anhaltend, besonders erwünscht bei Kaugummi. Geringe Säurestärke. **Anw.:** Säureträger für Backpulver\*, in Form von Adipaten\* als Kochsalzersatz, als Säuerungsmittel für Getränke und Getränkepulver, als Säureregulator für Marmeladen, Konfitüren, Gelees, Süßwaren, Backwaren, Obstkonserven, Desserts, Käsezubereitungen, Käseimitationen, Fruchtaromen. **Zul.:** DiätV, gemäß § 1 ZVerkV den Zusatzstoffen gleichgestellt.

**en:** *adipic acid*
**fr:** *acide adipique*

Literatur:
WIEDER, S. 19-28.

K.G.

## Äpfelsäure
(296)
*Säuerungsmittel\*, Säureregulator\* und Enzymhemmstoff\**
Kommt in der L-Form in vielen Pflanzen vor, z. B. in Äpfeln, daher der Name. D-Form in der Natur nicht nachgewiesen, großtechnisch hergestellt wird die DL-Form. Geschmack rein sauer, kaum Nebengeschmack. Wirkt auch synergistisch mit Antioxidantien. Hemmt enzymatische Bräunung bei Obst- und Gemüseerzeugnissen. **Anw.:** Auch in Form von Malaten\*. Säureträger für Backpuler\*, Gelees, Konfitüren, Fruchtsaftgetränke, Fruchtzubereitungen, Dessertspeisen, Speiseeis. **Zul.:** In Form der D-Äpfelsäure in der ZZulV, L-Äpfelsäure kein Zusatzstoff im Sinne des LMBG.

**en:** *malic acid*
**fr:** *acide malique*

Literatur:
WIEDER, S. 29-30.

K.G.

## Äthyl ...
→ Ethyl ...

## Agar-Agar
(E 406)
*Verdickungsmittel\*, Geliermittel\*, Trägerstoff\* und Flockungsmittel\**
Heißwasserextrakt aus verschiedenen Rotalgen, z. B. Gelidium- und Gracilaria-Arten. In kaltem Wasser unlöslich, in heißem Wasser schon in 1 %igen Lösungen stabile, feste, trübe und thermoversible Gele bildend. Gele werden durch Zuckerzusatz klar und neigen wenig zur Synärese. Gelbildung weitgehend unabhängig von Kationen. Gele zeigen starke Hysterese. Gelierfähigkeit 6-10 mal so groß wie die von Stärke\*. Synergismus mit Guar\*, mischbar mit den meisten Pflanzengummen. In neutraler Lösung gut hitzestabil und sterilisierfähig. Dient zur Klärung von weinähnlichen Getränken, z. B. Obstwein. **Anw.:** Süßwaren, Marmeladen, Gelees, Schaumwaffeln, Negerküsse, Weingummi, Käsezubereitungen, Joghurt, Fleischkonserven, Obstwein. **Zul.:** ZZulV, MilcherzV, KäseV, FleischV, SpeiseeisV, AromenV, DiätV und AV WeinG.

**en:** *agar*
**fr:** *agar-agar*

Literatur:
NEUKOM und PILNIK, S. 113-133. BURCHARD, S. 132. HARRIS, S. 1-51.

L.G.

## Aktivkohle
*Entfärbungsmittel\**
Stark adsorbierende Kohle mit großer innerer Oberfläche. Je nach Herkunft unterscheidet man zwischen Knochenkohle, Holzkohle oder anderen Pflanzenkohlen. **Anw.:** Entfärben von Flüssigkeiten und Adsorption von Gasen und Dämpfen. Getränke, wie Wein und Trinkwasser, Fette, wie Kakaobutter. **Zul.:** KakaoV, FruchtsaftV, FruchtnektarV, WeinV und EG-WeinMO, in der BR Deutschland gemäß §11 Abs. 2 LMBG Zusatzstoff, der keiner besonderen Zulassung bedarf, wenn er aus Lebensmitteln wieder entfernt wird.

**en:** *activated carbon, activated charcoal*
**fr:** *charbon actif*

*E.L.*

## Alanin
*Geschmacksstoff\*,*
*Geschmacksverstärker\* und Nährstoff\**
Nicht-essentielle Aminosäure\*. **Anw.:** In der L-Form, ihrer Natrium- und Kaliumverbindungen und des Hydrochlorides in Konzentrationen von 0,03-0,05 % zur Beeinflussung des Geschmacks sowie zusätzlich als Calcium- und Magnesiumverbindung zur Herstellung bilanzierter Diäten. **Zul.:** ZZulV, AromenV und DiätV, als Aminosäure gemäß § 2 Abs. 2 LMBG den Zusatzstoffen gleichgestellt.

**en:** *alanine*
**fr:** *alanine*

*E.L.*

## Algin
Sammelbegriff für Alginsäure\* und Alginate\*.

## Alginate
(E 401- E 405)
*Verdickungsmittel\*, Geliermittel\*,*
*Überzugsmittel\* und Trägerstoffe\**
Salze der Alginsäure\*. Natriumalginat (E 401), Kaliumalginat (E 402), Ammoniumalginat (E 403) und Propylenglycolalginat\* (E 405) sind wasserlöslich, Calciumalginat (E 404) ist wasserunlöslich. Instabil gegen längere Hitzeeinwirkung und Säuren. Verhalten sich nur bei niedrigen Schwergeschwindigkeiten und niedrigen Konzentrationen wie Newtonsche Flüssigkeiten, sonst zeigen sie pseudoplastisches Verhalten. Kleine Mengen Calciumionen können durch Komplexbildung die Viskosität stark erhöhen. Zugabe von Calciumionen zu Natriumalginatlösungen ergibt kochstabiles Gel. Calciumalginatgele im Gegensatz zu Pektingelen auch in Abwesenheit von Saccharose\* thermoreversibel. **Anw.:** Puddingpulver, Gelees, Eiscreme, Käsezubereitungen, Säfte, Überzugsmittel, Milcherzeugnisse, Backwaren, Gebäckfüllungen, Soßen und Schaumwein, Ammoniumalginat auch Trägerstoff für Farbstoffe. **Zul.:** ZZulV, MilcherzV, KäseV, SpeiseeisV, AromenV, DiätV und EG-WeinMO.

**en:** *alginates*
**fr:** *alginates*

**Literatur:**
NEUKOM und PILNIK, S. 11-29. BURCHARD, S. 13. HARRIS, S. 53-78.

*L.G.*

## Alginsäure
(E 400)
*Trägerstoff\**
Lineares Polysaccharid aus Mannuron- und Guluronsäureeinheiten, das durch Extraktion von Braunalgen hergestellt wird. Wasserunlöslich, deshalb ohne technische Bedeutung als Verdickungsmittel\*. **Anw.:** Trägerstoff für Aromen, sonst in Form von Alginaten\*. **Zul.:** ZZulV, MilcherzV, KäseV, SpeiseeisV, AromenV und Diät.

**en:** *alginic acid*
**fr:** *acid alginique*

**Literatur:**
siehe Alginate.

*L.G.*

## Alitam
*Süßstoff\**
Dipeptidderivat. Erstmals 1979 beschrieben. 2000 mal süßer als Zucker. **Zul.:** Nicht zugelassen.
**en:** *alitame*
**fr:** *alitame*
Literatur:
von RYMON LIPINSKI und SCHIWECK, S. 468-469. O'BRIEN NABORS und GELARDI; S. 29-38.
*v.R.L.*

## Alkaliechtgrün 10G
→ Acilanechtgrün 10G

## Alkalisch schmeckende Stoffe
*Geschmacksstoffe\* und Säureregulatoren\**
Geben Lebensmitteln eine alkalischen Geschmack. Abgesehen von schwach alkalischen Mineralwässern wird solcher nur in Einzelfällen gewünscht, z. B. bei Laugengebäck. Zu seiner Herstellung taucht man Gebäckstücke in 1-4 %ige Lösungen von Natriumhydroxid\*. **Zul.:** ZZulV.
*E.L.*

## „Alkohol"
→ Ethanol

## Allura Rot
(vorgesehen E 129)
*Farbstoff\**
Roter wasserlöslicher Azofarbstoff\*. **Anw.:** In Konzentrationen von 0,005-0,05 % bei Süßwaren, Getränken und Dessertspeisen. Entspricht im Farbton Ponceau 4R\* **Zul.:** In vielen Ländern, vor allem in den USA, dort anstelle von Amaranth\* und Ponceau 4R. Im Vorschlag einer neuen EG-Zusatzstoff-Richtlinie vorgesehen.
**en:** *allura red AC, FD&C Red No. 40 (US)*
Literatur:
OTTERSTÄTTER, S. 141.
*G.O.*

## Allyl-Isothiocyanat
*Konservierungsstoff\**
**Anw.:** In Form von damit getränkten Scheiben aus reinem Paraffin\* zur Herstellung einer sterilen Atmosphäre bei Wein in Großbehältern. **Zul.:** EG-Wein-MO.
*E.L.*

## Allylphenoxyacetat
*Künstlicher Aromastoff\**
Geruch honigartig, ananasähnlich. **Anw.:** In Konzentrationen von 0,04-40 ppm bei Getränken, Backwaren, Süßwaren, Eiscreme. **Zul.:** AromenV.
**en:** *allyl phenoxyacetate*
**fr:** *phenoxyacétate d'allyle*
Literatur:
FURIA und BELLANCA, Band 2, S. 23.
*E.L.*

## alpha- ...
→ jeweiliges Stichwort

## Aluminium
(E 173)
*Farbstoff\**
Silbergraues anorganisches Pigment\*. **Anw.:** Oberflächenfärbung von Dragees, Dekoration, Erzielung von Glanzeffekten. **Zul.:** ZZulV.
**en:** *aluminium, aluminum (US)*
**fr:** *aluminium*
Literatur:
OTTERSTÄTTER, S. 242. DFG LB-Pigment 5. BERTRAM, S. 50 u. 80.
*G.O.*

## Aluminium ...
→ auch entsprechende Anionen

## Aluminium-Ammoniumsulfat
(523)
*Stabilisator\* und Festigungsmittel\**
**Anw.:** In Konzentrationen von 0,02-0,03 % zur Vorbehandlung von Eiweiß durch Erhitzen und Festigung von eßbaren Kunst-

därmen aus Rinderspalthäuten. **Zul.**: EiprodukteV und FleischV.
**en:** *aluminium ammonium sulfate*
**fr:** *sulfate double d'aluminium et d'ammonium*
*E.L.*

**Aluminiumchlorid**
*Flockungsmittel\**
**Anw.**: Bildet bei der Trinkwasseraufbereitung mit Erdalkalihydrogencarbonaten grobflockige Fällungen von Aluminiumhydroxid, welche die Klärung beschleunigen.
**en:** *aluminium chloride*
**fr:** *chlorure d'aluminium*
*E.L.*

**Aluminiumoxid**
*Füllstoff\**
**Anw.**: Kaugummi. **Zul.**: ZZulV.
**en:** *aluminium oxide*
**fr:** *oxyde d'aluminium*
*E.L.*

**Aluminiumsilikate**
(554)
*Füllstoffe\**
Aluminium-Natriumsilikate wechselnder Zusammensetzung. **Anw.**: Kaugummi. **Zul.**: ZZulV.
**en:** *aluminium silicates*
**fr:** *silicates d'aluminium*
*E.L.*

**Aluminiumsulfat**
(520)
*Stabilisator\*, Festigungsmittel\* und Flockungsmittel\**
**Anw.**: In Konzentrationen von 0,02-0,03 % zur Vorbehandlung von Eiweiß vor dem Erhitzen und zur Festigung von eßbaren Kunstdärmen aus Rinderspalthäuten. Bildet bei der Trinkwasseraufbereitung mit Erdalkalihydrogencarbonaten grobflockige Fällungen von Aluminiumhydroxid, welche die Klärung beschleunigen. **Zul.**: EiprodukteV und FleischV.
**en:** *aluminium sulfate*
**fr:** *sulfate d'aluminium*
*E.L.*

**Amaranth**
Naphtholrot S (E 123)
*Farbstoff\**
Roter wasserlöslicher Azofarbstoff\*. **Anw.**: In Konzentrationen von 0,005-0,04 % bei Getränken, Obstkonserven, Süßwaren, Dessertspeisen und Kunstspeiseeis, bei Dragees auch in Form des Farblackes\*. Verwendung neuerdings umstritten; wird mehr und mehr durch im Farbton sehr ähnliches Azorubin\* und Allura Rot\* ersetzt. **Zul.**: ZZulV.
**en:** *amaranth*
**fr:** *amaranthe*
Literatur:
OTTERSTÄTTER, S. 142, DFG L-Rot 3, BERTRAM, S. 25, 46 u. 87.
*G.O.*

**Ameisensäure**
(E 236)
*Konservierungsstoff\**
Konservierende Wirkung erstmals 1865 von Jodin beschrieben. Physiologisches Zwischenprodukt des Intermediärstoffwechsels. Mischbar mit Wasser. Wirkt in konzentrierter Form haut- und schleimhautreizend. Antimikrobielle Wirkung im sauren Bereich am stärksten, vorzugsweise gegen Hefen und einige Bakterien. **Anw.**: Auch in Form von Formiaten\*. In Konzentrationen von 0,3-0,4 % bei Fischpräserven, Sauergemüse und Obsterzeugnissen, speziell Himbeersaft zur Herstellung von Himbeersirup. Kann sich in Lebensmitteln geschmacklich und geruchlich bemerkbar machen, deshalb nur in Produkten zur Weiterverarbeitung benutzt. Anwendung in den letzten Jahren zu Gunsten anderer Konservierungsverfahren stark zurückgegangen. **Zul.**:

# Amidierte Pektine

Nur in Mittel-, Nord- und Osteuropa, in der BR Deutschland in der ZZulV.

**en:** *formic acid*
**fr:** *acide formique*

Literatur:
LÜCK, S. 127-133.

*E.L.*

## Amidierte Pektine
→ Pektine

## Amidoblau
→ Brillantblau FCF

## Amidonaphtholrot G
→ Rot 2 G

## Aminosäuren

*Geschmacksstoffe\*, Geschmacksverstärker\* und Nährstoffe\*.*
Sind als Eiweißbestandteile in den angewendeten Mengen gesundheitlich unbedenklich. **Anw.:** In der L-Form, ihrer Natrium- und Kaliumverbindungen und der Hydrochloride in Konzentrationen von 0,03-0,05 % zur Beeinflussung des Geschmackes und zusätzlich als Calcium- und Magnesiumverbindungen, Methionin\* und Tyrosin\* auch in Form der N-Acetylverbindungen zur Herstellung bilanzierter Diäten. N-Acetylverbindungen sind hitzebeständiger als die Aminosäuren. Verwendung zur Verbesserung des Eiweißwertes im Lebensmittelbereich nur von untergeordneter Bedeutung im Vergleich zum Futtermittelbereich. **Zul.:** ZZulV, AromenV und DiätV, gemäß § 2 Abs. 2 LMBG zusammen mit ihren Derivaten den Zusatzstoffen gleichgestellt.

**en:** *amino acids*
**fr:** *acides aminés*

Wichtige Aminosäuren:
N-Acetyl-methionin\*
N-Acetyl-tyrosin\*
Alanin\*
Arginin\*
Asparaginsäure\*
Leucin\*
Lysin\*
Methionin
Ornithin\*
Phenylalanin\*
Cystein\*
Cystin\*
Glutaminsäure\*
Glycin\*
Histidin\*
Isoleucin\*
Prolin\*
Serin\*
Threonin
Tryptophan\*
Tyrosin\*
Valin\*

*E.L.*

## Ammonium ...
→ auch entsprechende Anionen

## Ammoniumcarbaminat
→ Hirschhornsalz

## Ammoniumcarbonat
→ Hirschhornsalz

## Ammoniumhydrogencarbonat
→ Hirschhornsalz

## Ammoniumhydroxid
(527)
*Säureregulator\* und Aufschlußmittel\**
**Anw.:** Zum Aufschluß von Eiprodukten, Kakaoerzeugnissen und Milcheiweiß, zur Herstellung von Nährcaseinat. **Zul.:** EiprodukteV, KakaoV und MilcherzV.

**en:** *ammonium hydroxide*
**fr:** *hydroxyde d'ammonium*

*E.L.*

## Ammoniumphosphatide
(E 442)
*Emulgatoren\**
Ester des Glycerins mit Fettsäuren und Phosphorsäuren, die teilweise in Form der Ammoniumsalze vorliegen. Anionische Emulgatoren, hauptsächlich für W/O-Emulsionen. Beeinflussen das Fließverhalten von Schokolademassen durch Herabsetzung der Viskosität und der Fließgrenze. **Anw.:** Schokolade. **Zul.:** KakaoV.

**en:** *ammonium phosphatides, emulsifier YN*
**fr:** *phosphatides d'ammonium*

Literatur:
SCHUSTER, S. 129-137.

*H.G.*

## Ammoniumsalze
*Hefenährstoffe\* und Geschmacksstoffe\**
Hefen benötigen zum Wachstum Stickstoff, der bei stickstoffarmen Substraten in Form von Ammoniumsalzen zugeführt werden kann. **Anw.:** In Form von Ammoniumchlorid (510), Ammoniumcarbonaten, -phosphaten, -sulfaten oder -sulfiten in Konzentrationen von 0,2-0,3 % zur Anregung oder Förderung der Gärung von Trauben- oder Obstmaischen für die Herstellung von Wein und Obstwein. Ammoniumchlorid in Konzentrationen von 1-2 % zur Geschmacksgebung von Lakritzwaren, besonders Salmiakpastillen. **Zul.:** AromenV, AV WeinG und EG-WeinMO.

**en:** *ammonium salts (ammonium chloride, carbonates, phosphates, sulfates and sulfites)*
**fr:** *sels d'ammonium (chlorure, carbonates, phosphates, sulfates et sulfites d'ammonium)*

*E.L.*

## alpha-Amylzimtaldehyd
*künstlicher Aromastoff\**
Geruch blumig, jasminähnlich. **Anw.:** In Konzentrationen von 1-15 ppm bei Getränken, Backwaren, Süßwaren, Kaugummi. **Zul.:** AromenV.

**en:** α-*amyl cinnamaldehyde*
**fr:** *aldéhyde* α-*amylcinnamique*

**Literatur:**
FURIA und BELLANCA, Band 2, S. 29.

*E.L.*

## Anatto
→ Annatto

## Anisylaceton
*künstlicher Aromastoff\**
Geruch erdbeer-kirschähnlich. **Anw.:** In Konzentrationen von 10-30 ppm bei Getränken, Eiscreme, Backwaren, Süßwaren. **Zul.:** AromenV.

**en:** *anisyl acetone*
**fr:** *anisylacétone*

**Literatur:**
FURIA und BELLANCA, Band 2, S. 340.

*E.L.*

## Annatto
Anatto (E 160 b)
*Farbstoff\**
Carotinoid\*. Extrakt aus den Samen des Annatto- oder Orleans-Strauches Bixa orellana, daher der Name; Bixin ist mit einem Gehalt von 1-30 % der Hauptfarbstoff der im Handel befindlichen Extrakte. Gibt je nach Einsatzkonzentration gelbe bis orange Färbungen. Bixin ist öllöslich, durch Laugenbehandlung (Esterspaltung) bildet sich daraus wasserlösliches gelbes Norbixin. **Anw.:** Öle, Margarine, Mayonnaise, Käse. **Zul.:** ZZulV.

**en:** *annatto (bixin, norbixin)*
**fr:** *annatto (bixine, norbixine)*

**Literatur:**
OTTERSTÄTTER, S. 232. DFG L-OrangE 4. BERTRAM, S. 19, 49, 52 u. 67.

*G.O.*

## Anthocyane
Oenocyanine (E 163)
*Farbstoffe\**
Sammelbezeichnung für eine Reihe roter wasserlöslicher Farbstoffe von Blüten und Beerenschalen. **Anw.:** Hauptsächlich in Form von Extrakten aus roten Traubenschalen und Beeren, teilweise in Form sprühgetrockneter Pulver in Konzentrationen bis 0,25 % bei Getränken und Süßwaren. Isolierte Anthocyane (Pelargonidin, Cyanidin, Peonidin, Delphinidin, Petunidin und Malvidin) ohne technische Bedeutung. **Zul.:** ZZulV.

**en:** *anthocyanins*
**fr:** *anthocyanes*

**Literatur:**
OTTERSTÄTTER, S. 272. DFG L-Rot 9. BERTRAM, S. 22, 50, 65 u. 73.

*G.O.*

## Antibackmittel
→ Rieselhilfsmittel

## Antibiotika
*Konservierungsstoffe\**
Hemmen Stoffwechsel und Wachstum von Bakterien, Schimmelpilzen und Hefen. Viele Bakterien werden bei längerer Anwendung von Antibiotika gegen diese resistent. Deshalb Verwendung von therapeutisch benutzten Antibiotika im Lebensmittelbereich grundsätzlich abzulehnen. Ausnahmen sind antibakteriell wirkendes Nisin* und fungistatisch wirkendes Natamycin*.

**en:** *antibiotics*
**fr:** *antibiotiques*

E.L.

## Antihaftmittel
→ Formtrennmittel

## Antiklumpungsmittel
→ Rieselhilfsmittel

## Antioxidantien
*Antioxidationsmittel*
Verlangsamen durch Sauerstoff bedingten Verderb und verhüten dadurch hervorgerufenen Farb-, Geruchs- und Geschmacksveränderungen. Gegen Fettverderb wirkende Antioxidantien fangen die in der Induktionsphase der Fettoxidation gebildeten Hydroperoxidradikale ab und verhindern dadurch die sich anschließende Radikal-Kettenreaktion. Reagieren schneller mit dem Sauerstoff als die durch Oxidation gefährdeten Lebensmittelinhaltsstoffe. Wichtig ist deshalb möglichst frühzeitiger Zusatz von Antioxidantien im Produktionsprozeß. Verbrauchen sich im Laufe der Lagerung und gewähren nur einen zeitlich begrenzten Schutz.
Wirken nur in einem bestimmten, meist engen Konzentrationsbereich. Wegen der üblicherweise nur sehr kleinen Anwendungskonzentrationen Zusatz oft in Form von Lösungen in Trägerlösemitteln*. Bei überhöhten Anwendungskonzentrationen prooxidative Wirkung möglich, also Beschleunigung des Fettverderbs. Mischungen einiger, aber nicht aller Antioxidantien wirken synergistisch. Nur bestimmte phenolische Antioxidantien schützen weiterverarbeitete Lebensmittel nach thermischer Belastung (carry-through-effect*). Wirkung von Antioxidantien bei Fetten läßt sich verbessern durch Minimierung der die Oxidationen begünstigenden Faktoren und Bedingungen, z. B. geeignete Verpackung, Anwendung von Schutzgasen* oder durch Abfangen der die Oxidation begünstigenden Schwermetallspuren durch Komplexbildner*. Schwefeldioxid* und Sulfite* hemmen zusätzlich Oxidasen. Vor nichtenzymatischen Oxidationen schützt auch Ascorbinsäure*. Anwendung von Nitrit* als Farbstabilisator* bei Fleischwaren ist ebenfalls eine gegen Oxidation gerichtete Maßnahme. Im Wein hat freies Schwefeldioxid neben seiner konservierenden und geschmackskorrigierenden Wirkung auch eine antioxidative Aufgabe. Es fängt den gelösten Sauerstoff ab, bevor er unerwünschte Reaktionen mit anderen Inhaltsstoffen eingehen kann, die zu geruchlichen, farblichen und geschmacklichen Veränderungen führen würden. Schwefeldioxid reduziert die bei der enzymatischen und nichtenzymatischen Polyphenoloxidation entstehenden Chinone. **Anw.:** Fetterzeugnisse, Kartoffelprodukte, Obsterzeugnisse, Wein, Essenzen, Kaugummi, Getreideerzeugnisse, Süßwaren, Dessertspeisen und Pökelwaren. **Zul.:** ZZulV, AromenV, DiätV, WeinV und EG-WeinMO.

**en:** *antioxidants*
**fr:** *antioxygènes*

Wichtige Antioxidantien:
E 220-E 227   Schwefeldioxid und Sulfite
E 300-E 303   L-Ascorbinsäure und

| | |
|---|---|
| E 304 | Ascorbate*<br>Ascorbylpalmitat* |
| E 306-E 309 | stark tocopherolhaltige* Extrakte natürlichen Ursprungs und synthetische Tocopherole* |
| E 310-E 312 | Gallate* |
| E 320 | tert.-Butylhydroxyanisol* (BHA) |
| E 321 | di-tert.-Butylhydroxytoluol* (BHT) |

**Literatur:**
ALLEN, J. C., und HAMILTON, R. J.: Rancidity in Foods. Elsevier London — New York. 2. Aufl. 1989.
HUDSON, B. J. F.: Food Antioxidants. Elsevier London — New York 1990.

*E.L.*

## Antioxidationsmittel
→ Antioxidantien

## Antischaummittel
→ Schaumverhütungsmittel

## Antispritzmittel
Verhindern das beim Erhitzen von Emulsionsfetten, besonders Margarine, auf Brattemperatur durch plötzliches Verdampfen von Wassers verursachte Spritzen. Angewendet werden verschiedene Emulgatoren*, u. a. Polyglycerinester* von Speisefettsäuren.
**en:** *antispattering agents*
**fr:** *anti-éclaboussants*

*E.L.*

## beta-Apo-8'-carotinal
(E 160 e)
*Farbstoff*
Öllösliches Carotinoid*, das je nach Einsatzkonzentration orange bis rote Färbungen ergibt. Auch in Form wasserdispergierbarer Präpositionen im Handel. **Anw.:** Soßen, Getränke, Süßwaren. **Zul.:** ZZulV und DiätV.
**en:** β-*apo-8'carotenal*
**fr:** β-*apo-8'caroténal*

**Literatur:**
OTTERSTÄTTER, S. 170. DFG L-Orange 8.

*G.O.*

## beta-Apo-8'-carotinsäure-ethylester
(E 160 f)
*Farbstoff* und *Provitamin*
Besitzt Provitamin A-Eigenschaften. Öllösliche Carotinoid*, das je nach Einsatzkonzentration orange bis rote Färbungen ergibt. Auch in Form wasserdispergierbarer Präparationen im Handel. **Anw.:** Butter und Futterzusatz zur Eidotterpigmentierung. **Zul.:** ZZulV und DiätV.
**en:** β-*apo-8'carotenoic acid ethyl ester*
**fr:** *ester éthylique de l'acide* β-*apo-8'-caroténique*

**Literatur:**
OTTERSTÄTTER, S. 171. DFG L-Orange 9.

*A.J. und G.O.*

## Arabisches Gummi
→ Gummi arabicum

## Arginin
*Geschmacksstoff*,
*Geschmacksverstärker* und *Nährstoff*
Semi-essentielle Aminosäure*. **Anw.:** In der L-Form, ihrer Natrium- und Kaliumverbindungen und des Hydrochlorides in Konzentrationen von 0,03-0,05 % zur Beeinflussung des Geschmackes sowie zusätzlich als Calcium- und Magnesiumverbindung zur Herstellung bilanzierter Diäten. **Zul.:** ZZulV, AromenV und DiätV, als Aminosäure gemäß § 2 Abs. 2 LMBG den Zusatzstoffen gleichgestellt.
**en:** *arginine*
**fr:** *arginine*

*E.L.*

## Argon
*Schutzgas*
**Anw.:** Wein. **Zul.:** EG-WeinMO.
**en:** *argon*
**fr:** *argon*

*E.L.*

## Aromaextrakte
→ Aromen

## Aromastoffe
→ Aromen

## Aromaverstärker
→ Geschmacksverstärker

## Aromen
Mischungen aus chemisch definierten Verbindungen und Gemischen natürlicher Herkunft, die mit den Geschmacks- und Geruchsrezeptoren wahrgenommen werden können. Verleihen beim gezielten Zusatz zu Lebensmitteln diesen einen bestimmten Geruch und Geschmack oder modifizieren ein vorhandenes Aroma. In der BR Deutschland unterscheidet man zwischen natürlichen, naturidentischen und künstlichen Aromastoffen, Aromaextrakten, Reaktionsaromen und Raucharomen.
Natürliche Aromastoffe sind chemisch definierte Stoffe mit Aromaeigenschaften, gewonnen durch geeignete physikalische Verfahren einschließlich Destillation und Extraktion mit Lösemitteln* oder durch enzymatische oder mikrobiologische Verfahren aus Ausgangsstoffen pflanzlicher oder tierischer Herkunft, die als solche verwendet oder mittels herkömmlicher Lebensmittelzubereitungsverfahren, einschließlich Trocknen, Rösten und Fermentieren für den menschlichen Verzehr aufbereitet werden. Naturidentische Aromastoffe sind chemisch definierte Stoffe mit Aromaeigenschaften, die durch chemische Synthese oder durch Isolierung mit chemischen Verfahren gewonnen werden und mit einem natürlichen Aromastoff chemisch gleich sind. Künstliche Aromastoffe sind chemisch definierte Stoffe mit Aromaeigenschaften, die durch chemische Synthesen gewonnen werden, aber nicht mit einem natürlichen Aromastoff chemisch gleich sind. In einigen Ländern, z. B. in den USA und Östereich, gibt es den Begriff der naturidentischen Aromastoffe nicht; diese zählen dort zu den künstlichen Aromastoffen. Aromaextrakte sind (natürliche) konzentrierte und nicht konzentrierte Erzeugnisse mit Aromaeigenschaften, gewonnen durch geeignete physikalische Verfahren, einschließlich Destillation und Extraktion mit Lösemitteln oder durch enzymatische oder mikrobiologische Verfahren aus Ausgangsstoffen pflanzlicher oder tierischer Herkunft, die als solche verwendet oder mittels herkömmlicher Lebensmittelzubereitungsverfahren, einschließlich Trocknen, Rösten und Fermentieren für den menschlichen Verzehr aufbereitet werden. Reaktionsaromen sind Erzeugnisse, die unter Beachtung der nach redlichem Handelsbrauch üblichen Verfahren durch Erhitzen einer Mischung von Ausgangserzeugnissen, von denen mindestens eines Stickstoff (Aminogruppen) enthält und ein anderes ein reduzierender Zucker ist, während einer Zeit von höchstens 15 Minuten auf nicht mehr als 180°C hergestellt werden, also Produkte aus der Maillard-Reaktion. Raucharomen sind Zubereitungen aus Rauch*, der bei den herkömmlichen Verfahren zum Räuchern von Lebensmitteln verwendet wird. Aromastoffe sind z. B. enthalten in ätherischen Ölen, Gewürzen*, Drogen, Kräutern und ähnlichen seit langem in der Lebensmittelzubereitung benutzten Erzeugnissen. Man kennt etwa 6000 verschiedene chemisch definierte natürliche Aromastoffe. Aromastoffe werden nur selten in Form reiner Einzelsubstanzen angewendet, sondern in aller Regel als Kombination aus mehreren Aromastoffen in flüssigen, pasten- oder pulverförmigen Zubereitungen, Aromen genannt, die nicht zum unmittelbaren Verzehr geeignet sind. Anwendungskonzentration richtet sich nach der Intensität der Aroma-

stoffe. Wegen der üblicherweise nur sehr kleinen Anwendungskonzentrationen löst man Aromastoffe in Trägerlösemitteln* vor oder bindet sie an feste Trägerstoffe*. Nicht zu den Aromen gehören Stoffe, die Lebensmitteln einen ausschließlich süßen, sauren oder salzigen Geschmack verleihen, Fleischextrakte und ähnliche Erzeugnisse. **Anw.**: Fleischerzeugnisse, Fischerzeugnisse, Getränke, Eiscreme, Backwaren, Süßwaren, Suppen, Soßen. **Zul.**: Fallen nicht in allen Ländern unter den Zusatzstoffbegriff. In der BR Deutschland sind die natürlichen und naturidentischen Aromastoffe sowie die Aromaextrakte und Reaktionsaromen keine Zusatzstoffe im Sinne des LMBG, wohl aber die künstliche Aromenstoffe und die Raucharomen. Anwendung in der AromenV geregelt. Sie enthält auch Listen über Aromastoffe, die verboten sind und solche, die nur begrenzt verwendet werden dürfen.

**en:** *flavourings, flavouring substances (natural, nature-identical, artificial)*
**fr:** *arômes, substances aromatisantes (naturelles, identiques aux naturelles, artificielles)*

Literatur:
FURIA, T. E., und BELLANCA, N.: Fenaroli's handbook of flavor ingredients. CRC Press Cleveland. 2. Aufl. 1975. ZIEGLER, E.: Die natürlichen und künstlichen Aromen. Hüthig Heidelberg 1982. NEY, K. H.: Lebensmittelaromen. Behr Hamburg 1987.

*E.L.*

## Arzneibuch
→ Reinheitsanforderungen für Zusatzstoffe

## Asbest
*Filterhilfsmittel**
Früher viel verwendet, heute aus toxikologischen Gründen verlassen. **Zul.**: Nicht mehr zugelassen.

**en:** *asbestos*
**fr:** *asbeste, amiante*

*E.L.*

## Ascorbate
(E 301- E 302)
*Vitamine*, Antioxidantien*, Farbstabilisatoren* und Pökelhilfsstoffe**
Salze der Ascorbinsäure*. Sind physiologisch ebenso zu bewerten wie diese. **Anw.**: In Form von Natriumascorbat (E 301) in Konzentrationen von 200-750 ppm vor allem bei der Spritzpökelung anstelle von Ascorbinsäure, weil langsamere Reaktion mit dem Nitrit in der Lake. Zur Vitaminierung von Säuglingskost und anderen diätetischen Lebensmitteln auch in Form von Kaliumascorbat und Calciumascorbat (E 302). **Zul.**: ZZulV, VitaminV, DiätV, FleischV, KäseV und MilcherzV.

**en:** *ascorbates (sodium, potassium and calcium ascorbate)*
**fr:** *ascorbates (ascorbate de sodium, de potassium et de calcium)*

Literatur:
siehe Ascorbinsäure.

*A.J.*

## Ascorbinsäure
Vitamin C (E 300)
*Vitamin*, Antioxidans*, Farbstabilisator* und Mehlbehandlungsmittel**
Wasserlösliches Vitamin, Mangel führt zu Scorbut. Starkes Reduktionsmittel. **Anw.**: Auch in Form von Ascorbaten* zur Vitaminierung von Lebensmitteln und zur Qualitätserhaltung bzw. -verbesserung bei Obst- und Gemüsesäften, Gemüse- und Pilzkonserven, Getränken, Wein und Bier, in Konzentrationen von 200-750 ppm zur Umrötung von Fleischwaren. Verbessert die Mehlqualität durch Stärkung des Klebers und die Gashaltung bei der Teiggärung in Konzentrationen von 20-40 ppm; bei Vollkornmehl in der doppelten Menge. Vitaminwirksam nur in der L-Form. **Zul.**: ZZulV, FleischV, MilcherzV, FruchtsaftV, FruchtnektarV, KonfitürenV, AV WeinG, WeinV und der EG-WeinMO, kein Zusatzstoff im Sinne des LMBG.

**Ascorbylpalmitat**

en: *ascorbic acid*
fr: *acide ascorbique*

Literatur:
WINTERMEYER, U.: Vitamin C, Deutscher Apotheker-Verlag Stuttgart 1981. SEIB, P. A., und TOLBERT, B. M.: Ascorbic acid: Chemistry, Metabolism, and Uses, American Chemical Society Washington 1982. FRIEDRICH, S. 569.

*A.J.*

## Ascorbylpalmitat
6-Palmitoyl-ascorbinsäure (E 304)
*Antioxidans**
Palmitinsäureester der Ascorbinsäure*. Partiell fettlöslich. Starker Synergist* zu Tocopherolen. Auch zur Stabilisierung von Produkten mit niedrigem Fettgehalt, z. B. Kartoffeltrockenprodukten geeignet. **Anw.**: In Konzentrationen von 100-500 ppm bei fetthaltigen Lebensmitteln, als Antioxidans für Säuglingskost, tierische Fette, Vitamine, Kaugummi, Trockenmilch. **Zul.:** ZZulV, VitaminV, DiätV, FleischV, KäseV und MilcherzV.

en: *ascorbyl plamitate*
fr: *palmitate d'ascorbyle*

Literatur:
siehe Ascorbinsäure.

*A.J.*

## Asparaginsäure
*Geschmacksstoff*,*
*Geschmacksverstärker* und Nährstoff**
Nicht-essentielle Aminosäure*. **Anw.:** In der L-Form, ihrer Natrium- und Kaliumverbindungen und des Hydrochlorides in Konzentrationen von 0,03-0,05 % zur Beeinflussung des Geschmackes sowie zusätzlich als Calcium- und Magnesiumverbindung zur Herstellung bilanzierter Diäten. **Zul.:** ZZulV, AromenV und DiätV, als Aminosäure gemäß § 2 Abs. 2 LMBG den Zusatzstoffen gleichgestellt.

en: *aspartic acid*
fr: *acide aspartique*

*K.G.*

## Aspartam
(E 951)
*Süßstoff**
Erstmals 1966 von Schlatter bei Peptidsynthesen gefunden. Wird im menschlichen Körper in die Bausteine Asparaginsäure*, Phenylalanin* und Methanol gespalten. Liefert deshalb Energie, die aber mengenmäßig praktisch nicht zum Brennwert von Lebensmitteln beiträgt. 200 mal süßer als Zucker. Angenehmer, aber etwas nachhaltiger Süßgeschmack. Guter Synergismus mit Acesulfam*, das auch die Geschmacksqualität noch weiter optimiert. Nicht hydrolyse- und hitzestabil, verliert nach längerer Lagerung langsam an Süße. **Anw.:** In Konzentrationen bis 0,06 % bei Getränken, Desserts, Milcherzeugnissen und Feinkostprodukten, bis 0,1 % zuckerfreien Süßwaren, bis 0,5 % Kaugummi. **Zul.:** ZZulV.

en: *aspartame*
fr: *aspartame*

Literatur:
STEGINK, L. D., und FILER, L. J.: Aspartame. Marcel Dekker New York — Basel 1984. von RYMON LIPINSKI und SCHIWECK, S. 425-444. O'BRIEN NABORS und GELARDI, S. 39-69.

*v.R.L.*

## Astaxanthin
*Farbstoff**
Orangerotes öllösliches zur Gruppe der Xanthophylle* gehörendes Carotinoid*. **Anw.:** Futterzusatz zur Eidotter-, Broiler- und Fischpigmentierung. **Zul.:** In der BR Deutschland für Lebensmittel nicht zugelassen.

en: *astaxanthine*
fr: *astaxanthine*

*G.O.*

## Aufgeschlossenes Milcheiweiß
*Nährstoff* und Stabilisator**
Aus Magermilch gewonnenes Casein, bei dem Calcium gegen Natrium oder

Kalium ausgetauscht wurde. Besser hitzestabil als normales Milcheiweiß. **Anw.:** Fleischerzeugnisse, besonders Brühwurst, Kochwurst und Konserven, Milcherzeugnisse und Käsereimilch. **Zul.:** FleischV, MilcherzV und KäseV, kein Zusatzstoff im Sinne des LMBG.

*E.L.*

## Aufschlagmittel
*Schaummittel*
Ermöglichen die einheitliche Verteilung einer Gasphase in einem flüssigen oder festen Lebensmittel. Wirkungsweise rein physikalisch. Erleichtern das Einbringen und die Feinverteilung von Luft, die Bildung von Schäumen und die Erzielung eines ausreichenden Volumens einer Masse. Gehören im weiteren Sinne zu den Stabilisatoren*. Angewendet werden Eiweiße, hauptsächlich aus Eiern und Magermilch sowie Emulgatoren*, wie Mono- und Diglyceride* von Speisefett- und Genußsäuren. **Anw.:** Backwaren, Süßwaren, Käseerzeugnisse. **Zul.:** ZZulV und KäseV.

**en:** *whipping agents, foaming agents, aerating agents*
**fr:** *agents de crémage*

**Literatur:**
SCHUSTER, S. 353-369.

*E.L.*

## Aufschlußmittel
Machen auf chemischem Wege unlösliche Lebensmittelbestandteile löslich, z. B. Eiweiß oder Aromabestandteile. **Zul.:** ZZulV, EiprodukteV und KakaoV.

Wichtige Aufschlußmittel:
| | |
|---|---|
| 524 | Natriumhydroxid* |
| 525 | Kaliumhydroxid* |
| 526 | Calciumhydroxid* |
| 527 | Ammoniumhydroxid* |
| 528 | Magnesiumhydroxid* Carbonate* |

*E.L.*

## Azofarbstoffe
Umfangreichste Gruppe der synthetischen organischen Farbstoffe* und Pigmente*, gekennzeichnet durch eine im Molekül enthaltene Azogruppe. Verwendung neuerdings wegen ihrer bei entsprechend disponierten Personen allergisierenden Wirkung umstritten, besonders Tartrazin*.

**en:** *azo dyes*
**fr:** *colorants azoïques*

Wichtige Azofarbstoffe:
| | |
|---|---|
| E 102 | Tartrazin |
| E 110 | Gelborange S* |
| E 122 | Azorubin* |
| E 123 | Amaranth* |
| E 124 | Ponceau 4R* |
| E 128 | Rot 2G* |
| E 129 | Allura Rot* |
| E 151 | Brillantschwarz BN* |
| E 154 | Braun FK* |
| E 155 | Braun HT* |
| E 170 | Rubinpigment BK* |

In einigen Mitgliedsstaaten der EG für spezielle Zwecke zugelassene Azofarbstoffe E 128, E 154 und E 155 sind mangels Notwendigkeit in der BR Deutschland nicht zugelassen.

**Literatur:**
OTTERSTÄTTER, S. 9 u. 12. BERTRAM, S. 13, 24, 25, 44, 53 u. 83.

*G.O.*

## Azogeranine
→ Rot 2G

## Azorubin
Carmoisin (E 122)
*Farbstoff*\*
Roter, wasserlöslicher Azofarbstoff*. Verdrängt in neuerer Zeit mehr und mehr das im Farbton sehr ähnliche Amaranth*. **Anw.:** In Konzentrationen von 0,005-0,05 % bei Obstkonserven, Getränken, Süßwaren, Dessertspeisen und Kunstspeiseeis, bei Dragees auch in Form des Farblackes.

# Azorubin

**Zul.:** In vielen Ländern, in der BR Deutschland in der ZZulV.

**en:** *azorubine, carmoisine*
**fr:** *azorubine*

**Literatur:**
OTTERSTÄTTER, S. 127, DFG L-Rot 1, BERTRAM, S. 25 u. 46.

*G.O.*

B

## Backmittel

Verbessern die Backfähigkeit der Mehle und erleichtern und vereinfachen damit die Herstellung von Backwaren, indem sie die wechselnden Verarbeitungseigenschaften der Rohstoffe ausgleichen und die Qualität von Backwaren verbessern, wie Bräunung, Lockerung, Porung, Krumenelastizität, Rösche, Schnittfähigkeit, Frischhaltung, Geschmack, Bekömmlichkeit und Genußwert. Verleihen Weizenteigen eine erhöhte Stabilität gegen mechanische Beanspruchung, eine bessere Gashaltekraft und höheren Ofentrieb; bewirken damit eine bessere Volumen- und Ausbundausbildung von Gebäcken. Optimieren in roggenhaltigen Teigen den pH-Wert, dadurch Verbesserung der Elastizität, Schneid- und Bestreichbarkeit der Brotkrume. Je nach Wirkung und Backwarengruppe, für deren Herstellung sie bestimmt sind, unterscheidet man zwischen Backmitteln für Brötchen oder sonstigem Hefe-Kleingebäck, für Roggenbrot (Teigsäuerungsmittel*), für Toast- und Weißbrot, für Hefe-Feingebäcke, für Sand- und Biscuitmassen (Aufschlagmittel*), Mehlbehandlungsmitteln*, Frischhaltemitteln*, Mitteln zur Verhütung des Fadenziehens* und Konservierungsstoffen*. Werden während der Teig- oder Massenherstellung meist in Mengen unter 10 % zugesetzt, berechnet auf Mehl. Angewendet werden Emugatoren*, besonders Lecithin*, Monoglyceride* und Mono- und Diglyceride von Speisefettsäuren, verestert mit Monoacetyl- und Diacetylweinsäure*, Enzympräparate*, Zucker*, Ascorbinsäure*, Cystein*, Cystin*, Kleber, Sojamehl, Quellstärke* und Verdickungsmittel*, wie Guar*. Backhefe braucht vergärbare Zucker, deshalb setzt man Backmitteln oft Glucose* zu. Emulgatoren bestimmen mit die Größe und die Krumenstruktur einer Backware. Sie beschleunigen die Verteilung von Fett und Wasser, erhöhen die Teigstabilität und Gärtoleranz, vergrößern das Gebäckvolumen, verbessern die Krumenbeschaffenheit und wirken frischhaltend. Begriff Teigkonditioniermittel (dough conditioner) nur im englisch-amerikanischen Sprachgebrauch für Zusätze üblich, die mit dem Kleber in Wechselwirkung treten und dadurch die Teigeigenschaften verändern, wie Ascorbinsäure und Emulgatoren.

**en:** baking agents, bakery additives
**fr:** produits de cuisson

*E.L.*

## Backpulver

*Backtriebmittel**

Dient der Lockerung von Gebäcken durch in feinen Bläschen freigesetztes Kohlendioxid*. Erfunden 1833 von Liebig, der anstelle von Bäckerhefe* Natriumhydrogencarbonat* und Salzsäure* vorschlug. Zweikomponenten-Backpulver besteht aus Kohlensäureträgern, Säureträgern und evtl. Trennmitteln*. Als Kohlensäureträger wird hauptsächlich Natriumhydrogencarbonat benutzt, als Säureträger Weinsäure*, Citronensäure*, Adipinsäure*, Glucono-delta-Lacton*, saure Citrate*, Tartrate*, Orthophosphate*, Diphosphate* oder Mischungen dieser Stoffe. Natriumdiphosphat (Natriumpyrophosphat) wirkt nicht schon bei der Teigbereitung sondern erst im Backofen, erhöht also den Nachtrieb und macht die Lagerung von gekühlten oder gefrorenen Teigen oder Massen möglich und ein späteres Backen. Stets sollte ein erheblicher Teil des Gesamttriebes auf den Ofenbetrieb entfallen. Wirksamkeit der Säureträger wird durch den Neutralisationswert charakterisiert, die Menge an Natriumhydrogencarbonat in Gramm, die von 100 g des Säureträgers umgesetzt werden. Als Trennmittel dienen Stärke*, Mehl oder Calciumcarbonat*. Backpulver für alle Teigarten geeignet, auch für schwere, die durch Hefe nicht mehr gelockert werden können. Einkomponenten-Backpulver sind Kaliumcarbonat* und Hirschhornsalz*. Backpulver führen im Gegensatz zu Hefe nicht zu besonderen Geschmackseigenarten des Gebäckes. **Zul.:** ZZulV.

**en:** *baking powder*
**fr:** *levure chimique*

Literatur:
BODE, J.: Backpulver — Geschichte und Wirkprinzip. Heft 9 der Informationen aus dem Backmittelinstitut 1987.

*E.L.*

## Backtriebmittel
*Triebmittel, Teiglockerungsmittel*
Dienen der Lockerung von Gebäcken. Wirkung beruht auf der mikrobiologischen oder chemischen Freisetzung von Kohlendioxid, im Falle von Hirschhornsalz* auch von Ammoniak, die in Form feiner Bläschen den Teig lockern. Gebäck wird dadurch gut kaubar und leicht verdaulich. Ohne Backtriebmittel erhält man Fladengebäcke. Werden während der Teigherstellung eingemischt. Wirken teilweise während der Teiggärung und Teigreife (Vortrieb), teilweise zusätzlich während des Backprozesses (Nachtrieb oder Ofentrieb).

**en:** *raising agents, leavening agents*
**fr:** *poudres à lever*

Wichtige Backtriebmittel:
Hefe*
Sauerteig*
Backpulver*
Hirschhornsalz*

*E.L.*

## Bäckerhefe
→ Hefe

## Ballaststoffe
*Füllstoffe**
Weitgehend unverdauliche Lebensmittelbestandteile, wie Cellulose, Hemicellulose, Lignin und Pentosane, die der Anregung der Darmfunktion dienen. **Anw.:** In Form von Pflanzenfasern, Kleie, Extrakten aus Früchten und Gemüsen bei kalorienverminderten Lebensmitteln, Backwaren. **Zul.:** Keine Zusatzstoffe im Sinne des LMBG.

**en:** *dietary fibre*
**fr:** *substances de lest*

*E.L.*

## Bedarfsgegenstände
Gegenstände, die während der Herstellung und Lagerung mit Lebensmitteln in direkte Berührung kommen, wie Packungen und Behältnisse, Körperpflegemittel, Spielwaren und Scherzartikel, Bekleidungsgegenstände, Reinigungs-, Pflege- und Imprägniermittel und Mittel zur Geruchsverbesserung und Insektenvertilgung in Räumen, die zum Aufenthalt von Menschen bestimmt sind. Bedarfsgegenstände sind keine Zusatzstoffe* im Sinne des LMBG. In der BR Deutschland werden sie durch § 5 LMBG definiert. In Österreich und in der Schweiz bezeichnet man eine Anzahl der den Bedarfsgegenständen entsprechenden Produkte als Gebrauchsgegenstände. In den USA sind hingegen die meisten Substanzen, die in Form von Verpackungen mit Lebensmitteln in Berührung kommen, Zusatzstoffe. Dadurch ist zu erklären, daß die Zahl der in den USA zulässigen Zusatzstoffe um ein Vielfaches größer erscheint als die Zahl der in Europa erlaubten.

*E.L.*

## Begasungsmittel
Gase oder verflüchtigte flüssige oder feste Stoffe, die im Vorratsschutz Insekten oder anderes Ungeziefer abtöten. Hauptsächlich angewendet werden Blausäure, Methylbromid, Methylformiat und Phosphide. Früher verwendetes Ethylenoxid* bildet mit Lebensmittelinhaltsstoffen un-

erwünschte Reaktionsprodukte, deshalb heute nicht mehr in Gebrauch. **Anw.:** Getreide und andere pflanzliche Rohstoffe. **Zul.:** Sind in vielen Ländern keine Zusatzstoffe, in der BR Deutschland gemäß § 11 Abs. 2 LMBG Zusatzstoffe, die keiner besonderen Zulassung bedürfen, wenn sie aus Lebensmitteln wieder entfernt werden.

**en:** fumigants
**fr:** fumigants

*E.L.*

## Bentonit
(558)
*Flockungsmittel**
Vulkanischer Ton mit hohem Gehalt an Montmorillonit mit hoher Quellfähigkeit und Ionenaustauschvermögen. Adsorbiert u. a. Eiweiße und andere Trübungen. **Anw.:** Fruchtsäfte, Fruchtnektar, Wein, Kakaobutter. **Zul.:** KakaoV, FruchtsaftV, Fruchtnektar- und FruchtsirupV, AV WeinG, WeinV und EG-Wein-MO.

**en:** bentonite
**fr:** bentonite

*E.L.*

## Benzoate
(E 211- E 213)
*Konservierungsstoffe**
Salze der Benzoesäure*. Sind physiologisch ebenso zu bewerten wie diese. Antimikrobielle Wirkung im sauren pH-Bereich am stärksten und vorzugsweise gegen Schimmelpilze und Hefen gerichtet, es werden aber auch viele Bakterien gehemmt. Antimikrobiell wirksam ist der Benzoesäureanteil. **Anw.:** Am meisten verwendet wird leicht wasserlösliches Natriumbenzoat (E 211) in Konzentrationen von 0,05-0,15 % bei Mayonnaise und Feinkostsalaten, Fischpräserven, Essig- und anderen Sauerkonserven, Obstprodukten und alkoholfreien Erfrischungsgetränken. Weiter zugelassen sind Kaliumbenzoat (E 212) und Calciumbenzoat (E 213). **Zul.:** ZZulV.

**en:** benzoates (sodium, potassium, and calcium benzoate)
**fr:** benzoates (benzoate de sodium, de potassium et de calcium)

Literatur:
siehe Benzoesäure.

*E.L.*

## Benzoeharz
(906)
*Überzugsmittel* und Kaumasse**
Baumharz aus südostasiatischen Styrax-Arten. **Anw.:** Zuckerwaren, Kaugummi. **Zul.:** ZZulV.

**en:** gum benzoin
**fr:** benjoin

Literatur:
KUHNERT, S. 169-170.

*E.L.*

## Benzoesäure
(E 210)
*Konservierungsstoff**
Vorkommen in Benzoeharz, daher der Name, und im einigen Früchten, z. B. Preiselbeeren. Konservierende Wirkung erstmals 1875 von Fleck beschrieben. Wird im Organismus an Glykokoll zu Hippursäure gebunden, die mit dem Harn ausgeschieden wird. Antimikrobielle Wirkung im sauren Bereich am stärksten und vorzugsweise gegen Schimmelpilze und Hefen gerichtet, es werden aber auch viele Bakterien gehemmt. **Anw.:** Auch in Form von Benzoaten*. In Konzentrationen von 0,05-0,1 % bei Fettemulsionen. **Zul.:** ZZulV.

**en:** benzoic acid
**fr:** acide benzoïque

Literatur:
BRANEN und DAVIDSON, S. 11-35. LÜCK, S. 166-173.

*E.L.*

## Benzoesäure-Sulfimid
→ Saccharin

## Benzylalkohol
*Trägerlösemittel\* und Extraktionslösemittel\**
**Zul.:** AromenV und ELV.

**en:** *benzyl alcohol*
**fr:** *alcool benzylique*

*E.L.*

## Bernsteinsäure
(363)
*Kochsalzersatz\*, Geschmacksverstärker\*, Säuerungsmittel\* und Säureregulator\**
Vorkommen in Bernstein, daher der Name. **Anw.:** Auch in Form von Succinaten\* bei Fleischerzeugnissen, Backwaren, Soßen, Getränken, Marmeladen, Süßwaren, diätetischen Lebensmitteln. **Zul.:** Kein Zusatzstoff im Sinne des LMBG.

**en:** *succinic acid*
**fr:** *acide succinique*

Literatur:
WIEDER, S. 31-39.

*K.G.*

## beta- ...
→ jeweiliges Stichwort

## Betanin
Betenrot, Rote Bete-Farbstoff (E 162)
*Farbstoff\**
Wasserlöslicher roter Farbstoff aus der Roten Rübe (Rote Bete). Verwendet hauptsächlich in Form von Saftkonzentraten oder Pulvern. Isolierter Farbstoff ohne technische Bedeutung. **Anw.:** Fruchtjoghurt, Suppen, Soßen, Kaugummi, Dessertspeisen, Speiseeis. **Zul.:** In vielen Ländern, in der BR Deutschland in der ZZulV. Schwach aufkonzentrierte Zubereitungen aus Roten Beten sind keine Zusatzstoffe im Sinne des LMBG sondern sogenannte färbende\* Lebensmittel.

**en:** *beet red, beetroot red, betanin*
**fr:** *rouge de betterave, bétanine*

Literatur:
OTTERSTÄTTER, s. 273. DFG L-Rot 10. BERTRAM, S. 49, 52 u. 78.

*G.O.*

## Betenrot
→ Betanin

## BHA
→ Butylhydroxyanisol

## BHT
→ Butylhydroxytoluol

## Bienenwachs
(901)
*Kaumasse\*, Überzugsmittel\*, Rieselhilfsmittel\* und Trägerstoff\**
Durch Ausschmelzen der vom Honig befreiten Waben gewonnenes Wachs. Wird vom Körper nicht resorbiert. **Anw.:** Backwaren, Süßwaren, Zuckerwaren, Zitrusfrüchte, Hartkäse, Rohkaffee, Kaugummi. **Zul.:** ZZulV, KäseV und KaffeeV.

**en:** *beeswax*
**fr:** *cire d'abeille*

Literatur:
KUHNERT, S. 147-150.

*E.L.*

## Biotin
Vitamin H
*Vitamin\* und Hefenährstoff\**
Mangelerscheinungen nur unter extremen Ernährungsbedingungen, insbesondere beim Säugling und Kleinkind. **Anw.:** Zur Vitaminierung, hauptsächlich in Säuglings- und Kleinkindernahrung, auch als Wuchsstoff für die Herstellung von Obstwein, Malz, Backhefe. **Zul.:** Kein Zusatzstoff im Sinne des LMBG.

**en:** *biotin*
**fr:** *biotine*

Literatur:
FRIEDRICH, S. 486.

*A.J.*

## Biphenyl

Diphenyl (E 230)
*Konservierungsstoff\* und Fruchtbehandlungsmittel\**
Wurde erstmals in den 30er Jahren als Konservierungsstoff für Zitrusfrüchte vorgeschlagen und hat in der Nachkriegszeit durch die Möglichkeit eines rationellen Versandes von Zitrusfrüchten über weite Entfernungen in den USA und in Europa eine Versorgung breiter Bevölkerungskreise mit Zitrusfrüchten überhaupt erst möglich gemacht. Heute mehr und mehr durch andere Mittel verdrängt, die die organoleptischen Eigenschaften der Zitrusfrüchte weniger beeinflussen. Antimikrobielle Wirkung richtet sich vorzugsweise gegen Schimmelpilze. Verflüchtet sich in Folge seines hohen Dampfdruckes und erfüllt den Gasraum zwischen Verpackungsmaterial und Früchten. **An.:** In Konzentrationen von 1-5 g/m$^2$ in Form fungistatischer\* Verpackungsmaterialien für Zitrusfrüchte. **Zul.:** ZZulV.

**en:** *biphenyl; diphenyl*
**fr:** *biphényle; diphényle*

Literatur:
LÜCK, S. 186-189.
*E.L.*

## Bitterstoffe

*Geschmacksstoffe\**
Verleihen Lebensmitteln einen bitteren Geschmack. **Anw.:** Bier, Tonic-Getränke, Cola-Getränke. **Zul.:** ZZulV.

**en:** *bitter substances*
**fr:** *substances amères, composés amers*

Wichtige Bitterstoffe:
Chinin\*
Coffein\*
Hopfen\*

Literatur:
ROUSEFF, R. L.: Bitterness in Foods and Beverages. Elsevier, Amsterdam 1990.
*E.L.*

## Bixin
→ Annatto

## Bleicherden
→ Entfärbungsmittel

## Bleichmittel

Beseitigen unerwünschte Verfärbungen von Lebensmitteln oder beugen deren Entstehung vor. Wirken durch Oxidation mißfarbener oder zur Verfärbung neigender Inhaltsstoffe von Lebensmitteln zu farblosen Verbindungen. Indirekte Bleichwirkung ist Verhinderung der enzymatischen und nicht-enzymatischen Bräunungsreaktion durch Schwefeldioxid\*. Mehlbleichung heute in den meisten Ländern obsolet. **Anw.:** Stärke, Gelatine, Fischmarinaden, Schalen von Walnüssen. **Zul.:** Sind in der BR Deutschland gemäß § 11 Abs. 2 auch dann zulassungsbedürftig, wenn sie in dem zum Verzehr bestimmten Lebensmittel nicht mehr vorhanden sind.

**en:** *bleaching agents*
**fr:** *agents de blanchiment*

Wichtige Bleichmittel:
        Kaliumpermanganat\*
        Wasserstoffperoxid\*
925    Chlor\*
E 220  Schwefeldioxid\*
*E.L.*

## Blutlaugensalze
→ Ferrocyanide

## Blutplasma

*Stabilisator\* und Nährstoff\**
Aus dem Blut durch Abtrennen der Blutkörperchen mittels Zentrifugieren gewonnene Flüssigkeit, die Nähr- und Abbaustoffe enthält. **Anw.:** Auch in getrockneter Form (Trockenblutplasma) in Konzentrationen von maximal 10 % bei Brühwursterzeugnissen. **Zul.:** FleischV.

en: *blood plasma*
fr: *plasma sanguin*

*E.L.*

## Borax
*Konservierungsstoff\**
Verwendung geht auf die 50er Jahre des 19. Jahrhunderts zurück, besonders in Italien, wo sich die Hauptfundstätten befanden. Physiologisch ebenso zu bewerten wie Borsäure\*. Heute durch andere Mittel so gut wie vollkommen verdrängt. Antimikrobiell wirksam ist der Borsäureanteil. Antimikrobielle Wirkung pH-unabhängig und vorzugsweise gegen Hefen, es werden aber auch viele Bakterien gehemmt. **Anw.:** Kaviar. **Zul.:** In den meisten Ländern, einschließlich der BR Deutschland nicht mehr erlaubt.

en: *borax*
fr: *borax*

Literatur:
siehe Borsäure.

*E.L.*

## Borsäure
*Konservierungsstoff\**
Verwendung geht auf die 50er Jahre des 19. Jahrhunderts zurück, besonders in Italien, wo sich die Hauptfundstätten befanden. Nicht nach modernen Methoden auf ihre gesundheitliche Unbedenklichkeit geprüft. Wird nur langsam ausgeschieden und reichert sie sich deshalb bei regelmäßiger Zufuhr im Körper an, was unerwünscht ist. Deshalb heute durch andere Mittel so gut wie vollkommen verdrängt. Antimikrobielle Wirkung pH-unabhängig und vorzugsweise gegen Hefen, es werden aber auch viele Bakterien gehemmt. **Anw.:** Kaviar. **Zul.:** In den meisten Ländern, einschließlich der BR Deutschland nicht mehr erlaubt.

en: *boric acid*
fr: *acide borique*

Literatur:
LÜCK, S. 67-70.

*E.L.*

## Braun FK
(E 154)
*Farbstoff\**
Gemisch brauner wasserlöslicher Azofarbstoffe\*. **Anw.:** Räucherheringe. **Zul.:** In Großbritannien, in der BR Deutschland nicht zugelassen.

en: *brown FK*
fr: *brun FK*

Literatur:
DFG L-Braun 1.

*G.O.*

## Braun HT
(E 155)
*Farbstoff\**
Brauner wasserlöslicher Azofarbstoff\*. **Anw.:** Süßwaren. **Zul.:** In Großbritannien, in der BR Deutschland nicht zugelassen.

en: *brown HT, chocolate brown HT*
fr: *brun HT*

Literatur:
DFG L-Braun 2.

*G.O.*

## Brillantblau FCF
Amidoblau AE, Patentblau AE (E 133)
*Farbstoff\**
Blauer wasserlöslicher Triarylmethanfarbstoff\*. Durch Mischung mit gelben Farbstoffen, z. B. Tartrazin\* oder Chinolingelb\* werden grüne Farbtöne erzielt. **Anw.:** Getränke, Süßwaren. **Zul.:** In vielen Ländern, nicht jedoch in der BR Deutschland, wo an seiner Stelle Patentblau V\* benutzt wird.

en: *brilliant blue FCF, FD&C Blue No. 1 (US)*
fr: *bleu brillant FCF*

Literatur:
OTTERSTÄTTER, S. 177. DFG L-Blau 4.

*G.O.*

## Brillantsäuregrün BS
Lisamingrün, Lissamingrün, Wollgrün S (E 142)
*Farbstoff\**
Blaugrüner waserlöslicher Triarylmethan-

farbstoff*. Wenig licht- und säurestabil.
**Anw.:** Süßwaren. **Zul.:** ZZulV.
**en:** green S
**fr:** vert acide brillant BS
Literatur:
OTTERSTÄTTER, S. 188. DFG L-Grün 3. BERTRAM, S. 26, 48 u. 89.

*G.O.*

## Brillantschwarz BN
(E 151)
*Farbstoff\**
Blauschwarzer wasserlöslicher Azofarbstoff*. Durch Mischung mit gelben und roten Farbstoffen werden dunkle oder braune Farbtöne erzielt. **Anw.:** In Konzentrationen von 0,02-0,06 % bei Fischrogen und Süßwaren, zur Färbung von Dragees auch in Form des Farblackes*. **Zul.:** ZZulV.
**en:** brilliant black BN
**fr:** noir brillant BN
Literatur:
OTTERSTÄTTER, S. 167. DFG L-Schwarz 1. BERTRAM, S. 25, 48 u. 88.

*G.O.*

## Brillantwollblau FFR
→ Acilanbrillantblau FFR

## Butadien-Styrol-Copolymerisate
*Kaumassen\**
**Anw.:** Kaugummi. **Zul.:** ZZulV.

*E.L.*

## Butan
*Extraktionslösemittel\**
**Zul.:** ELV.
**en:** butane
**fr:** butane

*E.L.*

## Butan-1-ol
*Extraktionslösemittel\**
**Zul.:** ELV.
**en:** butane 1-ol
**fr:** butane 1-ol

*E.L.*

## Butan-2-ol
*Extraktionslösemittel\**
**Zul.:** ELV.
**en:** butane 2-ol
**fr:** butane 2-ol

*E.L.*

## Butylacetat
*Extraktionslösemittel\**
**Zul.:** ELV.
**en:** butyl acetate
**fr:** acétate de butyle

*E.L.*

## Butylhydroxyanisol
BHA (E 320)
*Antioxidans\**
Gemisch der 2- und 3-Isomeren. Antioxidative Wirkung steigt bis zu einer Konzentration von 0,02 % an und bleibt bei höheren Zusätzen gleich. Hoher carry-through-effect*. **Anw.:** In Konzentrationen bis 0,02 % bei Fetten, Ölen, fetthaltigen Lebensmitteln, insbesondere fetthaltigen Gebäcken, Pommes frites, Kartoffelchips, Süßwaren, Kaugummi, Aromen, Walnußkernen. Einsatz oft in Kombination mit Butylhydroxytoluol* und Gallaten*. **Zul.:** ZZulV.
**en:** butylated hydroxyanisole, BHA
**fr:** hydroxyanisole de butyle, BHA

*K.G.*

## Butylhydroxytoluol
BHT (E 321)
*Antioxidans\**
Hoher carry-throug-effect*. **Anw.:** In Konzentrationen von 0,01-0,1 % in Fetten, Ölen, fetthaltigen Lebensmitteln, insbesondere fetthaltigem Gebäck, Pommes frites, Kartoffelchips, Süßwaren, Kaugummi, Aromen. Einsatz oft in Kombination mit Butylhydroxyanisol* und Gallaten* **Zul.:** ZZulV.
**en:** butylated hydroxytoluene, BHT
**fr:** hydroxytoluène de butyle, BHT

*K.G.*

c

## Calciferole
Vitamin D
*Vitamine**
Sammelbezeichnung für strukturell verwandte fettlösliche Steroide. Am wichtigsten sind Ergocalciferol (Vitamin D2), Cholcalceferol (Vitamin D3) und Cholecalciferol-Cholesterin. Mangel führt zur Rachitis. **Anw.**: Zur Vitaminierung von Margarine, Milchhalbfetterzeugnissen, Säuglingsnahrung. **Zul.**: VitaminV, MilcherzV und DiätV, gemäß § 2 Abs. 2 LMBG den Zusatzstoffen gleichgestellt.
**en:** *calciferol*
**fr:** *calciférol*
Literatur:
FRIEDRICH, S. 92.

*A.J.*

## Calcium
*Mineralstoff**
In Lebensmitteln meist in ausreichenden Mengen vorhanden, deshalb nur in besonderen Fällen gezielter Zusatz sinnvoll. **Anw.**: In Form des Carbonates, Chlorides, Citrates, Gluconates, Glycerophosphates, Lactates, Orthophosphates, Saccharates und Sulfates für bilanzierte Diäten und andere diätetische Lebensmittel. **Zul.**: DiätV.
**en:** *calcium*
**fr:** *calcium*

*E.L.*

## Calcium ...
→ entsprechende Anionen

## Calciumcarbonat
(E 170)
*Farbstoff**, *Säureregulator** *und Rieselhilfsmittel**
Weißes anorganisches *Pigment**. **Anw.**: Oberflächenfärbung von Dragees und Verzierung, Einstellung geeigneter pH-Werte in Teigen und Backwaren und Verbesserung der Rieselfähigkeit mehlförmiger Backmittel* und Backvormischungen, Entsäuerungsmittel für Most und Wein.
**Zul.**: ZZulV, DiätV und EG-WeinMO.
**en:** *calcium carbonate*
**fr:** *carbonate de calcium*
Literatur:
OTTERSTÄTTER, S. 250. DFG LB-Pigment 1. BERTRAM, S. 50 u. 81. KUHNERT, S. 82-87.

*G.O.*

## Calciumhydroxid
(526)
*Konservierungsstoff**, *Säureregulator** *und Aufschlußmittel**
Gesättigte wäßrige Lösung heißt Kalkwasser. Konserviert Eier durch Umwandlung in Calciumcarbonat, das die Poren des im Inneren sterilen Eies verschließt. Verwendung in der Konservierung von Eiern weitgehend durch Kühllagerung ersetzt. **Anw.**: Zum Aufschluß von Milcheiweiß, Wässern von Stockfisch, Neutralisationsmittel bei der Zucker-, Stärke- und Eiweißhydrolyse und für Trinkwasser, Kalken von Muskatnüssen, Konservierung von Eiern im Haushalt. **Zul.**: ZZulV, TrinkwV und MilcherzV.
**en:** *calcium hydroxide*
**fr:** *hydroxyde de calcium*
Literatur:
LÜCK, S. 217.

*E.L.*

## Calciumhypochlorit
→ chlorabspaltende Verbindungen

## Calciumoxid
(529)
*Säureregulator**
**Anw.**: Trinkwasser. **Zul.**: TrinkwV.
**en:** *calcium oxide*
**fr:** *oxyde de calcium*

*E.L.*

## Calciumsilikate
(552)
*Rieselhilfsmittel** *und Füllstoffe**
Verhindern Zusammenbacken von Kochsalzkristallen und anderen pulverförmi-

gen Lebensmitteln. **Anw.:** In Konzentrationen von 1-2% bei Speisesalz, Gewürzsalzen, Würzmitteln, Tomaten- und anderen Fruchtpulvern, Trockensuppen, Soßenpulvern, pulverförmigen Aromen, Süßwaren, Kaugummi. **Zul.:** ZZulV und AromenV.
**en:** *calcium silicates*
**fr:** *silicates de calcium*
Literatur:
KUHNERT, S. 118-120.

*E.L.*

## Calciumstearoyl-lactyl-2-lactat
(E 482)
*Emulgator**
Calciumsalz des Esters von gesättigten Fettsäuren, besonders Stearinsäure mit Milchsäure und Polymilchsäure. Die Salzbildung verstärkt die Hydrophilie. Geht starke Wechselwirkung mit Proteinen ein, speziell dem Gluten des Weizenmehls und verbessert dadurch die Backeigenschaften (Backmittel*). Durch Wechselwirkung mit Milchproteinen wird deren Schaumbildungs- und Stabilisierungsvermögen verbessert. Weiterhin gute Wirkung als Frischhaltemittel*, ähnlich wie Mono- und Diglyceride* durch Wechselwirkung mit Amylose. Verzögerung des Altbackenwerdens durch Verringerung der Retrogradation der Stärke. **Anw.:** Backwaren. **Zul.:** In einigen Ländern, in der BR Deutschland nicht zugelassen.
**en:** *calcium stearoyl-2-lactylate*
**fr:** *stéaroyl-2-lactylate de calcium*
Literatur:
SCHUSTER, S. 174-183.

*H.G.*

## Calmusöl
*Natürlicher Aromastoff**
Ätherisches Öl aus Acorus calamus. **Anw.:** In Konzentrationen von maximal 1 ppm, berechnet als Asaron bei Trinkbranntwein. **Zul.:** AromenV.

**en:** *calamus oil*
**fr:** *essence d'acore*

*E.L.*

## Candelillawachs
(902)
*Kaumasse*, Rieselhilfsmittel* und Überzugsmittel**
Pflanzenwachs aus verschiedenen Euphorbiaceen. **Anw.:** Süßwaren, Backwaren, Kaugummi. **Zul.:** ZZulV.
**en:** *candelilla wax*
**fr:** *cire de candelilla*
Literatur:
KUHNERT, S. 151-153.

*E.L.*

## Canthaxanthin
(E 161 g)
*Farbstoff**
Öllösliches Carotinoid*, das je nach Einsatzkonzentration gelborange bis rote Färbungen ergibt. Auch in Form wasserdispergierbarer Präparationen im Handel. **Anw.:** Lachsersatz, Getränke, Tomatenprodukte, Süßwaren. **Zul.:** ZZulV.
**en:** *canthaxanthin*
**fr:** *canthaxanthine*
Literatur:
OTTERSTÄTTER, S. 172. DFG L-Orange 7 g. BERTRAM, S. 49, 67 u. 70.

*G.O.*

## Capsanthin
(E 160 c)
*Farbstoff**
Orangerotes öllösliches, dem Capsorubin* sehr ähnliches Carotinoid*. Isolierter Farbstoff ohne technische Bedeutung, verwendet werden Extrakte aus roten Paprikaschoten. Auch in Form wasserdispergierbarer Präparationen im Handel. **Anw.:** Mayonnaise, Soßen, Suppen, Fertiggerichte, Süßwaren. **Zul.:** ZZulV.
**en:** *capsanthin*
**fr:** *capsantéine*

Literatur:
OTTERSTÄTTER, S. 276, DFG L-Orange 5. BERTRAM, S. 45, 49 u. 67.

G.O.

## Capsorubin
(E 160 c)
*Farbstoff\**
Orangerotes öllösliches, dem Capsanthin* sehr ähnliches Carotinoid*. Isolierter Farbstoff ohne technische Bedeutung, verwendet werden Extrakte aus roten Paprikaschoten. Auch in Form wasserdispergierbarer Präparationen im Handel. **Anw.**: Mayonnaise, Soßen, Suppen, Fertiggerichte, Süßwaren. **Zul.**: ZZulV.

**en:** *capsorubin*
**fr:** *capsorubine*

Literatur:
OTTERSTÄTTER, S. 276. DFG L-Orange 5. BERTRAM, S. 45, 49 u. 67.

G.O.

## Caramel
→ Karamelzucker

## Carbaminate
→ Carbonate

## Carbo medicinalis vegetabilis
Kohlenschwarz (E 153)
*Farbstoff\**
Schwarzes, durch Verkohlen von organischen Materialien hergestelltes Pigment*. **Anw.**: Oberflächenfärbung von Käse, Dragees. **Zul.**: ZZulV und KäseV.

**en:** *carbon black, vegetable carbon*
**fr:** *noir de carbone, carbo medicinalis vegetalis*

Literatur:
OTTERSTÄTTER, S. 20, 252 u. 254. DFG L-Pigmentschwarz 3.

G.O.

## Carbonate
Carbaminate (E 170, 500, 501, 503, 504)
*Aufschlußmittel\*, Backtriebmittel\*, Backmittel\*, Rieselhilfsmittel\*, Füllstoffe\*, Trägerstoffe\*, Hefenährstoffe\*, Kochsalzersatz\*, Säureregulatoren\* und Farbstoffe\**
Salze der Kohlensäure, Carbaminate sind Salze der Carbaminsäure. **Anw.**: Am meisten verwendet werden Ammoniumsalze (503) als Hefenährstoffe und Aufschlußmittel für Milcheiweiß und in Form von Hirschhornsalz* als Backtriebmittel, Natriumcarbonat (500) als Säureregulator, Trägerstoff, Aufschlußmittel für Kakao und Milcheiweiß, für Kaffee-Ersatz und Kaffeezusätze, Aufbereitung von Trinkwasser, Herstellung von Tafelwasser, Kaliumcarbonat* (501) als Säureregulator, Trägerstoff, Aufschlußmittel für Kakao und Milcheiweiß, für Kaffee-Ersatz und Kaffeezusätze, Herstellung von Tafelwasser und Kochsalzersatz, Natriumhydrogencarbonat (500) als Kohlensäureträger im Backpulver, Säureregulator, Trägerstoff und Aufschlußmittel für Milcheiweiß, zur Herstellung von Tafelwasser, Kaliumhydrogencarbonat (501) als Säureregulator, Trägerstoff, Kochsalzersatz und Aufschlußmittel für Milcheiweiß, Magnesiumcarbonat (504) als Säureregulator, Füllstoff, Rieselhilfsmittel, Trägerstoff, Kochsalzersatz, Aufschlußmittel für Kakao und Milcheiweiß, zur Aufbereitung von Trinkwasser und Herstellung von Tafelwasser, Calciumcarbonat* (E 170) zur Entsäuerung von Wein und Most, als Säureregulator, Backmittel, Füllstoff, Rieselhilfsmittel, z. B. für Kochsalz*, Farbstoff*, zur Herstellung von Tafelwasser, Aufbereitung von Trinkwasser. **Zul.**: ZZulV. AromenV, DiätV, KaffeeV, KakaoV, KäseV, MilcherzV. TrinkwV, Mineral- und TafelwV und EG-WeinMO.

**en:** *carbonates, hydrogen carbonates and carbaminates (ammonium carbonate, sodium carbonate and hydrogen carbonate, potassium carbonate and hydrogen carbonate, calcium and magnesium carbonate)*

fr: *carbonates, bicarbonates et carbaminates (carbonate d'ammonium, carbonate et bicarbonate de sodium, carbonate et bicarbonate de potassium, carbonate de calcium et de magnésium)*

*K.G.*

## Carboxymethylcellulose
(E 466)
*Verdickungsmittel*, Trägerstoff* und Tablettierhilfsmittel**
Natriumsalz des Carboxymethylethers der Cellusose, Molekulargewicht zwischen 17.000 und 1.500.000. Je höher der Polymerisationsgrad, um so stärker die Viskosität von Lösungen. 1918 zum ersten Mal von Jansen synthetisiert und seit den 20er Jahren großindustriell aus hochgereinigter Cellulose oder Linters hergestellt. Wird im Körper nicht abgebaut, daher kalorienfrei. Sowohl in kaltem als auch in heißem Wasser löslich. Hat ausgeprägte oberflächenaktive Eigenschaften, dadurch verstärkende Wirkung auf Emulgatoren. Wirkt als Schutzkolloid und strukturverbessernd sowie als Tablettierhilfsmittel (Sprengmittel) bei Süßstofftabletten. **Anw.:** Speiseeis, Konserven, Kakaogetränke, Salatsoßen, Backwaren, Frischkäsezubereitungen, Gelees, Kuchenfüllungen, Cremesoßen, Süßspeisen, Kaugummi, Süßstofftabletten, Fruchtzubereitungen. **Zul.:** ZZulV, MilcherzV, KäseV, Aromen, FleischV und SpeiseeisV.

en: *carboxymethylcellulose*
fr: *carboxyméthylcellulose*

Literatur:
BURCHARD, S. 101-106.

*L.G.*

## Carmoisin
→ Azorubin

## Carnaubawachs
(903)
*Kaumasse*, Rieselhilfsmittel* und Überzugsmittel**
Pflanzenwachs. **Anw.:** Backwaren, Süßwaren, Zuckerwaren, Zitrusfrüchte, Rohkaffee, Kaugummi. **Zul.:** ZZulV und KaffeeV.

en: *carnauba wax*
fr: *cire de carnauba*

Literatur:
KUHNERT, S. 154-156.

*E.L.*

## Carnitin
*Nährstoff**
**Anw.:** In der L-Form und seines Hydrochlorides bei bilanzierten Diäten und Säuglingsnahrung. **Zul.:** DiätV.

en: *carnitine*
fr: *carnitine*

*E.L.*

## Carotin
(E 160 a)
*Farbstoff**
Natürlicherweise vorkommendes Gemisch der drei isomeren Carotinoide* alpha-, beta- und gamma-Carotin. Hauptkomponente und am meisten verwendet wird beta-Carotin*. **Zul.:** ZZulV.

en: *carotene*
fr: *carotène*

Literatur:
OTTERSTÄTTER, S. 234. BERTRAM, S. 49, 52 u. 67.

*G.O.*

## beta-Carotin
Provitammin A (E 160 a)
*Farbstoff* und Vitamin**
Öllösliches Carotinoid*, Hauptbestandteil des natürlichen Carotins*. Vorkommen in Karotten, rotem Palmöl und grünen Pflanzen, wird aber größtenteils synthetisch hergestellt. Besitzt Provitamin A-Eigenschaften. Empfindlich gegenüber Licht, Sauerstoffeinwirkung und längerem Erhitzen, jedoch gut beständig gegenüber

Ascorbinsäure. **Anw.:** In Form öliger Dispersionen, wasserdispergierbarer Trockenpulver oder anderer wasserlöslicher Formulierungen in Konzentrationen von 1-10 ppm, bezogen auf die Reinsubstanz bei Ölen, Fetten, Butter, Margarine, Mayonnaise, Käse, Suppen, Getränken, Süßwaren, Dessertspeisen. **Zul.:** ZZulV, KäseV, ButterV und MilcherzV, kein Zusatzstoff im Sinne des LMBG.

**en:** beta carotene
**fr:** bêta carotène

Literatur:
FRIEDRICH, S. 42, OTTERSTÄTTER, S. 234. DFG L-OrangE 3.

*A.J. und G.O.*

## Carotinoide
*Farbstoffe\**
Öllösliche gelbe, orange und rote Polyenfarbstoffe*, die in Blättern, Früchten, Schalentieren und Eidotter vorkommen. Werden aber größtenteils synthetisch hergestellt. **Zul.:** ZZulV.

**en:** carotenoids
**fr:** caroténoïdes

Wichtige Carotinoide:
| | |
|---|---|
| E 160 a | Carotin* |
| E 160 b | Bixin* |
| E 160 c | Capsantin*, Capsorubin* |
| E 160 d | Lycopin* |
| E 160 e | beta-Apo-8'-carotinal* |
| E 160 f | beta-Apo-8'-carotinsäureethylester* |
| E 161 | Xanthophylle* |
| E 161 a | Flavoxanthin* |
| E 161 b | Lutein* |
| E 161 c | Kryptoxanthin* |
| D 161 d | Rubixanthin* |
| E 161 e | Violaxanthin* |
| E 161 f | Rhodoxanthin* |
| E 161 g | Canthaxanthin* |

*G.O.*

## Carrageen
Carrageenane, Irisch Moos (E 407)
*Verdickungsmittel\*, Geliermittel\* und Trägerstoff\**
Heißwasserextrakt aus verschiedenen Rotalgen, z. B. Chondrus crispus und Gigartina mamillosa. Besteht hauptsächlich aus den Calcium-, Kalium-, Natrium-, Ammonium- und Magnesiumverbindungen von Polysaccharid-sulfatestern von Galaktose. Carragenate sind halbsynthetische Produkte aus einer Ionenart. Carragen bildet hitzestabile Gele. Calcium-Carrageenat bildet beim Aufkochen und anschließendem Abkühlen ein elastisches Gel, Lösungen von Natrium-Carrageenat bleiben hochviskose Flüssigkeiten. Lösungen sind pseudoplastisch, Viskosität nimmt mit steigender Temperatur ab. Zuckerzusatz erhöht Gelfestigkeit, Geliertemperatur und Schmelztemperatur. Wirkt synergistisch mit Johannisbrotkernmehl*. Zusatz zu Milch führt bei pH < 4,6 zu festem Gel. **Anw.:** Milchgetränke, Puddingpulver, Cremes, Käsezubereitungen, Eiscreme, Kaffeeweißer, Halbfettmargarine, Eiweißschäume, Süßwaren, Konserven, Konfitüren, Tomatenketchup, Soßen. Trägerstoff für Aromen. **Zul.:** ZZulV, MilcherzV, KäseV, SpeiseeisV, AromenV und DiätV.

**en:** carragen, carrageenans, Irish moss
**fr:** carraghénan

Literatur:
NEUKOM und PILNIK, S. 11-29. BURCHARD, S. 131-132. HARRIS, S. 79-119.

*L.G.*

## Carrageenane
→ Carrageen

## Carry-over
Übergang eines Zusatzstoffes aus einem Lebensmittelvorprodukt in das Fertiglebensmittel, meist ohne Wirkung im Endergebnis.

*E.L.*

## Carry-through-effect
Weiterwirkung eines dem Rohstoff zugesetzten Wirkstoffes im Endprodukt, speziell von phenolischen Antioxidantien* nach thermischer Belastung.

*E.L.*

## Casein
Kasein
*Flockungsmittel**
Wesentlicher Bestandteil von aufgeschlossenem* Milcheiweiß. **Anw.:** Auch in Form von Kaliumcaseinaten bei Wein und Schaumwein. **Zul.:** Schaumwein-BranntweinV und EG-WeinMO.

**en:** *casein*
**fr:** *caséine*

*E.L.*

## Cellulose
(E 460)
*Füllstoff*, Trennmittel* und Filterhilfsmittel**
Herstellung durch mechanische Zerkleinerung aus pflanzlichen Rohstoffen (gemahlene Cellulose). Zusätzliche Behandlung mit Mineralsäuren und ggf. Zusätze von 8-12% Carboxymethylcellulose* ergeben mikrokristalline Cellulose. Gut dispergierfähig, unlöslich in Wasser, Alkohol und verdünnten Säuren. Kalorienfreier Füllstoff, Stabilisator für Eiscreme und Tiefgefrierkost zur Verhinderung der Eiskristallbildung, Trennmittel für Kaugummi, Filterhilfsmittel für Wein. **Anw.:** Salatsoßen, Kaugummi, eßbare Kunstdärme, Wein, Obstwein. **Zul.:** In der BR Deutschland nur als gemahlene Cellulose in der ZZulV, der FleischV, der DiätV, der WeinV, der Schaumwein-BranntweinV, der AV WeinG und der EG-WeinMO.

**en:** *cellulose*
**fr:** *cellulose*

**Literatur:**
KUHNERT, S. 105-108.

*L.G.*

## Celluloseether
*Verdickungsmittel* und Trägerstoffe**
Wasserlösliche Ether von Cellulose aus Nadel-, Laubholz oder Linters. Eigenschaften hängen von der Art der Veretherung, dem Veretherungs- und Polymerisationsgrad ab. Viskositäten von 2%igen wäßrigen Lösungen liegen je nach Typ zwischen 3 und 30.000 mPa. Löslichkeit und Viskosität von wäßrigen Lösungen sind temperatur- und pH-Wert-abhängig. Wasserlösliche Celluloseether weitgehend stabil gegenüber höheren Temperaturen, schwachen Alkalien und Säuren sowie Mikroorganismen. Carboxymethylcellulose ist ionisch, die anderen Ether nicht-ionisch. **Zul.:** ZZulV, MilcherzV, KäseV, SpeiseeisV, FleischV und AromenV.

**en:** *cellulose ethers*
**fr:** *éthers de cellulose*

Wichtige Celluloseether:
| | |
|---|---|
| E 461 | Methylcellulose* |
| E 462 | Ethylcellulose* |
| E 463 | Hydroxypropylcellulose* |
| E 464 | Hydroxypropylmethylcellulose* |
| E 466 | Carboxymethylcellulose* Methylhydroxyethylcellulose* |

*L.G.*

## Ceresgelb GRN
(C 9)
*Farbstoff**
Gelber öllöslicher Azofarbstoff*. **Anw.:** Färben, Bemalen und Lackieren der Schale von Eiern. **Zul.:** ZZulV.

**en:** *ceres yellow GRN*

**Literatur:**
OTTERSTÄTTER, S. 162. DFG L-ext. Gelb 1.

*G.O.*

## Ceresrot G
Fettrot G, Sudanrot G (C 10)
*Farbstoff**
Roter öllöslicher Azofarbstoff*. Färben,

Bemalen und Lackieren der Schale von Eiern. **Zul.:** ZZulV.
**en:** *ceres red G*
Literatur:
OTTERSTÄTTER, S. 177. DFG L-ext. Rot 1.
G.O.

## Chinin
*Geschmacksstoff**
Gibt Lebensmitteln einen bitteren Geschmack. **Anw.:** In Form von Chininhydrochlorid und -sulfat in Konzentrationen bis 85 ppm bei alkoholfreien Erfrischungsgetränken, bis 300 ppm bei Trinkbranntweinen und weinhaltigen Getränken. **Zul.:** AromenV und WeinV.
**en:** *quinine (quinine hydrochloride and sulfate)*
**fr:** *quinine (hydrochloride et sulfate de quinine)*
E.L.

## Chinolingelb
(E 104)
*Farbstoff**
Gelber wasserlöslicher Chinophthalonfarbstoff. Wird neuerdings immer mehr anstelle von Tartrazin* eingesetzt; um dessen Farbton zu erzielen, muß mit einer Spur Gelborange S* nuanciert werden. **Anw.:** In Konzentrationen von 0,02-0,03 % bei Getränken, Süßwaren, Dessertspeisen und Kunstspeiseeis, bei Dragees auch in Form des Farblackes*. **Zul.:** ZZulV.
**en:** *quinoline yellow, D&C Yellow No. 10 (US)*
**fr:** *jaune de quinoléine*
Literatur:
OTTERSTÄTTER, S. 202. DFG L-Gelb 3. BERTRAM: S. 46, 91 u. 92.
G.O.

## Chlor
(925)
*Entkeimungsmittel* und*
*Desinfektionsmittel**
Anwendung geht auf das 19. Jahrhundert zurück, als man zur Vermeidung von Seuchen begann, das Trinkwasser* zu chloren. Breite antimikrobielle Wirkung, besonders gegen Bakterien, insbesondere Krankheitserreger, daher auch wichtiges Desinfektionsmittel*. Anwendung auch in Form von chlorabspaltenden Verbindungen*. Kann in höheren Konzentrationen geruchlich und geschmacklich hervortreten und unerwünschte Reaktionen mit organischen Wasserbestandteilen eingehen unter Bildung von Haloformen und Chlorphenolen. **Anw.:** Trinkwasser. **Zul.:** TrinkwV.
**en:** *chlorine*
**fr:** *chlore*
Literatur:
LÜCK, S. 107-110.
E.L.

## Chlorabspaltende Verbindungen
*Entkeimungsmittel* und*
*Desinfektionsmittel**
Organische und anorganische Verbindungen, die in Gegenwart von Wasser Chlor* abspalten. Angewendet werden hauptsächlich Natrium-, Calcium- und Magnesiumhypochlorit, Chlorkalk und in Sonderfällen Dichlorisocyanurate. Wirken wie Chlor und sind teilweise wichtige Desinfektionsmittel*. **Anw.:** Trinkwasser. **Zul.:** TrinkwV.
E.L.

## Chlordioxid
(926)
*Entkeimungsmittel* und*
*Desinfektionsmittel**
Hat wie Chlor* eine breite antimikrobielle Wirkung, besonders gegen Bakterien, insbesondere Krankheitserreger, daher auch wichtigstes Desinfektionsmittel*. Anwendung in Form von etwa 2 %igen wäßrigen Lösungen, die vor Ort in speziellen Anlagen aus Salzsäure und Natriumchloritlösung hergestellt werden. Wird

verstärkt anstelle von Chlor empfohlen, weil es weniger als dieses und Hypochlorite* mit anderen Wasserbestandteilen reagiert. Insbesondere bildet es keine Haloforme und keine Chlorphenole. **Anw.**: Trinkwasser. **Zul.**: TrinkwV.
**en:** chlorine dioxide
**fr:** dioxide de chlore

*E.L.*

## Chloride
(508 - 511)
*Kochsalzersatz*, Konservierungsstoffe*, Stabilisatoren*, Härtungsmittel*, Entkeimungsmittel*, Geschmacksstoffe*, Klärhilfsmittel* und Hefenährstoffe*
Salze der Salzsäure*. **Anw.**: Am meisten verwendet wird Kochsalz*, Natriumchlorid aus Meerwasser oder Salzlagerstätten als Geschmacksstoff und Konservierungsstoff, Ammoniumchlorid* (510) als Geschmacksstoff für Lakritzwaren und Hefenährstoff, Calciumchlorid (509) als Härtungsmittel für Obst, Gemüse und Tomaten, Stabilisator für Milcherzeugnisse und Käse, Kochsalzersatz und zur Anreicherung der Nahrung mit Calcium, in der Trinkwasseraufbereitung und zur Herstellung von Tafelwasser, Kaliumchlorid (508) als Kochsalzersatz und Hefenährstoff, Magnesiumchlorid (511) als Kochsalzersatz und Feuchthaltemittel, Aluminiumchlorid* und Eisenchlorid* als Klärhilfsmittel und Silberchlorid als Entkeimungsmittel für Trinkwasser*. **Zul.**: ZZulV, AromenV, DiätV, KäseV, MilcherzV, TrinkwW, Mineral- und TafelwasserV und EG-WeinMO.

**en:** *chlorides (ammonium, sodium, potassium, calcium, magnesium, aluminium, sodium aluminium, iron and silver chloride)*
**fr:** *chlorures (chlorure d'ammonium, de sodium, de potassium, de calcium, de magnésium, d'aluminium, de sodium aluminium, de fer et d'argent)*

*K.G.*

## Chlorkalk
→ chlorabspaltende Verbindungen

## Chlorophyll
(E 140)
*Farbstoff*
Grüner öllöslicher Porphyrinfarbstoff*. Besteht aus einer Mischung von Chlorophyll a und b, die sich in ihrer chemischen Struktur geringfügig unterscheiden. Vorkommen in allen grünen Pflanzen, aus denen es durch Extraktion gewonnen wird. **Anw.**: Fette, Öle. **Zul.**: ZZulV.
**en:** *chlorophyll*
**fr:** *chlorophylle*

Literatur:
OTTERSTÄTTER, S. 240. DFG, L-Grün 1, L-Grün 2 a. BERTRAM, S. 22, 28, 47, 48 u. 70.

*G.O.*

## Chlorzucker
→ Trichlorgalactosaccharose

## Cholecalciferol
→ Calciferole

## Cholecalciferol-Cholesterin
→ Calciferole

## Cholin
(1001)
*Nährstoff*
Stickstoffhaltige organische Verbindung mit wichtigen Aufgaben im Stoffwechsel, vornehmlich Fettstoffwechsel. Normale Kost enthält ausreichende Mengen an Cholin. **Anw.**: Auch in Form des Chlorides und Tartrates bei bilanzierten Diäten, in Form des Acetates, Carbonates, Lactates, Chlorides, Tartrates und Citrates als Kochsalzersatz. **Zul.**: DiätV.

**en:** *cholin*
**fr:** *cholin*

*E.L.*

## Chrom
*Spurenelement**
**Anw.:** In Form des Chlorides, Citrates und Gluconates des dreiwertigen Chroms bei bilanzierten Diäten. **Zul.:** DiätV.
**en:** *chrome*
**fr:** *chrome*

*E.L.*

## Chymosin
→ Lab

## C.I.
→ Colour Index

## Citranaxanthin
*Farbstoff**
Orangerotes öllösliches zur Gruppe der Xanthophylle* gehörendes Carotinoid* aus Orangenschalen. Neben der öllöslichen Form sind auch wasserdispergierbare Präparationen im Handel. **Anw.:** Futterzusatz zur Eidotterpigmentierung. **Zul.:** In vielen Ländern, in der BR Deutschland nicht zugelassen.
**en:** *citranaxanthine*
**fr:** *citranaxanthine*

**Literatur:**
OTTERSTÄTTER, S. 235. DFG L-Orange 7h.

*G.O.*

## Citrate
(E 331- E 333 und 380)
*Säuerungsmittel*, Säureregulatoren*, Stabilisatoren*, Schmelzsalze*, Kochsalzersatz*, Synergisten*, Härtungsmittel*, Rieselhilfsmittel*, Trägerstoffe*, Hefenährstoffe* und Aufschlußmittel**
Salze der Citronensäure*. Sind physiologisch ebenso zu bewerten wie diese.
**Anw.:** Am meisten verwendet werden Ammoniumcitrat (380), Natriumcitrate (E 331), Kaliumcitrate (E 332), Calciumcitrate (E 333) und Magnesiumcitrat als Stabilisatoren für Fleischerzeugnisse, Käse, Schmelzkäse, Milcherzeugnisse, Säuerungsmittel und Säureregulatoren für Aspikwaren, Konfitüren, Gelees, Zuckerwaren, Speiseeis, Puddings und Desserts auf Gelatinebasis sowie Gelierregulatoren für Pektingele, Synergisten für Antioxidantien zur Verhinderung des oxidativen Verderbs von Fetten und fetthaltigen Zubereitungen, Härtungsmittel für Obst und Gemüse, als Kochsalzersatz (außer Natriumcitrat), Trägerstoffe für Aromen, Aufschlußmittel für Milcheiweiß, Gerinnungshemmer für Schlachttierblut und zur Aufbereitung von Naturdärmen, Eisencitrat zur Anreicherung von diätetischen Lebensmitteln mit Eisen. **Zul.:** ZZulV, AromenV, DiätV, FleischV, KäseV, KonfitürenV, MilcherzV und SpeiseeisV.

**en:** *citrates (ammonium, sodium, potassium, calcium, magnesium and iron citrate)*
**fr:** *citrates (citrate d'ammonium, de sodium, de potassium, de calcium, de magnésium et de fer)*

**Literatur:**
siehe Citronensäure.

*K.G.*

## Citrem
→ Mono- und Diglyceride der Speisefettsäuren, verestert mit Citronensäure

## Citroglyceride
→ Mono- und Diglyceride der Speisefettsäuren, verestert mit Citronensäure

## Citronensäure
(E 330)
*Säuerungsmittel*, Säureregulator*, Stabilisator*, Enzymhemmstoff* und Synergist**
Zuerst 1784 von Scheele aus dem Saft von Zitrusfrüchten isoliert, daher der Name. Herstellung durch Fermentation mit Schimmelpilzen. Erstes Zwischenprodukt bei oxidativen Abbauvorgängen von Nahrungsstoffen im lebenden Orga-

nismus von Mensch und Tier. Geschmack rein sauer, kaum Nebengeschmack. **Anw.:** In wasserfreier Frorm oder als Monohydrat. Säuerungsmittel für Getränke, Sirupe, Früchte, Marmeladen, Gelees und ähnlichen Erzeugnissen, Backwarenfüllungen, Süßwaren, Dessertspeisen, Speiseeis, Sauergemüse, Sülzen, Aspikwaren und Fischmarinaden. Bei Fleischerzeugnissen wird die Wirkung von Umrötungsmitteln unterstützt, dient der Gewinnung von Blutplasma durch Verhinderung der Blutgerinnung. Backmittel zur Teigsäuerung und Mehlverbesserung, bewirkt Erhaltung der Farbe, des Aromas und des Vitamingehaltes von frischem und tiefgefrorenem Obst und Gemüse. **Zul.:** DiätV, KonfitürenV, FruchtsaftV, Fruchtnektar- und FruchtsirupV, SpeiseeisV, KakaoV, MilcherzV und EG-WeinMO, kein Zusatzstoff im Sinne des LMBG.

**en:** *citric acid*
**fr:** *acide citrique*

Literatur:
WIEDER, S. 39-61.

*K.G.*

## Citronensäureester der Mono- und Diglyceride von Speisefettsäuren

→ Mono- und Diglyceride der Speisefettsäuren, verestert mit Citronensäure

## Citrullin

*Geschmacksstoff\* und*
*Geschmacksverstärker\**
Nicht-essentielle Aminosäure\*. **Anw.:** In der L-Form und ihrer Natrium- und Kaliumverbindungen und des Hydrochlorides in Konzentrationen von 0,03-0,05 % zur Beeinflussung des Geschmackes. **Zul.:** ZZulV und AromenV, als Aminosäure gemäß § 2 Abs. 2 LMBG den Zusatzstoffen gleichgestellt.

**en:** *citrulline*
**fr:** *citrulline*

*E.L.*

## Cobalamin
→ Cyanocobalamin

## Cochenille
→ Karmin

## Cochenillerot A
→ Ponceau 4R

## Coffein
*Geschmacksstoff\* und Bitterstoff\**
Vorkommen in Tee, Kakao und Kaffeebohnen, Coffea arabica, daher der Name. Wirkt anregend. Schmeckt leicht bitter. **Anw.:** In Konzentrationen von 65-250 ppm bei alkoholfreien Erfrischungsgetränken. **Zul.:** ZZulV.

**en:** *caffeine*
**fr:** *caféine*

*E.L.*

## Colour Index
C.I.
Von der British Society of Dyers and Colourists in Zusammenarbeit mit der American Association of Textile Chemists and Colorists herausgegebenes und ständig ergänztes mehrbändiges Nachschlagewerk über Farbmittel\*. Enthält nach Colour Index-Nummern geordnet Informationen über die chemische Struktur, klassische Namen, Erfinder, Patentliteratur, Synthese, Löslichkeit und Reaktionsverhalten der Farbmittel, jedoch keine Aussagen über die Reinheit und die Farbstärke. Derzeit ist die achtbändige dritte Auflage aus den Jahren 1971-1987 in Kraft.

*G.O.*

## Cumarinhaltige Gräser
*Natürliche Aromastoffe\**
**Anw.:** In Form von Büffel- und Mariengras in Konzentrationen von maximal 10 ppm Cumarin bei Trinbranntwein mit einem Mindestalkoholgehalt von 38 Vol.-% und in Konzentrationen von maximal 5 ppm Cumarin zur Aromatisierung von

weinhaltigen Getränken wie Maibowle.
**Zul.:** WeinV und AromenV.

*E.L.*

**Cumaron-Inden-Harze**
*Überzugsmittel\**
Synthetisches Harz. **Anw.:** Zitrusfrüchte.
**Zul.:** ZZulV.
**en:** *coumarone-indene resins*
**fr:** *résines de coumarone-indène*
Literatur:
KUHNERT, S. 183-185.

*E.L.*

**Cyanocobalamin**
Cobalamin, Vitamin B12
*Vitamin\**
Wasserlösliches Vitamin. Mangel führt zu perniziöser Anämie und Schädigungen am Zentralnervensystem. **Anw.:** Zur Vitaminierung. **Zul.:** Kein Zusatzstoff im Sinne des LMBG.
**en:** *cyanocobalamin*
**fr:** *cyanocobalamine*
Literatur:
FRIEDRICH, S. 538.

*A.J.*

**Cyclamate**
(E 952)
*Süßstoffe\**
Salze der Cyclohexylsulfaminsäure. Erstmals 1937 von Sveda durch Zufall aufgefunden. Werden im menschlichen Körper nicht metabolisiert, daher ohne physiologischen Brennwert. Können von Darmbakterien zu Cyclohexylamin umgesetzt werden. 35 mal süßer als Saccharose. Süße setzt ohne Verzögerung ein, Beigeschmack nur bei hohen Konzentrationen. Synergistische Wirkung mit anderen Süßstoffen, besonders Acesulfam\* und Saccharin\*, Zuckeraustauschstoffen\* und Kohlenhydraten. Gute Hydrolyse-, Temperatur- und Lagerstabilität. **Anw.:** In Form von Natrium- und Calciumcyclamat in Konzentrationen bis ca. 0,3 %, oft in Mischungen aus 10 Teilen Cyclamat und 1 Teil Saccharin bei Getränken, Desserts, Milcherzeugnissen, Obstkonserven. **Zul.:** In einigen Ländern, nicht jedoch in den USA und in Japan; in der BR Deutschland in der ZZulV und der DiätV.
**en:** *cyclamate*
**fr:** *cyclamate*
Literatur:
von RYMON LIPINSKI und SCHIWECK, S. 413-424.
O'BRIEN NABORS und GELARDI, S. 71-95.

*v.R.L.*

**Cyclodextrine**
*Trägerstoffe\**
Herstellung durch Hydrolyse von Stärke\*, Amylose, Amylopektin oder Glykogen mittels Enzymen oder durch Bacillus macerans. Widerstandsfähig gegenüber Säuren, Alkali und Amylasen. Bilden mit zahlreichen anorganischen und organischen Verbindungen kristalline Komplexe in Form von Einschlußverbindungen. **Anw.:** Einkapselung von Aromen. **Zul.:** In der BR Deutschland nicht zugelassen.
**en:** *cyclodextrin*
**fr:** *cyclodextrine*
Literatur:
TEGGE, S. 177-179.

*L.G.*

**Cyclohexan**
*Extraktionslösemittel\**
**Zul.:** ELV.
**en:** *cyclohexane*
**fr:** *cyclohexane*

*E.L.*

**Cyclokautschuk**
*Überzugsmittel\**
**Anw.:** Zusammen mit natürlichem Hartparaffin bei Hartkäse. **Zul.:** KäseV.

*E.L.*

**Cystein**
(920)
*Geschmacksstoff\**,
*Geschmacksverstärker\*, Backmittel\*,
Mehlbehandlungsmittel\* und Nährstoff\**

**Cystin**

Nicht-essentielle Aminosäure*. Führt zu entspannten und homogenen Teigen, verbessert die Kleberelastizität und die Knettoleranz, erhöht das Gashaltevermögen von Gebäcken. **Anw.**: Mehl und Backwaren, in der L-Form, ihrer Natrium- und Kaliumverbindungen und des Hydrochlorides in Konzentrationen von 0,03-0,05 % zur Beeinflussung des Geschmackes sowie als Calcium- und Magnesiumverbindung zur Herstellung bilanzierter Diäten und für Säuglingsnahrung. **Zul.**: ZZulV, AromenV und DiätV, als Aminosäure gemäß § 2 Abs. 2 LMBG den Zusatzstoffen gleichgestellt.
**en:** cysteine
**fr:** cystéine

*E.L.*

**Cystin**
(921)
*Geschmacksstoff*,
*Geschmacksverstärker*, *Backmittel*,
*Mehlbehandlungsmittel* und Nährstoff*
Nicht-essentielle Aminosäure*. Verbessert Backeigenschaften von Weizenmehl durch Stabilisierung und Verstärkung des Klebers bis hin zur Ofenphase, meist in Verbindung mit Ascorbinsäure*. **Anw.**: Mehl und Backwaren, in der L-Form, ihrer Natrium- und Kaliumverbindungen und des Hydrochlorides in Konzentrationen von 0,03-0,05 % zur Beeinflussung des Geschmackes sowie als Calcium- und Magnesiumverbindung zur Herstellung bilanzierter Diäten und für Säuglingsnahrung. **Zul.**: ZZulV, AromenV und DiätV, als Aminosäure gemäß § 2 Abs. 2 LMBG den Zusatzstoffen gleichgestellt.
**en:** cystine
**fr:** cystine

*E.L.*

# D

## Dänischer Agar
→ Furcelleran

## Datem
→ Mono- und Diglyceride der Speisefettsäuren, verestert mit Monoacetyl- und Diacetylweinsäure

## Demineralisiertes Wasser
*Trägerlösemittel\* und Extraktionslösemittel\**
Durch Ionenaustauscher von anorganischen Bestandteilen befreites Trinkwasser\*. **Zul.:** ZZulV, gemäß § 11 Abs. 2 LMBG Zusatzstoff, der keiner besonderen Zulassung bedarf.
**en:** *demineralized water*
**fr:** *eau déminéralisée*

*E.L.*

## Desinfektionsmittel
Entkeimen Geräte, Behälter und sonstige Gegenstände, die mit Lebensmitteln in Berührung kommen. Hemmen Stoffwechsel und Wachstum von Bakterien, Schimmelpilzen und Hefen. Bei den meisten im Lebensmittelbereich verwendeten Desinfektionsmitteln steht die Wirkung gegen Bakterien im Vordergrund. Wirken wie die Konservierungsstoffe\* durch Beeinflussung der genetischen Feinstruktur des Protoplasten, der Proteinsynthese, der Enzymaktivität, der Zellmembran oder Zellwand. Müssen im Unterschied zu den Konservierungsstoffen sehr schnell wirken, das heißt Mikroorganismen innerhalb kurzer Zeiträume abtöten. Sind nicht zur Behandlung von Lebenmitteln und damit nicht zum Verzehr bestimmt, werden vielmehr abgespült oder abgewaschen, bevor die behandelten Geräte, Behälter oder Gegenstände mit den Lebensmitteln in Berührung kommen. Deshalb keine Zusatzstoffe\* im Sinne des LMBG sondern Bedarfsgegenstände.
**en:** *disinfectants; sanitizers (US); sanitizing agents (US)*
**fr:** *désinfectants*

**Literatur:**
BRANEN und DAVIDSON, S. 257-298. WALLHÄUSSER, K. H.: Praxis der Sterilisaton — Desinfektion — Konservierung — Keimidentifizierung — Betriebshygiene. Thieme Stuttgart — New York. 4. Aufl. 1988.

*E.L.*

## Destilliertes Wasser
*Trägerlösemittel\* und Extraktionslösemittel\**
Durch Destillation von anorganischen Bestandteilen befreites Trinkwasser\*. **Zul.:** ZZulV, gemäß § 11 Abs. 2 LMBG Zusatzstoff, der keiner besonderen Zulassung bedarf.
**en:** *distilled water*
**fr:** *eau distillée*

*E.L.*

## Dextrine
(E 1400)
*Verdickungsmittel\* und Trägerstoffe\**
Hergestellt durch trockenes Erhitzen mit oder ohne Säure aus Stärke\*. **Anw.:** Soßen, Aromen. **Zul.:** Keine Zusatzstoffe im Sinne des LMBG.
**en:** *dextrins, starch gum*
**fr:** *dextrines*

*E.L.*

## Dextrose
→ Glucose

## Diacetylweinsäureester von Mono- und Diglyceriden der Speisefettsäuren, verestert mit Monoacetyl- und Diacetylweinsäure
→ Mono- und Diglyceride der Speisefettsäuren, verestert mit Monoacetyl- und Diacetylweinsäure

## Dichlorisocyanurat
→ chlorabspaltende Verbindungen

## Dichlormethan
*Extraktionslösemittel\**
**Anw.:** Extraktion von Coffein\*, Reizstoffen und Bitterstoffen aus Kaffee und Tee. **Zul.:** ELV.

# Dickungsmittel

**en:** *dichlormethane*
**fr:** *dichlorméthane*

*E.L.*

## Dickungsmittel
→ Verdickungsmittel

## Diethylether
*Extraktionslösemittel\**
Zul.: ELV.
**en:** *diethyl ether*
**fr:** *diéthyléther*

*E.L.*

## Dikohlensäureester
Pyrokohlensäureester
*Entkeimungsmittel\**
Erstmals 1956 von Bernhard und Mitarbeitern beschrieben. Dikohlensäurediethylester war Mitte der 60er Jahre in einigen Ländern für die Konservierung von Wein und alkoholfreien Erfrischungsgetränken bedeutsam. Wurde aber wegen seiner Reaktionsmöglichkeit mit Ammoniak zu Ethylurethan wieder verlassen. Heute nur noch Dikohlensäuredimethylester bedeutsam. Antimikrobielle Wirkung vorzugsweise gegen Hefen. Dikohlensäureester zerfallen in Gegenwart von Wasser nach kurzer Zeit zu den jeweiligen Alkoholen und Kohlendioxid, mikrobiologisch unwirksam Stoffen. Können deshalb nur bei Erzeugnissen verwendet werden, in denen vor der Hydrolyse die vorhandenen Mikroorganismen abgetötet werden, und die dann durch geeignete technologische Maßnahmen vor Nachinfektionen geschützt werden, z. B. durch Abfüllen in sterile Behälter. Anwendungsmöglichkeit beschränkt sich auf klare Getränke. Einarbeitung durch besondere Dosierpumpen. **Anw.:** In Konzentrationen von 50-150 ppm bei klaren Getränken. **Zul.:** ZZulV.

**en:** *dicarbonic acid esters*

**Literatur:**
BRANEN und DAVIDSON, S. 299-325. LÜCK, S. 162-166.

*E.L.*

## Diphenyl
→ Biphenyl

## Diphosphate
Pyrophosphate (E 450 und 540)
*Säuerungsmittel\*, Säureregulatoren\*, Farbstabilisatoren\*, Gelierhilfsmittel\*, Hefenährstoffe\*, Nährstoffe\*, Stabilisatoren\*, Trennmittel\*, Schmelzsalze\*, Kutterhilfsmittel\* und Ionenaustauscher\**
Salze der Diphosphorsäure. Wirken von allen Polyphosphaten unabhängig vom pH-Wert am stärksten quellend auf Casein ein, ohne daß chemischer Eiweißabbau eintritt. Damit verbunde Viskositätserhöhung kann zur Bildung schnittfester Gele führen. **Anw.:** Am meisten verwendet werden Natriumdiphosphate (E 450 a), Kaliumdiphosphate (E 450 a) und Calciumdiphosphate (540) als Säureträger in Backpulver\*, Säuerungsmittel, Säureregulatoren, zur Verbesserung der Backfähigkeit von Mehl, als Bestandteil von Kutterhilfsmitteln für die Verarbeitung von Kalt- und Gefrierfleisch zu Brühwurst, für Geflügelprodukte und Fischerzeugnisse, als Komponenten für Schmelzsalze, auch für Kochkäse, als Stabilisatoren für aufgeschlagene Produkte, Süßwaren und Kuchenfüllungen auf Eiweißbasis, Instant- oder Kaltpudding, Kakao- und Malzgetränke, Speiseeis, Dressings, Soßen, Mayonnaisen, Kartoffelerzeugnisse, zubereitetes Obst und Gemüse. Ammoniumdiphosphate als Hefenährstoffe. Calcium-, Eisen- und Magnesiumdiphosphate zur Mineralstoffanreicherung diätetischer Lebensmittel. Hemmen die Korrosion und die Steinablagerung im Trinkwasser. **Zul.:** ZZulV, DiätV, FleischV, KäseV, MilcherzV, SpeiseeisV, TrinkwV und EG-WeinMO.

en: diphosphates (ammonium, sodium, potassium, calcium, magnesium and iron diphosphate)
fr: diphosphates (diphosphate d'ammonium, de sodium, de potassium, de calcium, de magnésium et de fer)
Literatur:
MOLLENHAUER, S. 7-10, 15-19, 22-37, 43-46.

K.G.

## Distärkeadipat, acetyliertes
→ acetyliertes Distärkeadipat

## Distärkephosphat
(E 1411)
Verdickungsmittel*
Herstellung durch Umsetzung von nativer Stärke mit Phosphaten, wobei jeweils zwei Hydroxylgruppen benachbarter Stärkemoleküle miteinander verbunden werden. Gute Hitze-, Säure- und Scherstabilität, reduzierte Verkleisterungsgeschwindigkeit gegenüber nativer Stärke.
**Anw.:** Suppen, Soßen, Dressings, Fertiggerichte, Milcherzeugnisse. **Zul.:** Kein Zusatzstoff im Sinne des LMBG.

en: distarch phosphate
fr: phosphate de diamidon
Literatur:
TEGGE, S. 180-182.

L.G.

## Distärkephosphat, acetyliertes
→ acetyliertes Distärkephosphat

## Distärkephosphat, phosphatiertes
→ phosphatiertes Distärkephosphat

## Distickstoffoxid
Stickoxydul, Lachgas (942)
Treibgas* und Extraktionslösemittel*
Inertes, geruchloses Gas. Wegen seiner guten Wasserlöslichkeit zum Aufschäumen geeignet. **Anw.:** Sahneerzeugnisse, Milchmischerzeugnisse. **Zul.:** MilcherzV und ELV.

en: nitrous oxide, dinitrogen monoxide
fr: oxyde nitreux

E.L.

## Dolomit
Magnesium-Calciumcarbonat
Säureregulator*
**Anw.:** Zur Alkalisierung von Trinkwasser. **Zul.:** TrinkwV.

en: dolomite
fr: dolomite, dolomie

K.G.

## Dünnkochende Stärke
(E 1401, E 1403 und E 1404)
Verdickungsmittel*
Modifizierte Stärken*, die auch in höheren Konzentrationen beim Kochen mit Wasser keinen viskosen Kleister sondern relativ dünne Flüssigkeiten ergeben, daher der Name. Wurden früher häufig fälschlicherweise als lösliche Stärken bezeichnet. Herstellung durch geringfügigen Abbau mit Säuren (säuremodifizierte Stärke, E 1401), Enzymen (enzymatisch modifizierte Stärke) oder milden Oxidationsmitteln (oxidativ modifizierte Stärke, E 1404). Neigung zur Retrogradation nur gering. Oxidativ modifizierte Stärke verkleistert bei niedrigeren Temperaturen als native Stärke und ergibt fast klare kolloidale Lösungen mit niedriger Viskosität. Bleichung erfolgt durch Peressigsäure, Hypochlorit oder Periodat (gebleichte Stärke, E 1403). **Anw.:** Süßwaren, Desserts, Fertiggerichte, Überzüge. **Zul.:** Keine Zusatzstoffe im Sinne des LMBG.

en: thin boiling waxy starch
fr: amidons modifiés par traitement enzymatique et amidons modifiés par traitement acide
Literatur:
TEGGE, S. 167-169.

L.G.

E

## Handbuch
## Lebensmittelzusatzstoffe
**Käte K. Glandorf, Peter Kuhnert**
**redaktionelle Beratung: Dr. Erich Lück**

**BEHR'S...VERLAG**

Fast alle Zweige der Lebensmittelwirtschaft benutzen Zusatzstoffe. Die Kenntnis darüber ist in zahlreichen Zeitschriftenartikeln, Herstellerprospekten, Rezepturen und Patenten niedergelegt. Es gibt auch für viele Gruppen von Zusatzstoffen mehr oder minder gute Monographien, z. B. über Emulgatoren, Verdickungsmittel, Konservierungsstoffe und Süßstoffe. Es fehlt aber in der internationalen Literatur und auch im deutschen Schrifttum an einer zusammenfassenden Darstellung, die alle Gesichtspunkte der Zusatzstoffe abdeckt. Deshalb haben sich die Autoren dieses Buches der Aufgabe unterzogen, eine Gesamtmonographie vorzulegen, die alle Zusatzstoffe beschreibt.

Die Ausführungen in diesem Buch gelten nicht nur den Zusatzstoffen im Sinne der EG und des deutschen Lebensmittel- und Bedarfsgegenständegesetzes, sondern schlechthin allen Stoffen, die Lebensmitteln zugesetzt werden können, um gezielt bestimmte Effekte zu erreichen.

### Systematischer Aufbau
Das Werk gliedert sich in drei große Teile:

**Teil A** faßt alle allgemeinen Aussagen über Lebensmittelzusatzstoffe zusammen, ist als Verständnis- und Lesehilfe für die lebensmittelrechtlichen Vorschriften zu sehen.

**Teil B** beschreibt die verschiedenen Klassen und Gruppen von Zusatzstoffen nach einem einheitlichen Schema.

**Teil C** enthält eine Fülle von Einzeldaten, die anderswo oft nur schwer nachzuschlagen sind.

Sowohl in Teil B als auch in Teil C sind über die derzeit zugelassenen Zusatzstoffe und die wie Zusatzstoffe verwendeten Lebensmittel hinaus auch solche Stoffe beschrieben, die möglicherweise am Rande der Legalität oder sogar illegal wegen bestimmter technologischer Wirkung Verwendung finden können, bzw. gefunden haben.

### Handbuch für die Praxis
Das Handbuch ist für die Praxis geschrieben–für alle, die Lebensmittelzusatzstoffe herstellen, anwenden, verbrauchen oder sonst mit ihnen zu tun haben: • technische Direktion und Betriebsleitung in lebensmittelverarbeitenden Betrieben • Führungskräfte in Produktentwicklung und Qualitätskontrolle • Führungskräfte im Einkauf und im Export • Chemiker in der amtlichen Lebensmittelüberwachung und in den Laboratorien • Lehr- und Forschungsinstitute der Lebensmittelchemie • Verbände und Organisationen, einschließlich Verbraucherschutz und -information • Lebensmitteltechnologen, Ökotrophologen und Veterinäre.

### Autoren
Käte K. Glandorf ist Lebensmittelchemikerin. Sie war 33 Jahre lang in Industriebetrieben tätig, welche Lebensmittelzusatzstoffe hergestellt oder verarbeitet haben. Frau Glandorf hat in diesem Buch Wirkung und Anwendbarkeit der einzelnen Lebensmittelzusatzstoffe beschrieben.

Peter Kuhnert ist ebenfalls Lebensmittelchemiker. Nach Tätigkeiten in der amtlichen Lebensmittelkontrolle und der chemischen Industrie ist er seit 15 Jahren im Bundesministerium für Jugend, Familie, Frauen und Gesundheit mit Regelungen für Lebensmittelzusatzstoffe und deren Harmonisierung in der EG und im Codex Alimentarius beschäftigt. Herr Kuhnert hat für das Handbuch die allgemeinen und lebensmittelrechtlichen Kapitel sowie die Stofflisten bearbeitet.

Dr. Erich Lück ist Apotheker und Lebensmittelchemiker. Er ist seit mehr als 30 Jahren in der chemischen Industrie mit Forschung und Entwicklung von Lebensmittelzusatzstoffen beschäftigt. Dr. Lück hat dem Handbuch weitgehend die Konzeption gegeben und hat als redaktioneller Berater mitgearbeitet.

### Aus dem Inhalt
**Teil A: Allgemeine und Lebensmittelrechtliche Grundlagen**
A I: Die Prinzipien, lebensmittelrechtliche Grundlagen
A II: Die lebensmittelrechtlichen Regelungen der Zusatzstoffe in Deutschland
A III: Die Zusatzstoffregelung in der EG
A IV: Die Zusatzstoffregelungen des Codex Alimentarius
A V: Vergleich der verschiedenen Zusatzstoff-Regimes
**Teil B: Die einzelnen Zusatzstoffe**
B I: Stoffe mit nährenden und diätetischen Funktionen
B II: Stoffe mit stabilisierenden Funktionen
B III: Stoffe mit sensorischen Funktionen
B IV: Verarbeitungshilfen
**Teil C: Stoffbeschichtungen**
C I: Legende zu den Datenblättern
C II: Anwendungsgründe (Klassenbezeichnungen)
C III: Alphabetische Folge der beschriebenen Stoffe einschließlich ihrer Synonyme
C IV: Beschriebene Stoffe nach ihrer EWG- oder INS-Nummer
C V: Datenblätter für die Stoffe, die überwiegend antioxidativ, bleichend, emulgierend, konservierend wirken

**Loseblattsammlung, Grundwerk 1991, 700 Seiten, DIN A 5, DM 168,– zuzüglich Vertriebskosten**

# BEHR'S...VERLAG
B. Behr's Verlag GmbH & Co. · Averhoffstraße 10 · D–2000 Hamburg 76
Tel. (040) 22 70 08–18/19 · Fax (040) 2 20 10 91 · Telex 2 15 012 behrs d

# Eisenoxidrot

## E-Nummern
EWG-Nummern
Von den Europäischen Gemeinschaften festgelegte drei- bis vierziffrige Kurzbezeichnungen mit oder ohne vorangestelltes E für Zusatzstoffe*. Es sind derzeit noch nicht für alle Zusatzstoffe solche E-Nummern festgelegt.
*E.L.*

## Echtgrün FCF
*Farbstoff\**
Blaugrüner wasserlöslicher Triarylmethanfarbstoff*. **Zul.:** In vielen Ländern, in der BR Deutschland nicht zugelassen.
**en:** *fast green FCF, FD&C Green No. 3 (US)*
Literatur:
OTTERSTÄTTER, S. 175.
*G.O.*

## Echtsäureviolett ARR
→ Echtsäureviolett R

## Echtsäureviolett R
Echtsäureviolett ARR, Violamin R (C 17)
*Farbstoff\**
Violetter wasserlöslicher Xanthenfarbstoff*. **Anw.:** Färben, Bemalen und Lackieren der Schale von Eiern und Stempeln der Oberfläche von Lebensmitteln. **Zul.:** ZZulV.
**en:** *acid brillant violet A2R*
**fr:** *violamine R*
Literatur:
OTTERSTÄTTER, S. 191. DFG L-ext. Violett 2.
*G.O.*

## Eierfarben
→ Stempelfarben

## Eiklar
→ Eiweiß

## Eisen
*Mineralstoff\* und Flockungsmittel\**
In Lebensmitteln meist in ausreichenden Mengen vorhanden, wird aber manchmal aus der Nahrung nur ungenügend resorbiert, deshalb in besonderen Fällen gezielter Zusatz sinnvoll. Einige Eisenverbindungen sind auch Farbstoffe*. Chloride, Sulfat und Sulfatchlorid bilden bei der Trinkwasseraufbereitung mit Erdalkalihydrogencarbonaten grobflockige Fällungen von Eisenhydroxid, welche die Klärung beschleunigen. Zu hoher Eisengehalt kann in Lebensmitteln unerwünschte Verfärbungen bewirken. **Anw.:** In Form der Citrate, des Fumarates, Gluconates, Glucuronates, Glycerophosphates, Lactates, Orthophosphates und Sulfates des zweiwertigen Eisens und des Pyrophosphates und des Saccharates des dreiwertigen Eisens bei bilanzierten Diäten, Säuglings- und Kleinkindernahrung. Eisengluconat dient in Mengen von 0,02-0,032 % zur Färbung von Schwarzen Oliven. **Zul.:** ZZulV, TrinkwV und DiätV.
**en:** *iron*
**fr:** *fer*
*E.L.*

## Eisen ...
→ auch entsprechende Anionen

## Eisenoxidgelb
Eisenoxidhydrat (E 172)
*Farbstoff\**
Gelbes anorganisches Pigment*. **Anw.:** Süßwaren. **Zul.:** ZZulV.
**en:** *iron oxide*
**fr:** *oxyde de fer*
Literatur:
OTTERSTÄTTER, S. 262. DFG L-Pigmentgelb 4. BERTRAM, S. 31, 50 u. 81.
*G.O.*

## Eisenoxidrot
(E 172)
*Farbstoff\**
Rotbraunes anorganisches Pigment*. **Anw.:** Süßwaren. **Zul.:** ZZulV.

# Eisenoxidschwarz

en: *iron oxide*
fr: *oxyde de fer*

Literatur:
OTTERSTÄTTER, S. 261. DFG L-Pigmentrot 4. BERTRAM, S. 31, 50 u. 81.

*G.O.*

## Eisenoxidschwarz
(E 172)
*Farbstoff**
Schwarzes anorganisches Pigment*.
**Anw.:** Süßwaren. **Zul.:** ZZulV.

en: *iron oxide*
fr: *oxyde de fer*

Literatur:
OTTERSTÄTTER, S. 263. DFG L-Pigmentschwarz 4. BERTAM, S. 31, 50 u. 81.

*G.O.*

## Eiweiß
Eiklar
*Flockungsmittel* und Aufschlagmittel**
Eiweiß aus Hühnereiern. **Anw.:** Konditoreierzeugnisse, Backwaren, Süßwaren, Wein und andere Getränke. **Zul.:** FruchtsaftV, WeinV und EG-WeinMO, kein Zusatzstoff im Sinne des LMBG.

en: *egg albumin*
fr: *ovalbumine*

*E.L.*

## Emulgatoren
Verbinden zwei unter normalen Bedingungen nicht mischbare Phasen miteinander, ermöglichen die Herstellung von Emulsionen und dienen der Stabilisierung von Emulsionen. Anwendung basiert auf den Erfahrungen alter Küchentechniken durch Nutzung des in Eiern vorkommenden Lecithins*. In neuer Zeit werden gezielt Emulgatoren auf Basis pflanzlicher oder tierischer Fette hergestellt, die auf die speziellen Anwendungszwecke zugeschnitten sind. Emulgatoren setzen infolge ihrer Oberflächen- und Grenzflächenaktivität die Grenzflächenspannung der nicht mischbaren Phasen herab, erleichtern die Grenzflächenarbeit und verhindern das Zusammenfließen der dispergierten Teilchen durch Ausbildung sterischer oder elektrischer Barrieren. Laden die dispergierten Teilchen auf, so daß diese sich gegenseitig abstoßen oder bilden eine stabile, hochviskose oder feste Schutzschicht um die dispergierten Teilchen. Effekte können sich überlagern. Emulgatoren müssen einen amphiphilen Molekülaufbau haben, d.h. im Molekül lipophile (apolare, fettfreundliche) und hydrophile (polare, wasserfreundliche) Gruppen aufweisen. Wirkung von Emulgatoren wird durch Verdickungsmittel* und Stabilisatoren* verstärkt. Zur Charakterisierung wird häufig der HLB-Wert verwendet. Er drückt das Verhältnis von hydrophilen zu lipophilen Anteilen im Molekül als hydrophiles-lipophiles Gleichgewicht aus. Emulgatoren mit hohem HLB-Wert (hohe Hydrophilie) ergeben O/W-Emulsionen, solche mit niedrigem HLB-Wert (geringe Hydrophilie) vorzugsweise W/O-Emulsionen. HLB-Wert ist jedoch nur eine Orientierungshilfe, vor allem bei stärke- und proteinhaltigen Systemen. Manche Emulgatoren verlangsamen in Backwaren die Retrogradation der Stärke und wirken dadurch frischhaltend (Frischhaltemittel*). **Anw.:** Margarine, Backmargarine, Mayonnaise, Salatsoßen und anderen Fettemulsionen, Milcherzeugnisse, Milch-Imitationsprodukte, Fleischerzeugnisse, Wurstwaren, Schokolade, Süßwaren, Brot, Feine Backwaren, Soßen, Instantprodukte, Fertiggerichte, Eiscreme. **Zul.:** ZZulV, DiätV, FleischV, MilcherzV, TeigwarenV, AromenV, KakaoV und SpeiseeisV.

en: *emulsifiers; emulsifying agents*
fr: *(agents) émulsifiants*

Wichtige Emulgatoren:
E 322    Lecithine*
E 470    Natrium-, Kalium- oder Calciumsalze der Speisefettsäuren*

| | |
|---|---|
| E 471 | Mono- und Diglyceride* von Speisefettsäuren |
| E 472 | mit organischen Säuren veresterte Mono- und Diglyceride von Speisefettsäuren* |
| E 473 | Ester* von Saccharose mit Speisefettsäuren |
| E 474 | Ester* von Saccharose und von Glycerin mit Speisefettsäuren |
| E 475 | Polyglycerinester* von Speisefettsäuren |
| E 477 | 1,2-Propylenglycolester von Speisefettsäuren* |
| E 481-E 482 | Natrium- und Calciumstearoyllactyllactat* |
| E 483 | Stearyltartrat* |

**Literatur:**
SCHUSTER, G.: Emulgatoren für Lebensmittel. Springer Berlin — Heidelberg —New York — Tokyo 1985.
CHARALAMBOUS, G., und DOXASTAKIS, G.: Food Emulsifiers. Chemistry, Technology, Functional Properties and Applications. Elsevier Amsterdam — New York 1989.

*H.G.*

## Emulsionsstabilisatoren
Verbessern die Stabilität von Emulsionen. Hauptsächlich angewendet werden Verdickungsmittel*. **Zul.:** ZZulV.

**en:** *emulsion stabilizers*
**fr:** *stabilisateurs d'émulsion*

*E.L.*

## Entfärbungsmittel
Bleicherden
Entfernen unerwünschte Färbungen aus Lebensmitteln, besonders Fetten und Ölen. Wirken im Gegensatz zu den Bleichmitteln* nicht auf chemischem Wege sondern durch Adsorption der unerwünschten färbenden Begleitstoffe aus dem Lebensmittel, dürfen jedoch wertvolle Lebensmittelinhaltsstoffe wie z. B. Vitamine, nicht erfassen. Sind in dem zu behandelnden Produkt unlöslich und werden aus ihm durch Filtration wieder entfernt. **Anw.:** Lecithin, Fette, Öle. **Zul.:**

Sind in vielen Ländern keine Zusatzstoffe, in der BR Deutschland gemäß § 11 Abs. 2 LMBG Zusatzstoffe, die keiner besonderen Zulassung bedürfen, weil sie im Fertiglebensmittel nicht mehr vorhanden sind.

**en:** *decolorants, decolorizing agents*
**fr:** *décolorants*

Wichtige Entfärbungsmittel:
  Aktivkohle*
  Bentonit*
  Fullererde
553 a  Magnesiumsilikate*
554  Aluminiumsilikate*

*E.L.*

## Entkeimungsmittel
Kaltentkeimungsmittel, Sterilisierhilfsmittel
Anwendung geht auf das 19. Jahrhundert zurück, als man zur Vermeidung von Seuchen begann, Trinkwasser mit Chlor* und chlorabspaltenden Verbindungen zu versetzen, zu chloren. Später führte sich zusätzlich Ozon* zur Trinkwasserentkeimung ein. Dikohlensäureester* seit Mitte der 60er Jahre zur Konservierung von Wein und alkoholfreien Erfrischungsgetränken bedeutsam. Sterilisieren auf chemischem Wege, indem sie Bakterien, Hefen und Schimmelpilze abtöten. Stehen von der Geschwindigkeit der Wirkung auf Mikroorganismen den Desinfektionsmitteln* näher als den Konservierungsstoffen*, denn sie müssen Mikroorganismen in sehr kurzer Zeit abtöten. Anwendung nur sinnvoll, wenn Nachinfektionen ausgeschlossen werden. Manche Entkeimungsmittel verbleiben im Getränk, wie Chlor, andere zersetzen sich, wie Ozon und Dikohlensäureester und kommen als solche nicht zum Verzehr. Bei Gewürzen früher Ethylenoxid* angewendet, das wegen seiner Rückstandsproblematik inzwischen verlassen worden ist. An seine Stelle ist Ethanol* getreten, dessen Einsatz aber technisch pro-

blematisch. **Anw.:** Trinkwasser, alkoholfreie Erfrischungsgetränke, Wein und andere klare Getränke, Gewürze. **Zul.:** ZZulV. und TrinkwV. Nicht in Lebensmitteln verbleibende Entkeimungsmittel, außer Ethylenoxid sind Zusatzstoffe, die keiner besonderen Zulassung bedürfen, weil sie im Fertiglebensmittel nicht mehr vorhanden sind.
**en:** *sterilizing agents*
**fr:** *germicides*

Wichtige Entkeimungsmittel:
E 174 Silber*
Silberchlorid* und Silbersulfat*
Chlor und chlorabspaltende Verbindungen
Ozon
Dikohlensäureester
Ethanol

**Literatur:**
CHAIGNEAU, M.: Stérilisation et désinfection par les gaz. Maisonneuve Sainte-Ruffine 1977.

*E.L.*

### Entschäumer
→ Schaumverhütungsmittel

### Enzymblocker
→ Enzymhemmstoffe

### Enzymhemmstoffe
Enzymblocker, Hemmstoffe für Enzyme Hemmen die Aktivität von unerwünschten Enzymen während der Lebensmittelverarbeitung oder inaktivieren Enzyme, insbesondere Oxidasen. Angewendet werden u. a. schweflige Säure*, Sulfite* und Citronensäure*. **Zul.:** ZZulV.
**en:** *enzyme inhibitors*

*E.L.*

### Enzympräparate
Gezielt hergestellte Mischung von Enzymen. Das sind als Katalysatoren* wirkende Proteine. Als solche physiologisch unbedenklich. Einige haben allenfalls ein allergisierendes Potential; dieses aber nur bei der Verarbeitung von Enzymen von Bedeutung, also in Lebensmittel herstellenden Betrieben. In der Lebensmitteltechnik verwendete Enzyme entstammen pflanzlichen oder tierischen Rohstoffen, in neuerer Zeit in steigendem Umfang auch mikrobiologischen Prozessen. Enzyme werden verwendet, um gezielt Inhaltsstoffe von Lebensmitteln umzuwandeln und/oder besonders erwünschte Endprodukte zu erhalten. Anwendung von Enzymen macht Verarbeitungsprozesse möglich, die sonst mit tiefgreifenden und meist nachteiligen Veränderungen der Lebensmittel verbunden wären, weil sie im allgemeinen bei milden pH- und Temperaturbedingungen wirken. Nach Erreichen des gewünschten Zieles kann man Enzyme durch Hitze inaktivieren. Die meisten im Lebensmittelbereich verwendeten Enzyme sind deshalb in den fertigen Lebensmitteln nicht mehr in aktiver Form vorhanden, außer Invertase*. Maßgeblich für Wirkung sind Konzentrationen, Enzymaktivität und Einwirkungsdauer. Alle Enzyme haben mehr oder minder ausgeprägte pH- und Temperaturenoptima. Diese liegen entweder im Lebensmittel automatisch vor, oder sie müssen durch andere technische Maßnahmen, wie z. B. durch Zusatz von Säureregulatoren* herbeigeführt werden. Anwendungen auch in Form enzymreicher Mikroorganismenkulturen* oder enzymreicher Rohstoffe. Je nach Ausmaß der Reinigung muß man Nebenaktivitäten durch andere Enzyme in Kauf nehmen, die aber für den angestrebten Prozeß meist keine oder nur eine untergeordnete Bedeutung haben. Enzympräparate werden in der Regel standardisiert, d.h. auf eine bestimmte Wirkungsstärke eingestellt. Zur besseren Ausnutzung kann man lösliche Enzyme immobilisieren d.h. an unlösliche organische oder anorganische makromolekula-

re Stoffe binden. Dadurch sind Enzyme mehrfach verwendbar. Im Lebensmittelbereich verwendete Enzyme dienen hauptsächlich dazu, Kohlenhydrate, Proteine und Fette umzusetzen. **Anw.:** Käse, Fleischerzeugnisse, Fruchtsäfte, Fruchtnektare, Bier, Wein, Backwaren, Süßwaren und Umwandlung von Stärke und Zucker zu Süßungsmitteln. **Zul.:** FleischV, KäseV, FruchtsaftV, Fruchtnektar- und FruchtsirupV, WeinV und EG-WeinMO. Sind in vielen Ländern keine Zusatzstoffe, in der BR Deutschland gemäß § 11 Abs. 3 LMBG Zusatzstoffe, die keiner besonderen Zulassung bedürfen.

**en:** *enzyme preparations*
**fr:** *préparations enzymatiques*

Literatur:
BEUTLER, H. O.: Enzympräparate. Standards für die Verwendung in Lebensmitteln. Behr Hamburg 1983.
TUCKER, G. A. und WOODS, L. F. J.: Enzymes in food processing. Blackie Glasgow — London 1991.

*E.L.*

### Ergocalciferol
→ Calciferole

### Erythorbinsäure
→ Isoascorbinsäure

### Erythrosin
(E 127)
*Farbstoff\**
Rosaroter wasserlöslicher Xanthenfarbstoff\* **Anw.:** In Konzentrationen von 0,005-0,01 % bei Süßwaren, zur Färbung von Dragees auch in Form des Farblackes\*. Aufgrund seiner Eigenschaft, in Lösungen von pH 3-4 die schwer lösliche Erythrosinsäure zu bilden, der einzige rosarote Farbstoff zum Färben von Kirschen in Fruchtsalat ohne Anfärbung der anderen Früchte. **Zul.:** ZZulV.

**en:** *erythrosine, FD&C Red No. 3 (US)*
**fr:** *erythrosine*

Literatur:
OTTERSTÄTTER; S. 200. DFG L-Rot 11. BERTAM, S. 29, 47 u. 89.

*G.O.*

### Essenzen
→ Aromen

### Essig
*Säuerungsmittel\* und Konservierungsstoff\**
Wurde wahrscheinlich erstmals durch ungewollte Vergärung von Wein erhalten, daher der Name in den romanischen Sprachen. War schon im alten Orient und im alten Rom als Speisezutat bekannt. Wirkung beruht auf dem Gehalt an Essigsäure\*, der zwischen 5 und 15,5 g/100 ml beträgt. Kann hergestellt werden durch Vergären von alkoholhaltigen Flüssigkeiten, durch Verdünnen von Essigsäure oder Essigssenz\* mit Wasser oder durch Vermischen von Gärungsessig mit Essigsäure, Essigessenz oder Essig aus Essigessenz. **Anw.:** Fischpräserven, Feinkosterzeugnisse, Sauerkonserven, wird auch in großem Umfang im Haushalt benutzt. **Zul.:** In allen Ländern, in der BR Deutschland in der Verordnung über den Verkehr mit Essig und Essigessenz, kein Zusatzstoff im Sinne des LMBG.

**en:** *vinegar*
**fr:** *vinaigre*

*E.L.*

### Essigessenz
*Säuerungsmittel\* und Konservierungsstoff\**
15-25%ige Lösung reiner Essigsäure\* zur Herstellung von Essig\*, hauptsächlich im Haushalt. **Zul.:** In einigen Ländern, in der BR Deutschland in der Verordnung über den Verkehr mit Essig und Essigessenz.

**en:** *non-brewed vinegar*

*E.L.*

### Essigsäure
(E 260)
*Konservierungsstoff\* und Säuerungsmittel\**

Konservierende und geschmacksgebende Wirkung seit den ältesten Zeiten bekannt. Physiologisches Zwischenprodukt des Intermediärstoffwechsels. Wirkt in konzentrierter Form haut- und schleimhautreizend. Antimikrobielle Wirkung beruht wesentlich auf der Absenkung des pH-Wertes, wodurch für viele Mikroorganismen, speziell Bakterien, ein für das Wachstum ungünstiger pH-Bereich geschaffen wird. Acetate*, außer Natriumdiacetat, ohne konservierende Wirkung. **Anw.:** In Form von Essig*, bei Fischpräserven, Feinkosterzeugnissen und Sauerkonserven, in Form höher konzentrierter Lösungen vorzugsweise in Großbritannien und in Deutschland auch in der sonstigen Lebensmittelkonservierung sowie als Essigessenz* im Haushalt. **Zul.:** Verordnung über den Verkehr mit Essig und Essigessenz, kein Zusatzstoff im Sinne des LMBG.

**en:** acetic acid
**fr:** acide acetique

Literatur:
LÜCK, S. 133-139, WIEDER, S. 62-73.
*E.L.*

## Essigsäureester der Mono- und Diglyceride von Speisefettsäuren
→ Mono- und Diglyceride der Speisefettsäuren, verestert mit Essigsäure

### Ester der p-Hydroxybenzoesäure
PHB-Ester (E 215 - E 219)
*Konservierungsstoffe*.*
Erstmals in den 20er Jahren von Sabalitschka synthetisiert und als Alternative zur Benzoesäure* vorgeschlagen. Werden im Magen-Darm-Trakt rasch hydrolysiert, gebildete p-Hydroxybenzoesäure wird über den Harn ausgeschieden. Antimikrobielle Wirkung der Kettenlänge der Alkoholkomponente proportional, allerdings sinkt die Wasserlöslichkeit mit steigender Kettenlänge. Im Gegensatz zu den Konservierungssäuren Wirkung im sauren, auch schwach sauren, neutralen und schwach alkalischen pH-Bereich. Antimikrobielle Wirkung vorzugsweise gegen Schimmelpilze und Hefen gerichtet, es werden aber auch viele Bakterien gehemmt. Können sich in Lebensmitteln geschmacklich bemerkbar machen, deshalb nur noch in Spezialfällen benutzt. **Anw.:** In Form von p-Hydroxybenzoesäuremethylester (E 218), -ethylester (E 214) und -n-propylester (E 216) sowie deren Natriumverbindungen (E 219, E 215 und E 217) in Konzentrationen von 0,05-0,1 % bei Fischerzeugnissen, Fleischüberzugsmassen und anderen schwach sauren Lebensmitteln. **Zul.:** ZZulV.

**en:** *p-hydroxybenzoates, parabens (methyl-, ethyl- and n-propyl-p-hydroxybenzoate, methyl-, ethyl- and n-propylparaben and their sodium salts)*
**fr:** *p-hydroxybenzoates (p-hydroxybenzoate de méthyle, d'éthyl et de n-propyle et les dérivés sodiques)*

Literatur:
BRANEN und DAVIDSON, S. 37-74. LÜCK, S. 176-183.
*E.L.*

## Ester von Saccharose mit Speisefettsäuren
→ Zuckerester von Speisefettsäuren

### Ethanol
Ethylalkohol, „Alkohol"
*Trägerlösemittel*, Extraktionslösemittel*, Desinfektionsmittel*, Entkeimungsmittel* und Konsevierungsstoff*.*
Wurde schon vor 1000 Jahren von den Arabern zum Einlegen von Früchten benutzt. Gutes Lösevermögen für viele organische Stoffe, z. B. Aromen*. Deshalb gut brauchbar als Trägerlösemittel, um kleine Mengen dieser Stoffe in Lebensmittel zu inkorporieren oder als Extraktionslösemittel. Wirkt in höheren Konzentrationen antimikrobiell, indem es Proto-

plasma-Eiweiß denaturiert. 60-75 %iger Alkohol am wirksamsten, deshalb als Desinfektionsmittel meist in dieser Konzentration benutzt. Hefen können bis zu 20 % Ethanol tolerieren, so daß erst Getränke und Zubereitungen mit einem Alkoholgehalt darüber mikrobiologisch stabil sind. **Zul.**: ELV, kein Zusatzstoff im Sinne des LMBG.

**en:** *ethanol, ethyl acohol,"alcohol"*
**fr:** *éthanol, alcool éthylique,"alcool"*
Literatur:
LÜCK, S. 110-114. RUSSELL und GOULD, S. 153-171.
*E.L.*

### Ethylacetat
*Extraktionslösemittel\**
**Zul.:** ELV.
**en:** *ethyl acetate*
**fr:** *acétate d'éthyle*
*E.L.*

### Ethylalkohol
→ Ethanol

### Ethylcellulose
(E 462)
*Trägerstoff\**
Unlöslicher Celluloseester. **Anw.:** Eierfarben. **Zul.:** ZZulV.
**en:** *ethyl cellulose*
**fr:** *éthylcellulose*
*E.L.*

### Ethylcitrate
*Trägerlösemittel\* und Extraktionslösemittel\** **Anw.:** Zur Einarbeitung von Aromen\*. **Zul.:** AromenV und ELV.
**en:** *ethyl citrate*
**fr:** *citrate d'éthyle*
*E.L.*

### Ethylen
Beschleunigt die Reifung von grün geernteten Bananen, Orangen und Zitronen. **Anw.:** Bananen, Zitrusfrüchte. **Zul.:**

Gemäß § 11 Abs. 2 LMBG Zusatzstoff, der keiner besonderen Zulassung bedarf, weil er im Fertiglebensmittel nicht mehr vorhanden ist.
**en:** *ethylene*
**fr:** *éthylène*
*E.L.*

### Ethylenoxid
*Entkeimungsmittel\* und Desinfektionsmittel\**
Meist in Mischungen mit anderen, weniger explosiven und brennbaren Gasen angewendet, z. B. Kohlendioxid\*. Antimikrobielle Wirkung vorzugsweise gegen Bakterien, es werden aber auch viele Hefen und Schimmelpilze abgetötet. Wegen seiner Reaktonsfähigkeit mit Lebensmittel-Inhaltsstoffen und der Möglichkeit der Bildung toxikologisch bedenklicher Reaktionsprodukte heute nicht mehr im Gebrauch. An seiner Stelle kann in bestimmten Bereichen Ethanol\* verwendet werden, dessen Anwendung aber technisch schwieriger und teurer ist. **Anw.:** Gewürze. **Zul.:** In der BR Deutschland nicht mehr zugelassen.
**en:** *ethylene oxide*
**fr:** *oxyde d'éthylène*
Literatur:
LÜCK, S. 114-118.
*E.L.*

### Ethyllactat
*Trägerlösemittel\* und Extraktionsmittel\**
**Anw.:** Zur Einarbeitung von Aromen\* und Farbstoffen\*, speziell Eier- und Stempelfarben. **Zul.:** ZZulV, AromenV und ELV.
**en:** *ethyl lactate*
**fr:** *lactate d'éthyle*
*E.L.*

### Ethylmaltol
*Geschmacksverstärker\**
Vier- bis sechsmal stärker süßlich karamelartig schmeckend als Maltol\*. **Anw.:**

In Konzentrationen von 5-50 ppm bei Getränken, Eiscreme, Süßwaren, Desserts. **Zul.:** ZZulV und AromenV.

**en:** *ethyl maltol*
**fr:** *éthyl maltol*

Literatur:
FURIA und BELLANCA, Band 2, S. 179.

*E.L.*

### Ethylmethylketon
*Extraktionslösemittel\**
**Anw.:** Fraktionierung von Fetten und Ölen, Extraktion von Coffein*, Reizstoffen und Bitterstoffen aus Kaffee und Tee. **Zul.:** ELV.

**en:** *ethyl methyl ketone*
**fr:** *éthyle méthyle cétone*

*E.L.*

### Ethylvanillin
*künstlicher Aromastoff\**
Zwei- bis viermal stärkerer vanilleartiger Geruch als Vanillin*. **Anw.:** In Konzentrationen von 20-250 ppm bei Getränken, Eiscreme, Backwaren, Süßwaren, Kaugummi. **Zul.:** AromenV und KonfitürenV.

**en:** *ethyl vanillin*
**fr:** *éthyl vanilline*

Literatur:
FURIA und BELLANCA, Band 2, S. 196.

*E.L.*

### EWG-Nummern
→ E-Nummern

### Extraktionslösemittel
Dienen zur gezielten Extraktion bestimmter Inhaltsstoffe aus Lebensmitteln. Werden in aller Regel nach Abschluß der Extraktion aus dem extrahierten Lebensmittel oder aus dem Extrakt wieder bis auf oft gesetzlich festgelegte Restmengen entfernt. Die Verwendung von chlorierten Kohlenwasserstoffen geht in neuerer Zeit zu Gunsten von überkritischem Kohlendioxid* mehr und mehr zurück. **Anw.:** Fette und Öle, koffeinfreier Kaffee, Gewürze, Hopfen, Aromen. **Zul.:** ELV.

**en:** *extraction solvents, extracting solvents*
**fr:** *solvants d'extraction*

Wichtige Extraktionslösemittel:
destilliertes Wasser*
demineralisiertes Wasser*
Trinkwasser*
Ethanol*
Propan*
Butan*
Butylacetat*
Ethylacetat*
Kohlendioxid
Aceton*
Distickstoffoxid*
Hexan*
Methylacetat*
Ethylmethylketon*
Dichlormethan*
Diethylether*
Isobutan*
Cyclohexan*
Butan-1-ol*
Butan-2-ol*
Isopropanol*
Methanol*
n-Propanol*
Benzylalkohol*
Ethylcitrate*
Ethyllactat*
1,2-Propylenglycol*

Literatur:
STAHL, E., QUIRIN, K. W., und GERARD, D.: Verdichtete Gase zur Extraktion und Raffination. Springer Berlin — Heidelberg — New York — London — Paris — Tokyo 1987.

*E.L.*

**F**

## Fällungsmittel
→ Flockungsmittel

## Färbende Lebensmittel
Lebensmittel, Lebensmittelteile oder Lebensmittelextrakte, die von Natur aus farbstark sind. Dienen als Zutat zu anderen Lebensmitteln der Färbung. Anwendungsgründe siehe Farbstoffe*. **Zul.:** Keine Zusatzstoffe im Sinne des LMBG.

Wichtige färbende Lebensmittel:
Kirschsaft
Paprika
Gelbwurz
Karotten
Rote Bete
Spinat

Literatur:
OTTERSTÄTTER, S. 17 und 59-60.

*E.L.*

## Farblacke
Durch Fällung wasserlöslicher Farbstoffe* mit Aluminiumhydroxid erzeugte in Wasser nahezu unlösliche Pseudopigmente. Werden wie Pigmente* verarbeitet und wirken wie diese durch feinste Verteilung im Produkt. **Anw.:** Dragees.

Literatur:
OTTERSTÄTTER, S. 58.

*G.O.*

## Farbmittel
Nach DIN 55 944 Sammelbezeichnung für alle farbgebenden Stoffe, wie Farbstoffe*, Pigmente* und Farblacke*.

*G.O.*

## Farbstabilisatoren
Stabilisieren, erhalten und verstärken die Farbe von Lebensmitteln. **Anw.:** Fleischwaren, Obsterzeugnisse, Gemüseprodukte. **Zul.:** FleischV.

**en:** *colour stabilizers, colour fixatives, colour retention agents US*
**fr:** *stabilisant de la couleur*

Wichtige Farbstabilisatoren:
E 250        Nitrite*
E 300        Ascorbinsäure*
E 301-E 302  Ascorbate*
375          Nicotinsäure*
             Kupfersalze

*E.L.*

## Farbstoffe
Verleihen Lebensmitteln einen besonderen Farbton. Färbung bestimmter Lebensmittel wird seit langem praktiziert, wobei früher hauptsächlich Pflanzenfarbstoffe verwendet wurden. Bedeutung der Farbstoffe hat durch die industrielle Lebensmittelherstellung zugenommen. Begriff Farbstoffe gilt im Lebensmittelbereich, abweichend von DIN 55 944 Farbmittel* für alle färbenden Stoffe, gleichgültig ob diese in Wasser oder Fett löslich oder unlöslich (Pigmente* und Farblacke*) sind. Nicht zu den Farbstoffen zählen die färbenden Lebensmittel*. Natürlicher Farbgehalt der Lebensmittel unterliegt jahreszeitlichen Schwankungen oder kann durch Verarbeitung und Lagerung beeinträchtigt werden. Durch Zusatz von Farbstoffen werden diese Verluste ausgeglichen und der Farbton wieder hergestellt, den der Verbraucher erwartet. Verwendung weiterhin bei der Herstellung von Lebensmitteln, die an sich farblos sind, z. B. Süßwaren, und zum Wiedererkennen bestimmter Geschmacksrichtungen, ferner zu Markierungszwecken. Farbstoffe dürfen nur verarbeiteten Lebensmitteln, nicht aber Frischprodukten zugesetzt werden. Färbung darf nicht erfolgen, um einen Gehalt an ernährungsphysiologisch wichtigen Inhaltsstoffen oder Zutaten vorzutäuschen, wie z. B. Kakao oder Ei oder um ein falsches Bild über den Frischezustand zu geben. Lebensmittel können in der Masse oder auch nur an der Oberfläche gefärbt werden. Selbst wenn diese nicht zum Verzehr bestimmt ist, wie z. B. bei Eierschalen und Käseumhüllungen, unterliegen die verwendeten Farbstoffe

# Farbstoffe

lebensmittelrechtlichen Bestimmungen.
**Anw.**: Margarine, Käse, Fisch- und Krabbenkonserven, Obstkonserven, Getränke, Dessertspeisen, Zuckerwaren. Einige Farbstoffe nur zur Färbung von Lebensmittelüberzügen erlaubt, wie z. B. zur Färbung von Käsedeckmassen, Eierschalen und Stempelfarben für Fleisch. Farbstoffe werden meist in Mischungen miteinander verwendet. **Zul.**: ZZulV, DiätV und KäseV.

**en**: *colouring agents, food colours*
**fr**: *colorants*

Wichtige Farbstoffe:

| | |
|---|---|
| E 100 | Kurkumin* |
| E 101 | Lactoflavin* (Riboflavin) |
| E 101 a | Lactoflavin-5-phosphat* (Riboflavin-5-phosphat) |
| E 102 | Tartrazin* |
| E 104 | Chinolingelb* |
| E 110 | Gelborange S* |
| E 120 | Echtes Karmin* (Karminsäure, Cochenille) |
| E 122 | Azorubin* |
| E 123 | Amaranth* |
| E 124 | Ponceau 4R* |
| E 127 | Erythrosin* |
| E 131 | Patentblau V* |
| E 132 | Indigotin I* (Indigo-Karmin) |
| E 140 | Chlorophylle* |
| E 141 | kupferhaltige Komplexe der Chlorophylle und Chlorophylline* |
| E 142 | Brillantsäuregrün BS* (Lissamingrün) |
| E 150 | Zuckerkulör* |
| E 151 | Brillantschwarz BN* |
| E 153 | Carbo medicinalis vegetabilis* |
| E 160 a | alpha-Carotin, beta-Carotin* und gamma-Carotin |
| E 160 b | Annatto*, Bixin, Norbixin und Orlean |
| E 160 c | Capsanthin* und Capsorubin* |
| E 160 d | Lycopin* |
| E 160 e | beta-Apo-8'-Carotinal* |
| E 160 f | beta-Apo-8'-Carotinsäureethylester* |
| E 161 | Xanthophylle* |
| E 161 a | Flavoxanthin* |
| E 161 b | Lutein* |
| E 161 c | Kryptoxanthin* |
| E 161 d | Rubixanthin* |
| E 161 e | Violaxanthin* |
| E 161 f | Rhodoxanthin* |
| E 161 g | Canthaxanthin* |
| E 162 | Betenrot*, Betanin* |
| E 163 | Anthocyane* |
| E 170 | Calciumcarbonat* |
| E 171 | Titandioxid* |
| E 172 | Eisenoxide* und -hydroxide* |
| E 173 | Aluminium* |
| E 174 | Silber* |
| E 175 | Gold* |
| E 180 | Rubinpigment (Litholrubin BK) Räucherrauch* |
| C 2 | Methylviolett B* |
| C 3 | Viktoriablau R* |
| C 4 | Viktoriablau B* |
| C 5 | Acilanbrillantblau FFR* (Brillantwollblau FFR*) |
| C 7 | Naphtholgrün B* |
| C 8 | Acilanechtgrün 10 G* (Alkaliechtgrün 10 G*) |
| C 9 | Ceresgelb GRN* |
| C 10 | Ceresrot G* |
| C 11 | Sudanblau II* |
| C 12 | Ultramarin* |
| C 13 | Phthalocyaninblau* |
| C 14 | Phthalocyaningrün* |
| C 17 | Echtsäureviolett R* |

In einigen Mitgliedsstaaten der EG sind für spezielle Zwecke weitere Farbstoffe zugelassen.

**Literatur:**
OTTERSTÄTTER, G.: Die Färbung von Lebensmitteln, Arzneimitteln, Kosmetika. Behr Hamburg 1987. Deutsche Forschungsgemeinschaft, Farbstoff-Kommission: Farbstoffe für Lebensmittel. VCH Weinheim, Loseblattsammlung. BERTRAM, B.: Farbstoffe in Lebensmitteln und Arzneimitteln: Eine Farbstoffübersicht mit toxikologischer Bewertung. Wissenschaftliche Verlagsgesellschaft Stuttgart 1989.

*G.O.*

## Farnochinon
→ Phyllochinone

## FCC
→ Food Chemicals Codex

## FDA
Food and Drug Administration
Die in den USA für die Bundesgesetzgebung, d.h. den Handelsverkehr zwischen den US-amerikanischen Bundesstaaten auf dem Gebiet der Lebensmittel, Kosmetika und Arzneimittel, deren Überwachung und den Verbraucherschutz zuständige Behörde. Nicht zuständig für landwirtschaftliche Erzeugnisse, Fisch und Meerestiere, Fleisch, Geflügel, Eier und alkoholische Getränke.
*E.L.*

## FD&C
Abkürzung für Food, Drug and Cosmetic (Lebensmittel, Arzneimittel und Kosmetik). Buchstabenkombination FD&C wird bestimmten Farbstoffen zugeordnet, die besondere Reinheitsanforderungen erfüllen müssen, ein Zertifikat der Food and Drug Administration (FDA) erfordern und in den USA zugelassen sind.
*G.O.*

## Ferrocyanide
Hexacyanoferrate, Blutlaugensalze
*Rieselhilfsmittel\* und Flockungsmitel\**
Haben aufgrund der stabilen Bindung zwischen Eisen und CN nur eine sehr niedrige Toxität. Reagieren mit Eisen, Kupfer und anderen Schwermetallen zu unlöslichen Niederschlägen, die aus Getränken leicht abfiltriert werden können. Verhindern das Zusammenbacken der Kristalle von Kochsalz\*. **Anw.:** In Form von Natriumhexacyanoferrat (535), Kaliumhexacyanoferrat (536) und Calciumhexacyanoferrat in Konzentrationen von 20 ppm bei Speisesalz, bei Wein in den von einem Sachkundigen im Vorversuch verantwortlich ermittelten Schönungsbedarfsmengen. **Zul.:** ZZulV, AV WeinG, WeinV und EG WeinMO.
**en:** *ferrocyanides (sodium, potassium and calcium ferrocyanide)*
**fr:** *ferrocyanures (ferrocyanure de sodium, de potassium et de calcium)*
Literatur:
KUHNERT, S. 109-112.
*E.L.*

## Festigungsmittel
Härtungsmittel
Verfestigen die Struktur von Lebensmitteln, indem sie chemische Reaktionen mit bestimmten Inhaltsstoffen von Lebensmitteln eingehen, z. B. Pektinen\*. Wichtige Festigungsmittel sind Aluminium-\* und Calciumsalze\*.
**en:** *firming agents*
*E.L.*

## Fettrot G
→ Ceresrot G

## Feuchthaltemittel
Stabilisieren die Wasseraktivität von Lebensmitteln, indem sie durch ihre Wasseraufnahme den Feuchtigkeitsgehalt regulieren, verhindern das Austrocknen.
**Anw.:** Süßwaren und Backwaren.
**en:** *humectants, water retention agents, moisture retention agents*
**fr:** *humectants*

Wichtige Feuchthaltemittel:
| | |
|---|---|
| | Saccharose\* |
| E 420 | Sorbit\* |
| 1520 | 1,2-Propandiol\* |
| E 422 | Glycerin\* |
| | Glycole |

*E.L.*

## Filterhilfsmittel
Wasserunlösliche Stoffe, welche die Filtration erleichtern, indem sie bei Suspensionen die Bildung eines Filterkuchens ermöglichen oder bei schleimigen Feststoffen den sich sonst daraus bil-

denden sehr dichten Kuchen auflockern. Werden der zu filtrierenden Suspension unmittelbar zugesetzt oder vor der Filtration als Hilfsschicht auf dem Filter gebildet. Nicht zu verwechseln mit Flockungsmitteln*. **Anw.:** Getränke, Fettreinigung, Zuckerherstellung. **Zul.:** FruchtsaftV, Fruchtnektar- und FruchtsirupV und EG-WeinMO, in der BR Deutschland gemäß § 11 Abs. 2 LMBG Zusatzstoffe, die keiner besonderen Zulassung bedürfen, weil sie im Fertiglebensmittel nicht mehr vorhanden sind.

**en:** filter aids, filtration aids, filtering aids, separation aids
**fr:** adjuvants de filtration

Wichtige Filterhilfsmittel:
Cellulose*
Kieselgel*
Kieselgur*
Kaolin*

E.L.

**Fischleim**
→ Hausenblase

**Flavoxanthin**
(E 161 a)
Farbstoff*
Gelbes öllösliches zur Gruppe der Xanthophylle* gehörendes Carotinoid* ohne besondere technische Bedeutung. **Zul.:** ZZulV.

**en:** flavoxanthine
**fr:** flavoxanthine

Literatur:
OTTERSTÄTTER, S. 235. BERTRAM, S. 49 u. 67.

G.O.

**Fließmittel**
→ Rieselhilfsmittel

**Flockungsmittel**
Klärmittel, Fällungsmittel, Schönungsmittel
Beeinflussen in kolloidalen Suspensionen Teilchen, sich zu Flocken zu aggregieren und dadurch schneller zu sedimentieren. Wirken teilweise über elektrostatische Abstoßung der im Waser meist negativ aufgelandenen Partikel. Lassen voluminöse Niederschläge entstehen, z. B. bei der Trinkwasseraufbereitung. Nicht zu verwechseln mit Filterhilfsmitteln*. **Anw.:** Wein, Bier, Trinkwasser, andere Getränke. **Zul.:** TrinkwV und EG-WeinMO.

**en:** flocculation agents, flocculants, clarifying agents, fining agents, refining agents (US), flocculents (US)
**fr:** floculants

E.L.

**Flüssigrauch**
→ Raucharomen

**Flüssigzucker**
→ Zuckerarten

**Fluor**
Spurenelement*
Setzt Karieshäufigkeit herab, allerdings ist die Spanne zwischen wirksamer und toxischer Wirkung klein, so daß Meinungen über die Notwendigkeit des Fluor-Zusatzes zu Lebensmitteln, speziell Trinkwasser* oder Kochsalz* auseinandergehen. **Anw.:** In Form von Natriumfluorid bei bilanzierten Diäten, in Form von Salzen der Fluorwasserstoff- oder Kieselfluorwasserstoffsäure in Konzentrationen von 1 ppm in einigen Ländern bei Trinkwasser. **Zul.:** DiätV, Trinkwasserfluoridierung in der BR Deutschland nicht zugelassen.

**en:** fluorine
**fr:** fluor

E.L.

**Folsäure**
Vitamin*
Wasserlösliches Vitamin. Mangel führt Anämien und Veränderungen an Schleimhäuten. **Anw.:** Zur Vitaminierung.

**Zul.:** Kein Zusatzstoff im Sinne des LMBG.
**en:** *folic acid*
**fr:** *acide folique*
Literatur:
FRIEDRICH, S. 398.

*A.J.*

## Food and Drug Administration
→ FDA

## Food Chemicals Codex
FCC
Von einem Expertenkomitee erarbeitetes Buch über die Reinheit von Lebensmittelzusatzstoffen analog einem Arzneibuch. Hat in den USA quasi-lebensmittelrechtlichen Charakter. Derzeit ist die dritte Auflage aus dem Jahre 1981 in Kraft, zu der inzwischen zwei Nachträge erschienen sind. Entspricht prinzipiell der Zusatzstoff-Verkehrsverordnung*, geht aber weit darüber hinaus.

*E.L.*

## Formaldehyd
*Konservierungsstoff\* und Desinfektionsmittel\**
Antimikrobielle Wirkung beruht auf einer Denaturierung von Protoplasma-Eiweiß und Enzyminaktivierung. Anwendung auch in Form von Hexamethylentetramin*. Bestandteil von Räucherrauch*.
**Zul.:** In Italien für bestimmte Käse, in der BR Deutschland nicht zugelassen.
**en:** *formaldehyde*
**fr:** *formaldéhyde*
Literatur:
siehe Hexamethylentetramin.

*E.L.*

## Formiate
(E 237- E 238)
*Konservierungsstoffe\**
Salze der Ameisensäure*. Sind physiologisch ebenso zu bewerten wie diese. Antimikrobielle Wirkung im sauren pH-Bereich am stärksten und vorzugsweise gegen Hefen und einige Bakterien gerichtet. **Anw.:** Am meisten verwendet werden Natriumformiat (E 237) und Calciumformiat (E 238) bei Fischpräserven, Obst- und Gemüseerzeugnissen. Calciumionen reagieren mit Pektinen, wodurch die Konsistenz von Essiggurken positiv beeinflußt wird. Anwendung von Formiaten in den letzten Jahren zugunsten anderer Konservierungsverfahren stark zurückgegangen. **Zul.:** Vorwiegend in Mittel-, Nord- und Osteuropa, in der BR Deutschland in der ZZulV.
**en:** *formates (sodium and calcium formate)*
**fr:** *formiates (formiate de sodium et de calcium)*
Literatur:
siehe Ameisensäure.

*E.L.*

## Formtrennmittel
Trennmittel, Antihaftmittel, Gleitmittel, Gegenklebemittel
Verhindern das Anbacken von Lebensmitteln an Formen durch Verringerung der Adhäsionskräfte zwischen aneinander grenzenden Oberflächen (Formteil und Form). Wirkend aufgrund ihrer Hydrophobizität. Werden nicht den Lebensmitteln zugesetzt sondern dienen ausschließlich dazu, die Formen zu präparieren. Sind abzugrenzen gegen die Rieselhilfsmittel*. **Anw.:** Backwaren, Süßwaren. **Zul.:** In der BR Deutschland keine Zusatzstoffe im Sinne des LMBG sondern Bedarfsgegenstände, soweit nicht zum Verzehr bestimmt.
**en:** *releasing agents, moulding aids, release agents (US)*
**fr:** *agents de démoulage, agents de décollage*
Literatur:
KUHNERT, S. 25.

*E.L.*

# Formulierhilfsmittel

**Formulierhilfsmittel**
Geben Lebensmitteln, Zutaten oder Zusatzstoffen bestimmte Formen, dienen z. B. zur Granulierung oder zur Herstellung von Tabletten (Tablettierhilfsmittel*) oder erleichtern die Einarbeitung von Stoffen in Lebensmittel (Trägerstoffe*, Trägerlösemittel*).
**en:** *formulating agents, excipients, material handling aids (US)*
*E.L.*

**Fremde Stoffe**
→ Zusatzstoffe

**Frischhaltemittel**
Backmittel*, die bei Brot das Altbackenwerden verzögern. Hauptsächlich für Weißgebäcke notwendig. Angwendet werden Amylasen, Emulgatoren und Dickungsmittel, meist in Mischungen miteinander. Wirken durch Verhinderung der Flüssigkeitswanderung aus der Krume in die Kruste. Verlangsamen die Retrogradation der Stärke, hauptsächlich bei Hefegebäcken. Besonders angewendet werden Mono- und Diglyceride*.
**en:** *antistaling agents*
**fr:** *agents anti-rassissants*
*E.L.*

**Fruchtbehandlungsmittel**
Konservierungsstoffe* zum Schutz von Zirusfrüchten und Bananen nach der Ernte gegen Schimmelbefall. Aufbringung entweder direkt oder in Form fungistatischer Verpackungsmaterialien*. Streng genommen würden auch Überzugsmittel* für Früchte und Ethylen* hierher gehören, man zählt sie aber nicht zu den Fruchtbehandlungsmitteln. **Zul.:** ZZulV.

Wichtige Fruchtbehandlungsmittel:
E 230        Biphenyl* (Diphenyl)
E 231-E 232  Orthophenylphenol* und
             Natriumorthophenylphenolat*
E 233        Thiabendazol*
*E.L.*

**Fructose**
*Zuckeraustauschstoff**
Kommt in vielen Pflanzen in freier und gebundener Form vor, besonders in Früchten, daher auch als Fruchtzucker bezeichnet. Wird als Kohlenhydrat im menschlichen Körper energetisch voll verwertet, daher mit 17 kJ/g bzw. 4 kcal/g der bei Kohlenhydraten übliche Brennwert. Verwertung weitgehend insulinunabhängig, daher als Zuckeraustauschstoff verwendbar. Ca. 1,2fach süßer als Zucker, synergistische Wirkung mit anderen Kohlenhydraten und Süßstoffen*. Neigt etwas stärker zu Bräunung und Karamelisierung als Saccharose*. **Anw.:** In Konzentrationen bis ca. 0,2 % brennwertreduzierten und -armen Getränken, in sonstigen Lebensmitteln in der Saccharose vergeichbaren Konzentrationen.**Zul.:** Kein Zusatzstoff im Sinne des LMBG.
**en:** *fructose*
**fr:** *fructose*

Literatur:
von RYMON LIPINSKI und SCHIWECK, S. 183-211.
O'BRIEN NABORS und GELARDI, S. 219-246.
*v.R.L.*

**Fructosehaltiger Glucosesirup**
*Süßungsmitttel**
Herstellung aus weit abgebauten, hoch glucosehaltigen Stärkeverzuckerungsprodukten* durch teilweise enzymatische Umwandlung von Glucose* in Fructose*. Meistens gut 70 % Trockensubstanz, darin 42 % Fructose, 52 % Glucose und Oligosaccharide. Vergleichbar süß wie Zucker. Unverträglich für Diabetiker. **Anw.:** Vorzugsweise in flüssigen Produkten, besonders Getränken, wie Saccharose und Invertzucker. **Zul.:** Kein Zusatzstoff im Sinne des LMBG.
**en:** *high-fructose corn syrup*

Literatur:
von RYMON LIPINSKI und SCHIWECK, S. 147-181.
*v.R.L.*

## Füllgase
→ Schutzgase

## Füllstoffe
Kalorienfreie oder fast kalorienfreie Substanzen, welche den Kaloriengehalt von Lebensmitteln „verdünnen". Reichern Lebensmittel mit nicht verdaulichen Stoffen an, beschäftigen Magen und Darm ohne Kalorien zu liefern. Können dabei die Resorptionsrate und Geschwindigkeit anderer Nährstoffe verringern. Dienen auch dazu, die Menge von Lebensmitteln zu vergrößern, z. B. bei Kaugummi. **Anw.**: Kalorienverminderte Lebensmittel und Kaugummi.

**en:** *bulking agents, filling agents*
**fr:** *agents de masse, agents de charge*

Wichtige Füllstoffe:
Cellulose*
Wasser*
Luft*
Aluminiumoxid*

*E.L.*

## Fumarsäure
(297)
*Säuerungsmittel*, Säureregulator*, Backmittel*, Geliermittel*, und Geschmacksstoff**
Erstmals 1832 aus dem Ackerkraut Erdrauch, Fumaria officinalis isoliert, daher der Name. Zwischenprodukt des Citronensäurecyclus. Geschmack stark sauer. **Anw.**: In Backmitteln zur Verbesserung der Backeigenschaften und Krumenausbildung bei Roggenmehlerzeugnissen und backfertigen Teigen, Säureträger für Backpulver*, diätetische Lebensmittel, Geleeartikel, Süßwaren, Säuerungsmittel für Erfrischungsgetränke, Sirupe, Marmeladen und Konfitüren, Speiseeis, Puddings, Dessertspeisen. **Zul.**: Kein Zusatzstoff im Sinne des LMBG.

**en:** *fumaric acid*
**fr:** *acide fumarique*

**Literatur:**
WIEDER, S. 74.

*K.G.*

## Fungistatische Verpackungsmaterialien
Enthalten in der Masse oder auf der Oberfläche Konservierungsstoffe*, die ganz oder teilweise auf das Lebensmittel übergehen und auf dessen Oberfläche eine antimikrobielle Wirkung entfalten. Sie können über die Gasphase wirken, wie z. B. Diphenyl*, oder durch Kontaktwirkung, wie z. B. Sorbinsäure* oder Sorbate*. **Anw.**: Papiere und Folien auf Basis Sorbinsäure und Sorbaten bei Käse und Margarine. Papiere auf Basis Diphenyl bei Zitrusfrüchten. **Zul.**: Weil die in den fungistatischen Verpackungsmaterialien enthaltenen Konservierungsstoffe in die zu schützenden Lebensmittel, zumindest in deren Oberfläche übergehen müssen, um eine Wirkung zu haben, sind sie teilweise zum Verzehr bestimmt. Damit unterliegen sie ebenso den Zulassungsbestimmungen, als seien sie dem Lebensmittel direkt zugesetzt worden.

**Literatur:**
LÜCK, S. 219-220.

*E.L.*

## Furcelleran
Dänischer Agar (E 407)
*Verdickungsmittel*, Geliermittel* und Trägerstoff**
Polysaccharid aus der Rotalge Furcelleria fastigiata. Ähnelt in der Struktur dem Carrageen*, enthält aber weniger Sulfatgruppen als dieses. Löslich in heißem Wasser, bildet thermoreversible Gele. Geliervermögen hängt ab vom Polymerisationsgrad. **Anw.**: Milchgetränke, Puddingpulver, Cremes, Käsezubereitungen, Eiscreme, Kaffeeweißer, Halbfettmargarine, Eiweißschäume, Süßwaren, Konserven, Konfitüren, Tomatenketchup, Soßen. **Zul.**: ZZulV, MilcherzV, KäseV, SpeiseeisV, AromenV und DiätV.

# Furcelleran

**en:** *furcelleran*
**fr:** *furcelleran*

**Literatur:**
siehe Carrageen

*L.G.*

G

## Gärungsaktivatoren
→ Hefenährstoffe

## Gallate
(E 310 - E 312)
*Antioxidantien**
Ester der Gallussäure mit sowohl lipophilen als auch hydrophilen Gruppen im Molekül, daher gute Eignung für Emulsionen. Haben auch fungistatische Wirkung. **Anw.**: Am meisten verwendet werden Propylgallat (E 310), Octylgallat (E 311) und Dodecylgallat (E 312) in Konzentrationen von 0,001-0,05 % bei Fetten, Ölen, fetthaltigen Lebensmitteln, Süßwaren und Aromen. Einsatz oft in Kombination mit Butylhydroxyanisol* und Butylhydrxytoluol*. **Zul.:** ZZulV.

**en:** *gallates (propyl, octyl and dodecyl gallate)*
**fr:** *gallates (gallate de propyle, d'octyl et de dodécyl)*

K.G.

## gamma- ...
→ jeweiliges Stichwort

## GdL
→ Glucono-delta-Lacton

## Gebrauchsgegenstände
→ Bedarfsgegenstände

## Gegenklebemittel
→ Formtrennmittel

## Gelatine
→ Speisegelatine

## Gelborange S
Orange RGL (E 110)
*Farbstoff**
Oranger wasserlöslicher Azofarbstoff*.
**Anw.:** In Konzentrationen von 0,005-0,05 % bei Seelachs, Obstkonserven, Getränken, Süßwaren und Kunstspeiseeis, bei Dragees auch in Form des Farblackes*. Ascorbinsäure* wirkt durch Reduktion entfärbend. **Zul.:** ZZulV.

**en:** *sunset yellow FCF, FD&C Yellow No. 6 (US)*
**fr:** *jaune orange S*

Literatur:
OTTERSTÄTTER, S. 140. DFG, L-Orange 2. BERTRAM, S. 25, 32, 46 u. 86.

G.O.

## Geliermittel
Bilden im Gegensatz zu den Verdickungsmitteln* schnittfeste Gele. Einige sind gleichzeitig Verdickungsmittel. Gele entstehen vielfach erst in Gegenwart von Saccharose* und/oder zweiwertigen Metallionen, speziell Calciumionen. Vielfach zur Gelbildung bestimmter pH-Wert notwendig, daher Zusatz von Säureregulatoren* erforderlich. **Anw.:** Aspik, Gelees. **Zul.:** ZZulV.

**en:** *gelling agents*
**fr:** *gélifiants*

Wichtige Geliermittel:

|  |  |
|---|---|
|  | Gelatine* |
| E 400-E 405 | Alginate* |
| E 406 | Agar-Agar* |
| E 407 | Carrageen* |
| E 415 | Xanthan* |
| 418 | Gellan* |
| E 440 | Pektine* |

Literatur:
NEUKOM, H., und PILNIK, W.: Gelier- und Verdickungsmittel in Lebensmitteln. Forster Zürich 1980.
HARRIS, P.: Food Gels. Elsevier London — New York 1990.

E.L.

## Gellan
(418)
*Verdickungsmittel* und Geliermittel**
Von der Bakterienart Pseudomonas elodea abgeschiedenes, hochpolymeres Heteropolysaccharid. Wasserlöslichkeit umgekehrt proportional dem Ionengehalt des Wassers. Ausbildung von Gelen in Gegenwart von Calciumsalzen. Gut ver-

träglich mit anderen Hydrokolloiden.
**Zul.:** Für Lebensmittel nicht zugelassen.
**en:** *gellan gum*
Literatur:
HARRIS, S. 201-232.

*E.L.*

## Gemischte Ester der Mono- und Diglyceride von Speisefettsäuren
→ Mono- und Diglyceride der Speisefettsäuren, verestert mit Weinsäure und Essigsäure

## Generally recognized as safe
→ GRAS

## Geschmacksstoffe
Verleihen Lebensmitteln einen süßen, sauren, bitteren, alkalischen oder salzigen Geschmack, somit eine Ergänzung zu den Aromen*. Besonders wichtig sind Zuckerarten*, Zuckeraustauschstoffe* und Süßstoffe*, die einen süßen Geschmack erzeugen, Säuerungsmittel*, die einen sauren Geschmack bewirken, Bitterstoffe*, die Lebensmitteln einen bitteren Geschmack verleihen, alkalisch schmeckende Stoffe* und Stoffe mit salzigem Geschmack, wie Kochsalz*, Kochsalzersatz* und Ammoniumchlorid*.
**Zul.:** ZZulV und DiätV.

**en:** *flavouring agents*
**fr:** *agents de sapidité*

*E.L.*

## Geschmacksverstärker
Aromaverstärker
Verstärken vorhandenen Geschmack, Geruch oder Aroma eines Lebensmittels, ohne selbst einen auffallenden oder im Lebensmittel besonders hervortretenden Geschmack zu haben. Runden schon in geringen Mengen den Eigengeschmack deutlich ab. **Anw.:** Suppen, Soßen, Fleischerzeugnisse, Gemüseprodukte und viele andere Lebensmittel. **Zul.** ZZulV, DiätV und AromenV.

**en:** *flavour enhancer, taste enhancer*
**fr:** *renforçateurs de goût, exaltateurs d'arôme, exhausteurs de goût*

Wichtige Geschmacksverstärker:
Glutamate*
Inosinate*
Guanylate*
Maltol*
Ethylmaltol*
Literatur:
KAWAMURA, Y., und KARE, M. R.: Umami: A Basic Taste. Marcel Dekker 1987.

*E.L.*

## Gewürze
Zählen im weiteren Sinne zu den Geschmacksstoffen* und den Aromen*. Anwendung geht auf die Uhrzeit der Menschheit zurück. Teile einheimischer oder tropischer Pflanzen, wie Wurzeln, Rhizome, Rinden, Blätter, Blüten, Früchte, Samen oder Teile davon, die oft getrocknet sind und wegen ihres Gehaltes an Geschmacks- und Geruchsstoffen, besonders ätherischen Ölen als würzende oder geschmacksgebende Zutaten der Nahrung beigegeben werden. Wirken appetitanregend und haben manchmal pharmakologische Wirkungen. Werden unverkleinert angeboten oder in Mischungen als Gewürzmischungen, manchmal mit Anwendungshinweisen, wie Einmachgewürz. Gewürzzubereitungen, Gewürzpräparate sind Mischungen von wenigstens 60 % Gewürz mit anderen geschmacksgebenden oder geschmacksbeeinflussenden Zutaten und evtl. darüber hinaus technologisch wirksamen Stoffen. Als Gewürzsalze bezeichnet man Mischungen von Kochsalz mit einem oder mehreren Gewürzen oder Gewürzzubereitungen, die in der Regel mindestens 15 % Gewürze enthalten müssen. Gewürzaromazubereitungen, Gewürzaromapräparate sind Gewürzzubereitungen, bei denen die Gewürze ganz oder teilweise durch natürliche Aro-

mastoffe ersetzt sind. Als Gewürzaromasalze bezeichnet man Gewürzsalze, bei denen die Gewürze ganz oder teilweise durch natürliche Aromastoffe ersetzt sind. Antimikrobielle, antioxidative, enzymatische und quellende Eigenschaften mancher Gewürze meist für die Praxis bedeutungslos. **Anw.**: Fleisch, Fisch, Backwaren, Gemüsezubereitungen. **Zul.**: Regelungen in den Leitsätzen für Gewürze und Gewürzzubereitungen, keine Zusatzstoffe im Sinne des LMBG.

**en:** *spices*
**fr:** *épices*

Literatur:
GERHARDT, U.: Gewürze in der Lebensmittelindustrie. Eigenschaften — Technologien — Verwendung, Behr Hamburg 1990.

*E.L.*

## Glasurmittel
→ Überzugsmittel

## Gleitmittel
→ Formtrennmittel

## Gluconate
(576-579)
*Säureregulatoren*, Nährstoffe*, Festigungsmittel*, Farbstoffe* und Synergisten**
Salze der Gluconsäure. **Anw.**: Als Natriumgluconat (576) und Kaliumgluconat (577) als Säureregulatoren bei Puddings und Dessertspeisen. Calciumgluconat (578) und Eisengluconat (579). Zur Steigerung zur Zufuhr von Calcium-, Eisen-, Kalium- und Magnesiumionen in Diätlebensmitteln, zur Geschmacksverbesserung von Süßstofftabletten, Eisengluconat in Konzentrationen von 320 ppm zur Schwarzfärbung von Oliven. **Zul.**: ZZulV und DiätV.

**en:** *gluconates (sodium, potassium, calcium and iron gluconate)*
**fr:** *gluconates (gluconate de sodium, de potassium, de calcium et de fer)*

Literatur:
siehe Gluconsäure.

*K.G.*

## Glucono-delta-Lacton
Gluconsäure-delta-Lacton, GdL (575)
*Säuerungsmittel* und Geschmacksstoff**
Innerer Ester der Gluconsäure*, in die es sich in Gegenwart von Wasser zurückbildet. Einsatz besonders günstig, wenn es auf langsame Säureproduktion ankommt, z. B. bei Backpulver*, Rohwurst und Sauermilchprodukten. **Anw.**: Säuerungsmittel für Backpulver, vorgefertigte Teige, Puddings, Dessertspeisen, Süßwaren, Brühwürste, Pökelwaren, zur Förderung der Rohwurststreifung, zur Verbesserung der Reifung von Anchosen und zur Herstellung von Fischpräserven. **Zul.**: ZZIV, DiätV und FleischV.

**en:** *glucono-delta-lactone*
**fr:** *lactone d'acide gluconique*

Literatur:
siehe Gluconsäure.

*K.G.*

## Gluconsäure
(574)
*Säuerungsmittel*, Synergist* und Stabilisator**
Wichtiges Stoffwechselprodukt beim Abbau von Kohlenhydraten. Geschmack mild und unaufdringlich. **Anw.**: Auch in Form von Gluconaten* und Glucono-delta-Lacton* zur Säuerung und Geschmacksgebung bei Süßwaren, Puddings, Dessertspeisen, Getränken, als Synergist bei Fetterzeugnissen, zur Stabilisierung von Aussehen, Farbe und Vitamingehalt von zubereitetem Obst und Gemüse, durch Calciumbindung Erhöhung der Wirkung pflanzlicher Quellstoffe. **Zul.**: Kein Zusatzstoff im Sinne des LMBG.

**en:** *gluconic acid*
**fr:** *acide gluconique*

**Literatur:**
WIEDER, S. 76-87.

K.G.

## Gluconsäure-delta-Lacton
→ Glucono-delta-Lacton

## Glucose
Dextrose
*Süßungsmittel**
Kommt in vielen Pflanzen in freier Form vor, besonders in Weintrauben, daher auch als Traubenzucker bezeichnet, sowie in gebundene Form z. B. in den Reservekohlenhydraten Stärke* und Glycogen. Wird im menschlichen Körper insulinabhängig energetisch voll erwertet, daher mit 17 kJ/g bzw. 4 kcal/g der bei Kohlenhydraten übliche Brennwert. Für Diabetiker nicht geeignet. Etwa 60 % der Süßkraft von Saccharose*. Unterliegt Bräunungs- und Karamelisierungsreaktionen in ähnlichem Umfang wie Saccharose. **Anw.:** Auch in Form von Stärkeverzuckerungsprodukten* und in Lösungen und Sirupen anstelle von Saccharose, besonders bei Getränken und Süßwaren. **Zul.:** Kein Zusatzstoff im Sinne des LMBG.

**en:** *glucose, dextrose*
**fr:** *glucose, dextrose*

**Literatur:**
von RYMON LIPINSKY und SCHIWECK, S. 147-181.

v.R.L.

## Glucuronate
*Nährstoffe**
Salze der Glucuronsäure. **Anw.:** In Form von Natrium-, Kalium-, Calcium- und Eisenglucuronat zur Mineralstoffzufuhr bei diätetischen Lebensmitteln. **Zul.:** DiätV.

**en:** *glucuronates (sodium, potassium, calcium and iron glucuronate)*
**fr:** *glucuronates (glucuronate de sodium, de potassium, de calcium et de fer)*

K.G.

## Glutamate
(621- 623 und 625)
*Geschmacksstoffe*,*
*Geschmacksverstärker*,*
*Kochsalzersatz* und Nährstoffe**
Salze der L-Glutaminsäure*. **Anw.:** In Form von Natriumglutamat (621) und Kaliumglutamat (622) in Konzentrationen von 0,01-0,02 % zur Beeinflussung des Geschmackes. Guter Synergismus mit Guanylanten* und Inosinaten*. Kaliumglutamat, Calciumglutamat (623) und Magnesiumglutamat (625) als Kochsalzersatz und zur Herstellung bilanzierter Diäten. **Zul.:** ZZulV, AromenV, FleischV und DiätV.

**en:** *glutamates*
**fr:** *glutamates*

E.L.

## Glutaminsäure
(620)
*Geschmacksstoff*,*
*Geschmacksverstärker*,*
*Kochsalzersatz* und Nährstoff**
Nicht-essentielle Aminosäure*. **Anw.:** In der L-Form und ihres Hydrochlorides sowie in Form von Glutamaten* in Konzentrationen von 0,01-0,02 % zur Beeinflussung des Geschmackes und zur Herstellung bilanzierter Diäten. **Zul.:** ZZulV, AromenV, FleischV und DiätV, als Aminosäure gemäß § 2 Abs. 2 LMBG den Zusatzstoffen gleichgestellt.

**en:** *glutamic acid*
**fr:** *acide glutamique*

E.L.

## Glutardialdehyd
*Festigungsmittel**
Verfestigt durch chemische Reaktion die Struktur von eßbaren Kunstdärmen. **Anw.:** Kunstdärme. **Zul.:** FleischV.

**en:** *glutaraldehyde*
**fr:** *aldéhyde glutarique*

E.L.

## Glycerin

(E 422)
*Trägerlösemittel\* und Feuchthaltemittel\**
Bestandteil aller Fette und Öle. Reguliert die Wasseraktivität von Lebensmitteln, hat leichten Süßgeschmack. Wirkt in hohen Konzentrationen konservierend infolge Erniedrigung der Wasseraktivität. Gutes Lösungsmittel für Antioxidantien*, Farbstoffe* und Aromen*. **Anw.:** Gelatineüberzüge für Fleischerzeugnisse, eßbare Kunstdärme, Kaugummi. **Zul.:** ZZulV, FleischV, DiätV und AromenV.

**en:** *glycerol*
**fr:** *glycérine, glycérol*

*E.L.*

## Glycerinacetate

*Trägerlösemittel\**
Zur Einarbeitung von Aromen*, speziell in Kaugummi. **Anw.:** Kaugummi, Aromen. **Zul.:** ZZulV und AromenV.

**en:** *glycerol actates*
**fr:** *acétates de glycérol, acetates de glycérine*

*E.L.*

## Glycerophosphate

*Nährstoffe\**
Salze der Glycerinphosphorsäure. **Anw.:** In Form der Natrium-, Kalium-, Calcium- und Eisensalze zur Mineralstoffzufuhr bei diätetischen Lebensmitteln und bilanzierten Diäten. **Zul.:** DiätV.

**en:** *glycerophosphates (sodium, potassium, calcium and iron glycerophosphate)*
**fr:** *glycérophosphates (glycérophosphate de sodium, de potassium, de calcium et de fer)*

*E.L.*

## Glycin

*Geschmacksstoff\*,*
*Geschmacksverstärker\* und Nährstoff\**
Nicht-essentielle Aminosäure*. Geschmack leicht süß, etwa 60 % der Süße von Saccharose. Intensiviert den Geschmack von Süßstoffen*. Reagiert mit reduzierenden Zuckern zu Maillard-Produkten. Hat antioxidative Eigenschaften und wirkt in Konzentrationen von 3-5 % antimikrobiell, hauptsächlich gegen Bakterien. **Anw.:** In Form der Natrium- und Kaliumverbindungen oder des Hydrochlorides in Konzentrationen von 0,03-0,05 % zur Beeinflussung des Geschmackes, u. a. bei Süßstofftabletten, sowie zusätzlich als Calcium- und Magnesiumverbindung zur Herstellung bilanzierter Diäten. **Zul.:** ZZulV, AromenV und DiätV, als Aminosäure gemäß § 2 Abs. 2 LMBG den Zusatzstoffen gleichgestellt.

**en:** *glycine*
**fr:** *glycine*

*E.L.*

## Glycyrrhizin

*Süßstoff\* und natürlicher Aromastoff\**
Glycosid aus dem Rhizom der Süßholzpflanze, Glycyrrhiza glabra, daher der Name. Ca. 50 mal süßer als Zucker. Lakritzartiger Beigeschmack. **Anw.:** In Form von Lakritz und Extrakten bei Süßwaren. **Zul.:** Lakritz ist kein Zusatzstoff im Sinne des LMBG.

**en:** *glycyrrhizin*
**fr:** *glycyrrhizine*

Literatur:
von RYMON LIPINSKI und SCHIWECK, S. 461-462.

*v.R.L.*

## Glyoxal

*Festigungsmittel\**
Verfestigt durch chemische Raktion die Struktur von eßbaren Kunstdärmen. **Anw.:** Kunstdärme. **Zul.:** FleischV.

**en:** *glyoxal*
**fr:** *glyoxal*

*E.L.*

## GMP

→ Good Manufacturing Practice

## Gold
(E 175)
*Farbstoff**
Goldfarbenes anorganisches Pigment*.
**Anw.**: Oberflächenfärbung von Süßwaren, Dekoration, als Blattmetall bei Danziger Goldwasser. **Zul.**: ZZulV.
**en:** *gold*
**fr:** *or*
Literatur:
OTTERSTÄTTER, S. 259. DFG,LB-Pigment 7. BERTRAM, S. 50 u. 80.

*G.O.*

## Good Manufacturing Practice
GMP
Aus dem amerikanischen Lebensmittel- und Arzneimittelrecht stammende Bezeichnung für gute Herstellungspraxis. Behandelt im Lebensmittelbereich hygienische Anforderungen an Einrichtungen, Betriebe, Abfüllanlagen und dergleichen. Es gibt auch im Food Chemicals Codex* niedergelegte GMP-Regeln für Zusatzstoff*.

*E.L.*

## GRAS
generally recognized as safe
Bezeichnung aus dem US-amerikanischen Lebensmittelrecht für Substanzen, die nach Ansicht von einschlägigen Experten als sicher gelten. Liste umfaßt Salz, Zucker, Essig, Backpulver und ähnliche Stoffe ebenso wie viele Substanzen, die in den meisten Ländern zu den Zusatzstoffen* zählen, wie z. B. Sorbinsäure*. Bezeichnung entstammt dem frühen Lebensmittelrecht, wird aber immer noch aufrechterhalten. GRAS-Substanzen, die nach US-amerikanischen Recht nicht zu den Zusatzstoffen zählen, können grundsätzlich in den USA allen nicht-standardisierten Lebensmitteln in den technisch erforderlichen Mengen zugesetzt werden, wenn dem keine besonderen Bestimmungen entgegenstehen.

*E.L.*

## Guanylate
(627- 629)
*Geschmacksverstärker**
Salze der Guanosin-5'-monophosphorsäure, einem Baustein der Nukleinsäuren. Guter Synergismus, am besten im Mischungsverhältnis 1:10 mit Glutamaten*, Wirkung 10-20 mal stärker als diese. **Anw.**: In Form des Natriumguanosinates (627), des Kaliumguanosinates (628) und des Calciumguanosinates (629) in Konzentrationen von 0,0075-0,5 % zur Verstärkung des Geschmacks von Suppen, Soßen, Tomatenerzeugnissen, Fleischerzeugnissen und Aromen und in Konzentrationen von 1 % bei Würzmitteln, Kaliumguanosinat und Calciumguanosinat auch als Kochsalzersatz. **Zul.**: In der BR Deutschland nur Natrium- und Kaliumguanosinat in der ZZulV, der AromenV, der FleischV und der DiätV.

**en:** *guanosine-5'-monophosphates*
**fr:** *guanylates*

*E.L.*

## Guar
Guarmehl, Guarkernmehl (E 412)
*Verdickungsmittel* und Trägerstoff**
Gemahlenes und von anhaftenden Schalen und Keimlingen weitgehend befreites Endosperm von Samen der in Indien und Pakistan heimischen Legominose Cyamopsis tetragonoloba, seit 1944 auch im Süden der USA angebaut. Wasserlöslicher Anteil heißt Guaran und ist ein hochmolekulares Galaktomannan. In kaltem und warmem Wasser löslich und schon in niedrigen Konzentrationen hochviskose, jedoch trübe, kolloidale, neutrale, pseudoplastische Lösungen bildend. Viskosität wird durch pH-Änderungen und Elektrolytzusätze nur wenig beeinflußt, wegen der hohen Thixotropie bei starkem Rühren oder mechanischen Beanspruchungen aber reduziert. Zucker erniedrigt die Viskosität. Gelbildung mit einigen mehrwertigen Kationen

Stark wasserbindend, z. B. in Teigen. Meist in Kombinationen mit Johannisbrotkernmehl* und anderen Hydrokolloiden eingesetzt. In Speiseeis wird Eiskristallbildung herabgesetzt, Abschmelzeigenschaften und Hitzeschockbeständigkeit werden gefördert. Verzögert Altbackenwerden von Brot. **Anw.:** Speiseeis, Suppen, Soßen, Desserts, Cremes, Brot, kalorienverminderte Lebensmittel. **Zul.:** ZZulV, MilcherzV, KäseV, SpeiseeisV, AromenV und DiätV.

**en:** *guar gum*
**fr:** *farine de graines de guar*

**Literatur:**
WHISTLER, R. L., und HYMOWITZ, T.: Guar. Agronomy, Production, Industrial Use, and Nutrition. Purdue University Press West Lafayette 1979. NEUKOM und PILNIK, S. 95-112. BURCHARD, S. 134.

*L.G.*

## Guarkernmehl
→ Guar

## Guarmehl
→ Guar

## Gummi arabicum
Arabisches Gummi (E 414)
*Verdickungsmittel*, Trägerstoff* und Flockungsmittel**
Exsudat des Stammes und der Äste von Acacia senegal. Wasserlöslichkeit über 50 %. 40 %ige Lösungen Newtonisch, höherkonzentrierte pseudoplastisch. Gut mischbar mit anderen Hydrokolloiden, außer Alginaten* und Gelatine*. **Anw.:** Süßwaren, Erfrischungsgetränke, Speiseeis, Schlagrahm, Eiweißschäume, Obstwein, in Konzentrationen bis zu 100 ppm zur Stabilisierung von Limonade. **Zul.:** ZZulV, MilcherzV, KäseV, AromenV, FleischV, DiätV und EG-WeinMO.

**en:** *acacia, acacia gum, gum arabic*
**fr:** *gomme arabique*

**Literatur:**
NEUKOM und PILNIK, S. 135-61. BURCHARD, S. 133.

*L.G.*

## Gutta
*Kaumassen**
Gereinigte Pflanzenexsudate aus verschiedenen Pflanzenarten, wie Chicle, Jelutong, Leche di Caspi, Niger, Soh, Siak, Katiau Sorwa, Balata, Malaya und Percha. **Anw.:** Kaugummi. **Zul.:** ZZulV.

*E.L.*

H

**Härtungsmittel**
→ Festigungsmittel

**Hartparaffin**
→ natürliches Hartparaffin

**Hartparaffin**
→ synthetisches Hartparaffin

**Hausenblase**
Fischleim
*Flockungsmittel**
Trockenextrakt aus der Schwimmblase des Hausen oder anderer Störarten. **Anw.:** Wein. **Zul.:** WeinV und EG-WeinMO.
**en:** *isingglass, ichthyocolla*
**fr:** *ichthyocolle*

*E.L.*

**Hefe**
*Mikroorganismenkultur* und
Backtriebmittel**
Kulturen aus Saccharomyces cerivisiae. Seit Jahrtausenden zur Herstellung von Wein, Bier und Backwaren (Bäckerhefe) verwendet. Dient der Lockerung von Gebäcken durch das bei der Gärung in feinen Bläschen freigesetzte Kohlendioxid. Erzeugt im Gegensatz zu Backpulver* besondere Geschmackseigenarten. Auch angewendet in Form der besser haltbaren Trockenhefe. **Zul.:** EG-WeinMO und BiersteuerG, gemäß § 11 Abs. 3 LMBG Zusatzstoff, der keiner besonderen Zulassung bedarf.
**en:** *yeast*
**fr:** *levure*

*E.L.*

**Hefenährstoffe**
Gärungsaktivatoren
Nährstoffe für Gärhefen, besonders für die Herstellung von Obstweinen, weniger für Traubenweine. Hauptsächlich angewendet werden Ammoniumsalze* in Konzentrationen von 0,2-0,3 % als Stickstoffquelle, Orthophosphate* als Phosphorquelle und Thiamin* in Konzentrationen von 0,6 ppm. **Anw.:** Obst- und Traubenmaischen. **Zul.:** WeinV und EG-WeinMO.
**en:** *yeast nutrients, yeast food, fermenting aids*
**fr:** *aliments des leuvres*

*E.L.*

**Heferinden**
**Anw.:** In Mengen bis zu 0,04 % bei Wein. **Zul.:** EG-WeinMO.
**en:** *yeast ghosts*

*E.L.*

**Hemmstoffe für Enzyme**
→ Enzymhemmstoffe

**Hexacyanoferrate**
→ Ferrocyanide

**Hexamethylentetramin**
(E 239)
*Konservierungsstoff**
Antimikrobielle Wirkung beruht auf dem im sauren Milieu in Freiheit gesetzten Formaldehyd*. Früher wichtiger Konservierungsstoff für Fischpräserven. **Anw.:** In Konzentrationen von 0,02-0,03 % bei Fischmarinaden und Provolone. **Zul.:** In Italien für Provolone, in Skandinavien für Fischpräserven, in der BR Deutschland nicht mehr zugelassen.
**en:** *hexamethylentetramine*
**fr:** *hexaméthylènetétramine*
**Literatur:**
LÜCK, S. 123-127.

*E.L.*

**Hexan**
*Extraktionslösemittel**
**Anw.:** Fett- und Kakaobutterextraktion, Entfettung von Getreidemahlerzeugnissen, Sojaprodukten und Mehl. **Zul.:** ELV.
**en:** *hexane*
**fr:** *hexane*

*E.L.*

## Hirschhornsalz
(503)
*Backtriebmittel**
Besteht aus Ammoniumcarbonat, Ammoniumhydrogencarbonat und Ammoniumcarbaminat. Zersetzt sich beim Lagern an der Luft langsam unter Bildung von Ammoniak, Kohlendioxid und Wasser und muß deshalb in gut verschlossenen Behältnissen aufbewahrt werden. Zerfall verläuft in der Hitze sehr viel schneller. **Anw.:** Trockene, schnell gebackene Flachgebäcke. Wird nach dem Vorlösen in Wasser dem Teig zugegeben. Die gasförmigen Umsetzungsprodukte lockern während der Backhitze den Teig, allerdings können Reste von Ammoniak im fertigen Gebäck zurückbleiben. **Zul.:** ZZulV.
**en:** *hartshorn salt*

*E.L.*

## Histidin
*Geschmacksstoff*,
Geschmacksverstärker* und Nährstoff**
Semi-essentielle, nur für den Säugling essentielle Aminosäure*. **Anw.:** In der L-Form, ihrer Natrium- und Kaliumverbindungen oder des Hydrochlorides in Konzentrationen von 0,03-0,05 % zur Beeinflussung des Geschmackes sowie zusätzlich als Calcium- und Magnesiumverbindung zur Herstellung bilanzierter Diäten. **Zul.:** ZZulV, AromenV und DiätV, als Aminosäure gemäß § 2 Abs. 2 LMBG den Zusatzstoffen gleichgestellt.
**en:** *histidine*
**fr:** *histidine*

*E.L.*

## Hopfen
*Bitterstoff**
Wirkt durch in ihm enthaltenes bitterschmeckendes Humulon und Lupulon. Unterstützt durch seinen Pektingehalt die Schaumbildung von Bier und unterstützt infolge des Gehaltes an Gerbstoffen die Ausfällung von Eiweißen. **Anw.:** In getrockneter oder Extraktform bei Bier. **Zul.:** BiersteuerG, kein Zusatzstoff im Sinne des LMBG.
**en:** *hops*
**fr:** *houblon*

Literatur:
KNORR, F., und KREMKOW, C.: Chemie und Technologie des Hopfens, Brauwelt Nürnberg 1972.

*E.L.*

## p-Hydroxybenzoesäure, Ester der
→ Ester der p-Hydroxybenzoesäure

## p-Hydroxybenzoesäureester
→ Ester der p-Hydroxybenzoesäure

## Hydroxybiphenyl
→ Orthophenylphenol

## Hydroxycitronellal
*Künstlicher Aromastoff**
Geruch blumig. **Anw.:** Auch in Form des Dimethyl- und Diethylacetals in Konzentrationen von 0,3-20 ppm bei Getränken, Backwaren, Süßwaren, Eiscreme, Kaugummi. **Zul.:** AromenV.

**en:** *hydroxycitronellal, hydroxycitronellal dimethyl actal, hydroxycitronellal diethyl acetal*
**fr:** *hydroxy citronellal, diméthyl acétal de l'hydroxy citronellal, diéthyl acétal de l'hydroxy citronellal*

Literatur:
FURIA und BELLANCA, Band 2, S. 263-264.

*E.L.*

## Hydroxypropylcellulose
(E 463)
*Verdickungsmittel*, Stabilisator* und Füllstoff**
Wird im Körper nicht abgebaut, daher kalorienfrei. In kaltem Wasser kolloidal löslicher Celluloseether*. Flockt in heißem Wasser aus, löst sich beim Abkühlen wieder vollständig. Lösungen in einem weiten pH-Bereich stabil und wenig elektrolytempfindlich. **Anw.:** Speise-

eis, Milchmischgetränke, Backwaren, Salatmayonnaise, Soßen, Fischerzeugnisse, kalorienverminderte Lebensmitteln. **Zul.:** In einigen Ländern, in der BR Deutschland nicht zugelassen.
**en:** *hydroxypropyl cellulose*
**fr:** *hydroxypropylcellulose*
**Literatur:**
BURCHARD, S. 187.

*L.G.*

## Hydroxypropylmethylcellulose

Methylhydroxypropylcellulose (E 464)
*Verdickungsmittel\*, Stabilisator\* und Füllstoff\**
Wird im Körper nicht abgebaut, daher kalorienfrei. In kaltem Wasser kolloidal löslicher Celluloseether\*. Flockt in heißem Wasser aus, löst sich beim Abkühlen wieder vollständig. Lösungen in einem weiten pH-Bereich stabil und wenig elektrolytempfindlich. **Anw.:** Speiseeis, Milchmischgetränke, Backwaren, Mayonnaise, Soßen, Fischerzeugnisse, Kaugummi, kalorienverminderte Lebensmitteln. **Zul.:** ZZulV.

**en:** *hydroxypropyl methyl cellulose*
**fr:** *hydroxypropylméthylcellulose*

*L.G.*

I

## Indigotin I
Indigo-Karmin (E 132)
*Farbstoff**
Blaues wasserlösliches Indigoid. **Anw.:** In Konzentrationen von 0,01-0,03 % bei Likören, Süßwaren und Kunstspeiseeis, bei Dragees auch in Form des Farblackes*. **Zul.:** ZZulV.
**en:** *indigotine, FD&C Blue No. 2 (US)*
**fr:** *indigotine*
Literatur:
OTTERSTÄTTER, S. 220. DFG, L-Blau 2. BERTRAM, S. 25, 47 u. 91.

*G.O.*

## Inosinate
(631- 633)
*Geschmacksverstärker**
Salze der Inosin-5'-monophosphorsäure, einem Baustein der Nukleinsäuren. Guter Synergismus, am besten im Mischungsverhältnis 1:10 mit Glutamaten*, Wirkung 10-20 mal stärker als diese. **Anw.:** In Form des Natriuminosinates (631), des Kaliuminosinates (632) und des Calciuminosinates (633) in Konzentrationen von 0,0075-0,5 % zur Verstärkung des Geschmacks von Suppen, Soßen, Tomatenerzeugnisse, Fleischerzeugnissen und Aromen und in Konzentrationen von 1 % bei Würzmitteln, Kaliuminosinat und Calciuminosinat auch als Kochsalzersatz. **Zul.:** In der BR Deutschland nur Natrium- und Kaliuminosinat in der ZZulV, der AromenV, der FleischV und der DiätV.
**en:** *inosine-5'-monophosphates*
**fr:** *inosinates*

*E.L.*

## Inosit
myo-Inosit
*Vitamin**
In der Nahrung in ausreichender Menge vorhanden, Bedarfsnotwendigkeit und Vitamincharakter für den Menschen umstritten. **Anw.:** Bilanzierte Diäten. **Zul.:** DiätV.
**en:** *inositol*
**fr:** *inositol*

*E.L.*

## Inosithexaphosphate
→ Phytate

## INS-Nummern
→ International Numbering System

## International Numbering System
Vom Zusatzstoff-Komitee (Food Additives Committee) des Codex Alimentarius (CCFAC) geschaffenes drei- bis vierziffriges Kenn-Nummer-System (INS-Nummer) für Zusatzstoffe*. Soll Zusatzstoffe leichter und sicherer identifizieren und Sprach- und Übersetzungsfehler vermeiden. Nummern sind weitgehend identisch mit den E-Nummern*, soweit es solche gibt. Liste der INS-Nummern deutlich umfangreicher als die der E-Nummern.

*E.L.*

## Invertase
Enzym aus Hefe. Spaltet Saccharose* in Glucose* und Fructose*. **Anw.:** Süßwaren, wo man ein Weichhalten von Füllungen und Marzipan erreicht. Der aus Saccharose entstehende Invertzucker ist hygroskopisch und verhindert damit das Austrocknen und neigt nicht zur Kristallisation. **Zul.:** Gemäß § 11 Abs. 3 LMBG Zusatzstoff, der keiner besonderen Zulassung bedarf.
**en:** *invertase*
**fr:** *invertase*

*E.L.*

## Invertzucker
*Säuerungsmittel**
Durch Säure oder Enzyme teilweise in Glucose* und Fructose* gespaltene Saccharose*. Angeboten in Form von Lösun-

gen und Sirupen mit unterschiedlichem Anteil an gespaltener Saccharose (Invertierungsgrad) und Trockensubstanz. Bestandteile werden als Kohlenhydrate im menschlichen Körper energetisch voll verwertet, daher mit 17 kJ/g bzw. 4 kcal/g der bei Kohlenhydraten übliche Brennwert. Unverträglich für Diabetiker. **Anw.:** Getränke, Süßwaren. **Zul.:** ZuckerartenV, kein Zusatzstoff im Sinne des LMBG.
**en:** *invert sugar*
**fr:** *sucre inverti*

Literatur:
von RYMON LIPINSKI und SCHIWECK, S. 138-142.

v.R.L.

## Iod
*Spurenelement\**
In Lebensmitteln, außer Seefischen und im Trinkwasser mancher Gegenden oft nicht in ausreichenden Mengen vorhanden. Deshalb gezielte Zufuhr grundsätzlich wünschenswert. **Anw.:** In Form von Natrium-, Kaliumiodid und -iodat in Konzentrationen von 15-25 ppm zum Kochsalz*, nur in Form von Kaliumiodat zu Kochsalzersatz*, bei bilanzierten Diäten und anderen diätischen Lebensmitteln. **Zul.:** ZZulV und DiätV.
**en:** *iodine*
**fr:** *iode*

E.L.

## Iodate
*Spurenelemente\**
**Anw.:** In Form von Natrium- und Kaliumiodat in Konzentrationen von 15-25 ppm, berechnet als Iod*, zur Iodanreicherung von Kochsalz*, zur Iodanreicherung von Kochsalzersatz* nur Kaliumiodat. **Zul.:** ZZulV und DiätV.
**en:** *iodates (sodium and potassium iodate)*
**fr:** *iodates (iodate de sodium et de potassium)*

E.L.

## Iodide
*Spurenelemente\**
**Anw.:** In Form von Natrium- und Kaliumiodid in Konzentrationen von 15-25 ppm, berechnet als Iod* zur Iodanreicherung von Kochsalz* und für bilanzierte Diäten. **Zul.:** DiätV.
**en:** *iodides (sodium and potassium iodide)*
**fr:** *iodures (iodure de sodium et de potassium)*

E.L.

## Ionenaustauscher
Sammelbezeichnung für Elektrolyte, die ein Ionenart leicht austauschen, z. B. Calcium gegen Natrium. Meist wasserunlösliche Aluminiumsilikate* oder Polymere. Im weiteren Sinne hierher gehört auch die Entsäuerung, d.h. der Austausch von Wasserstoff gegen Kalium oder Natrium. **Anw.:** Wasserenthärtung, Entfernen von Natrium aus Milch oder Zuckerrübensaft, Entsäuerung von Fruchtsäften und Most. **Zul.:** Sind in vielen Ländern keine Zusatzstoffe, in der BR Deutschland gemäß § 11 Abs. 2 LMBG Zusatzstoffe, die keiner besonderen Zulassung bedürfen, wenn sie aus Lebensmitteln wieder entfernt werden.
**en:** *ion exchanger*
**fr:** *échangeurs d'ions*

E.L.

## Irisch Moos
→ Carrageen

## Isoascorbinsäure
Erythorbinsäure
*Antioxidans\* und Farbstabilisator\**
Epimeres der Ascorbinsäure*. Besitzt zwar deren Reduktionseigenschaften, hat aber nur maximal 5 % der Vitamin C-Wirkung der Ascorbinsäure. Verhütet Geschmacksveränderungen und wirkt als Umrötungsmittel*. **Anw.:** Fleischerzeugnisse, tiefgekühlte Früchte, Konfitüren,

Bier. **Zul.:** In einigen Ländern, in der BR Deutschland nicht zugelassen.
**en:** *isoascorbic acid, erythorbic acid*
**fr:** *acide isoascorbique*

*E.L.*

### Isobutan
*Extraktionslösemittel\**
**Zul.:** ELV.
**en:** *isobutane*
**fr:** *iso-butane*

*E.L.*

### Isobutylen-Isopren-Copolymerisate
*Kaumassen\**
Synthetische Harze. **Anw.:** Kaugummi. **Zul.:** ZZulV.

*E.L.*

### Isoleucin
*Geschmacksstoff\*, Geschmacksverstärker\* und Nährstoff\**
Essentielle Aminosäure*. **Anw.:** In der L-Form, ihrer Natrium- und Kaliumverbindungen oder des Hydrochlorides in Konzentrationen von 0,03-0,05 % zur Beeinflussung des Geschmackes sowie zusätzlich als Calcium- und Magnesiumverbindung zur Herstellung bilanzierter Diäten. **Zul.:** ZZulV, AromenV und DiätV, als Aminosäure gemäß § 2 Abs. 2 LMBG den Zusatzstoffen gleichgestellt.
**en:** *isoleucine*
**fr:** *isoleucine*

*E.L.*

### Isomalt
(E 953)
*Zuckeraustauschstoff\**
Gemisch aus gleichen Teilen der Disaccharidalkohole alpha-D-Glucopyranosido-1, 1-mannit und alpha-D-Glucopyranosido-1,6-sorbit. Herstellung durch Hydrierung von Isomaltulose, die enzymatisch aus Saccharose* gewonnen wird. Wird im menschlichen Körper insulinunabhängig und energetisch nicht vollständig verwertet. Brennwert 2,4 kcal/g bzw. 10 kJ/g. Verträglich für Diabetiker. Ca. 0,3-0,5fache Süßkraft von Zucker. Reiner Süßgeschmack. Geschmacklich gut mit anderen Zuckeralkoholen und Süßstoffen* verträglich. Gute Hydrolyse-, Temperatur- und Lagerstabilität, nicht hygroskopisch, nicht kariogen. **Anw.:** In entsprechenden Mengen wie Zucker, in verschiedenen Süßwaren bis nahezu 100 %. **Zul.:** ZZulV.
**en:** *isomalt*
**fr:** *isomalt*

**Literatur:**
von RYMON LIPINSKI und SCHIWECK, S. 325-352.
O'BRIEN NABORS und GELARDI, S. 309-332.

*v.R.L.*

### Isopropanol
Isopropylalkohol, Propan-2-ol
*Trägerlösemittel\**
Gutes Lösevermögen für viele organische Stoffe, z. B. Aromen*. Deshalb gut brauchbar als Trägerlösemittel, um kleine Mengen dieser Stoffe in Lebensmittel zu inkorporieren. Aus steuerlichen Gründen preiswerter als Ethanol*. **Zul.:** AromenV.
**en:** *isopropanol*
**fr:** *isopropanol*

*E.L.*

### Isopropylalkohol
→ Isopropanol

J

## Johannisbrotkernmehl
(E 410)

*Verdickungsmittel\* und Trägerstoff\**
Gemahlenes und von anhaftenden Schalen und Keimlingen weitgehend befreites Endosperm der Samen des in Mittelmeerländern heimischen Baumes Ceratonia siliqua. Mit Wasser extrahiertes reines Polysaccharid heißt Carubin und ist ein hochmolekulares neutrales Galaktomannan. Wird vom Organismus nicht verwertet. Nur in heißem Wasser bei 95°C vollständig löslich, in kaltem Wasser nur quellbar unter Ausbildung zäher, selbst in hoher Verdünnung hochviskoser, pseudoplastischer und gegen pH-Einflüsse und Elektrolytzusätze wenig empfindlicher Lösungen. Erhöhte Temperaturen und pH-Werte unter 3 bewirken Hydrolyse. Auch empfindlich gegen manche Enzyme und Oxidationsmittel. Sehr hohes Wasserbindungsvermögen, auch in Teigen. 2-5 %ige Aufquellungen sind gelartig fest. Verzögert Altbackenwerden von Brot. Besonders als Kombinationspartner für gelbildende Hydrokolloide eingesetzt. In Kombination mit Xanthan\* tritt extreme Viskositätssteigerung ein, die bis zu gelartiger Beschaffenheit führt. Verhindert Eiskristallbildung in Speiseeis **Anw.:** Suppen, Soßen, Gelees, Eiscreme, Brot, kalorienverminderte Lebensmittel, in Konzentrationen bis 100 ppm zur Stabilisierung von Limonade. **Zul.:** ZZulV, MilcherzV, KäseV, SpeiseeisV, AromenV und DiätV.

**en:** *carob bean gum, locust bean gum*
**fr:** *gomme de caroube, farine de graine de caroube*

**Literatur:**
NEUKOM und PILNIK, S. 95-112. BURCHARD, S. 134.

*L.G.*

K

## Kältemittel
→ Kühlmittel

## Käselab
→ Lab

## Kalium
Mineralstoff*
In Lebensmitteln meist in ausreichenden Mengen vorhanden, deshalb nur in besonderen Fällen gezielter Zusatz sinnvoll. **Anw.**: In Form des Carbonates, Chlorides, Citrates, Gluconates, Glycerophosphates, Lactates und Orthophosphates für bilanzierte Diäten und andere diätetische Lebensmittel. **Zul.**: DiätV.
**en:** potassium
**fr:** potassium
E.L.

## Kalium ...
→ auch entsprechende Anionen

## Kaliumcarbonat
Pottasche (501)
Backtriebmittel*, Aufschlußmittel* und Säureregulator*
Dient der Lockerung von festen Teigen, z. B. von Lebkuchen. Teige werden stärker gebräunt als bei Verwendung von Backpulver. Aufschlußmittel für Rohkakao und Kaffee-Ersatz. **Zul.**: ZZulV, DiätV, KakaoV, KaffeeV, MilcherzV und AromenV.
**en:** potassium carbonate
**fr:** carbonate de potassium
E.L.

## Kaliumhydroxid
(525)
Säureregulator* und Aufschlußmittel*
**Anw.**: Säureregulator bei der Saccharoseinversion, Stärke- und Eiweißhydrolyse sowie Aufschlußmittel für Rohkakao und Milcheiweiß. **Zul.**: ZZulV, KakaoV und MilcherzV.

**en:** potassium hydroxide
**fr:** hydroxyde de potassium
E.L.

## Kaliumpermanganat
Bleichmittel*
Wirkt durch Oxidation bleichend, beseitigt oxidationsempfindliche Verunreinigungen aus Trinkwasser. **Anw.**: Stärke, Trinkwasser. **Zul.**: ZZulV und TrinkwV.
**en:** potassium permanganate
**fr:** permanganate de potassium
E.L.

## Kalkwasser
→ Calciumhydroxid

## Kaltentkeimungsmittel
→ Entkeimungsmittel

## Kaolin
Kaolinerde (559)
Filterhilfsmittel* und Flockungsmittel*
Aus Tonmineralien gewonnene Aluminiumsilikate. **Anw.**: Fruchtsäfte, Wein, Bier. **Zul.**: Fruchtnektar- und FruchtsirupV, FruchtsaftV und EG-WeinMO.
**en:** kaolin
**fr:** caolin
**Literatur:**
KUHNERT, S. 127-129.
E.L.

## Kaolinerde
→ Kaolin

## Karamel
→ Karamelzucker

## Karamelzucker
Karamel, Caramel
Aromastoff* und Geschmacksstoff*
Herstellung durch bloßes Erhitzen (Schmelzen) von Saccharose*. Intensität der hell- bis dunkelbraunen Farbe hängt von der Behandlungsdauer und -temperatur ab. Enthält charakteristische Aromastoffe. Geschmack süß bis bittersüß.

# Karmin

Abzugrenzen von Zuckerkulör*. **Anw.:** Essig, Likörwein, Likör, Bonbons, Soßen, Pudding. **Zul.:** BierV, EG-WeinMO, kein Zusatzstoff im Sinne des LMBG.
**en:** caramel
**fr:** caramel

*E.L.*

## Karmin
Karminsäure, Cochenille (E 120)
*Farbstoff**
Roter wasserlöslicher Anthrachinonfarbstoff. Begriffe Karmin, Karminsäure und Cochenille werden häufig synonym verwendet, betreffen jedoch drei verschiedene Stoffe. Cochenille sind die getrockneten Körper weiblicher Scharlach-Schildläuse, Coccus cacti, die etwa 10 % eines roten Farbstoffes enthalten, eine Alkali-Protein-Verbindung der Karminsäure. Durch Extraktion des Farbstoffes erhält man die reine wasserlösliche Karminsäure. Karmin, Karmin Naccarat, ist der daraus durch Fällung mit Aluminiumsalzen hergestellte Farblack*. Cochenille ist nicht zu verwechseln mit Cochenillerot A, siehe Ponceau 4R*, einem roten, wasserlöslichen Azofarbstoff. **Anw.:** Getränke, Süßwaren. **Zul.:** ZZulV.
**en:** cochineal, carminic acid
**fr:** cochenille, acide carminique

**Literatur:**
OTTERSTÄTTER, S. 238. DFG, L-Rot 7. BERTRAM, S. 31, 46, 52, 65 u. 75.

*G.O.*

## Karminsäure
→ Karmin

## Kasein
→ Casein

## Katalysatoren
*Verarbeitungshilfen**
Bechleunigen chemische Reaktionen ohne sich selbst zu verändern. Im weiteren Sinne dazu gehören Enzympräparate*. **Anw.:** Hydrierung ungesättigter Fette mit Hilfe von Nickel zur Erzeugung hochschmelzender Koch-, Brat-, Backfette und Margarine (Fetthärtung), Umesterung von Fetten. **Zul.:** Sind in vielen Ländern keine Zusatzstoffe, in der BR Deutschland gemäß § 11 Abs. 2 LMBG Zusatzstoffe, die keiner besonderen Zulassung bedürfen, wenn sie aus Lebensmitteln wieder entfernt werden.
**en:** catalysts
**fr:** catalyseurs

*E.L.*

## Kaugummibasen
→ Kaumassen

## Kaumasse-Grundstoffe
→ Kaumassen

## Kaumassen
Kaugummibasen, Kaumasse-Grundstoffe
Bilden die Grundlage für Kaugummi. Müssen bei Körpertemperatur eine gute Plastizität aufweisen und dem Biß einen merklichen Widerstand entgegensetzen. Werden in aller Regel in Mischungen miteinander verwendet. **Anw.:** Kaugummi. **Zul.:** ZZulV.
**en:** chewing gum bases, masticatory substances
**fr:** gommes bases

Wichtige Kaumassen:
| | |
|---|---|
| 901 | Bienenwachs* |
| | Butadien-Styrol-Copolymerisate* |
| 902 | Candelillawachs* |
| 903 | Carnaubawachs* |
| | Glycerinacetate* |
| | Gutta* |
| | Isobutylen-Isopren-Copolymerisate* |
| | Kautschuk* |
| | Mastix* |
| 907 | Mikrokristalline Wachse* |
| | Kolophonium* |
| 915 | Kolophonester* |
| 905 | Paraffine* |

Polyethylen*
Polyisobutylen*
Polyvinylester der unverzweigten Fettsäuren $C_2$ bis $C_{18}$*
Propylenglykol*
910 Wachsester*
913 Wollwachs*
*E.L.*

### Kautschuk
natürlicher Kautschuk
*Kaumasse**
Gereinigte Pflanzenexsudate, vorwiegend von Heva brasiliensis. **Anw.**: Kaugummi. **Zul.**: ZZulV.
*E.L.*

### Kellerbehandlungsmittel
Fachausdruck für die bei der Weinbereitung verwendeten Hilfs- und Zusatzstoffe, wie Schwefeldioxid*, Flockungsmittel*, Filterhilfsmittel*, Hefe*, Hefenährstoffe*, Enzympräparate*, Sulfite*, Schwefeldioxid*, Ascorbinsäure*. **Zul.**: WeinV und EG-WeinMO.
*E.L.*

### Kennzeichnungsstoffe
Markierungssubstanzen
Zusätze zu Zutaten oder Lebensmitteln, um deren Identität zu kennzeichnen oder deren Nachweis zu erleichtern, insbesondere bei besteuerten oder subventionierten landwirtschaftlichen Erzeugnissen, wie Milchpulver für Futterzwecke, Butter und Butterschmalz, Kochsalz*, Ethanol* und Saccharose* für industrielle Zwecke.
**en:** *tracers*
**fr:** *traceurs*
*E.L.*

### Kieselgel
*Fällungsmittel**
Kolloidales Silicumdioxid mit hohem Adsorptionsvermögen. **Anw.**: Most, Wein.

**Zul.**: Fruchtnektar- und FruchtsirupV, FruchtsaftV, AV WeinG und EG-WeinMO.
**en:** *silica gel*
**fr:** *gel de silice*
*E.L.*

### Kieselgur
*Filterhilfsmittel**
Sehr feinkörniges, lockeres Siliciumdioxid aus mineraliserten Algen. Hohes Aufsaugvermögen, gute Filterleistung. **Anw.**: Fruchtsäfte, Wein, Bier. **Zul.**: Schaumwein-BranntweinV und EG-WeinMO, gemäß § 11 Abs. 2 LMBG Zusatzstoff, der keiner besonderen Zulassung bedarf, weil er im Fertiglebensmittel nicht mehr vorhanden ist.
**en:** *kieselguhr*
**fr:** *kieselguhr, farine fossile*
*E.L.*

### Kieselsäure
kolloidale Kieselsäure (551)
*Rieselhilfsmittel*, Trägerstoff* und Fällungsmittel**
Kolloidales Siliciumdioxid mit hohem Adsorptionsvermögen. Verhindert Zusammenbacken von Kochsalzkristallen und anderen pulverförmigen Lebensmitteln. **Anw.**: In Konzentrationen von 1-2 % bei Speisesalz, Gewürzsalzen, Würzmitteln, Tomaten- und anderen Fruchtpulvern, Trockensuppen, Soßenpulvern, Süßwaren, Kaugummi, pulverförmige Aromen. **Zul.**: ZZulV, AromenV, TrinkwV, AV WeinG, WeinV und EG-WeinMO.
**en:** *silicic acid*
**fr:** *acide silicique*
**Literatur:**
KUHNERT, S. 113-117.
*E.L.*

### Kieselsol
*Fällungsmittel*
15 oder 30 %ige kolloidale wäßrige Lösung von amorphem Siliciumdioxyd. Anwendung meist zusammen mit Gelatine.*

**Anw.:** Most, Wein. **Zul.:** Fruchtnektar- und FruchtsirupV, FruchtsaftV, WeinV, AV WeinG und EG-WeinMO.

**en:** silica sol
**fr:** sol de silice

*E.L.*

## Klärerde
→ Tone

## Klärmittel
→ Flockungsmittel

## Klärton
→ Tone

## Klassennamen
Bei Zusatzstoffen* in der Lebensmittel-Kennzeichnungsverordnung festgelegte Namen für Zusatzstoffgruppen, die den jeweiligen Anwendungsgrund nennen, wie Farbstoffe*, Konservierungsstoffe*, Emulgatoren*, Verdickungsmittel*. Müssen zusammen mit der Verkehrsbezeichnung oder der E-Nummer* auf den Zutatenlisten angegeben werden. Fällt ein Stoff unter mehrere Klassennamen, so ist der Klassenname zu verwenden, der im jeweiligen Falle der hauptsächlichen Wirkung entspricht.

*E.L.*

## Kochsalz
Speisesalz, „Salz", Natriumchlorid
*Geschmacksstoff*,
*Geschmacksverstärker* und
*Konservierungsstoff**
Bereits im alten Testament als Speisezutat mit kultischem Charakter erwähnt. Als Konservierungsstoff bereits im frühen Ägypten, im vorderen Orient und im alten Rom bekannt. Ist ein wesentlicher Faktor für die Aufrechterhaltung des osmotischen Druckes der Körperflüssigkeiten und als Natriumquelle lebensnotwendig. Wird aufgrund seiner guten Wasserlöslichkeit schnell ausgeschieden. Lediglich bei bestimmten Herz-, Kreislauf- und Nierenerkrankungen kontraindiziert; dann Kochsalzersatz angebracht. Herstellung aus Meerwasser (Meersalz, Seesalz), durch bergmännischen Abbau (Steinsalz, Hüttensalz) oder durch Eindampfen von Sole oder Salzlösungen (Siedesalz). Mit Abstand wichtigster Stoff, Lebensmitteln den gewohnten salzigen Geschmack zu geben. Wird fast allen Lebensmitteln, außer Getränken und Obsterzeugnissen in Konzentrationen von 0,2-4 % zugesetzt. Kleine Mengen verstärken den Geschmack anderer Lebensmittelinhaltsstoffe. Wirkt in Konzentrationen über 3 % antimikrobiell durch Erniedrigung der Wasseraktivität. Aus geschmacklichen Gründen hohe und antimikrobiell wirksame Konzentrationen nur bei Vor- oder Zwischenprodukten tragbar, bei denen Kochsalz wieder aus dem fertigen Lebensmittel entfernt wird, z. B. durch Wässern, wie beim Salzfleisch oder Salzfisch. Anw.: Fettemulsionen, wie Butter und Margarine, Käse, Eiprodukte, Fleischwaren, Fischerzeugnisse, Gemüseprodukte, Suppen, Soßen, Fertiggerichte. Zul.: In den meisten Ländern kein Zusatzstoff, auch nicht in der BR Deutschland.

**en:** table salt, "salt", sodium chloride
**fr:** sel de cuisine, "sel", chlorure de sodium

**Literatur:**
LÜCK, S. 57-64.

*E.L.*

## Kochsalzersatz
*Geschmacksstoffe**
Nach Kochsalz* schmeckende Stoffe, die von Personen verwendet werden können, die aus medizinischen Gründen letzteres nur in eingeschränktem Maße benutzen dürfen, insbesondere wenig oder kein Natrium zu sich nehmen dürfen. Wird hauptsächlich in Form von Zubereitungen für den Haushalt verwendet, aber auch bei der handwerklichen und

industriellen Herstellung von Lebensmitteln. **Zul.:** DiätV.

**en:** *salt substitutes, diet salts*
**fr:** *substituts du sel, faux sels*

Wichtige Kochsalzersatzstoffe:
| | |
|---|---|
| 356-357 | Adipate* |
| | Succinate* |
| 622-625 | Glutamate* |
| 501 | Kaliumcarbonat* |
| 504 | Magnesiumcarbonat |
| E 326-E 327 | Lactate* |
| 508-511 | Chloride* |
| E 336 | Kaliumtartrat |
| 354 | Calciumtartrat |
| | Magnesiumtartrat |
| E 332-E 333 | Citrate* |
| E 340 | Monokaliumphosphat |
| 355 | Adipinsäure* |
| 620 | Glutaminsäure* |
| 515 | Kaliumsulfat |
| 1001 | Salze des Cholins* |
| 628 | Kaliumguanylat* |
| 632 | Kaliuminosinat* |

*E.L.*

**Kohlendoxid**
„Kohlensäure"(E 290)
*Schutzgas*, Treibgas*,
Kontaktgefriermittel*, Säuerungsmittel*
und Extraktionslösemittel**
Wirkt als Schutzgas durch Verdrängung des Sauerstoffs, der unerwünschte oxidative oder mikrobiologische Veränderungen bewirken kann. Anwendung oft in Mischung mit Stickstoff*. Hat im Gegensatz zu diesem selbst eine antimikrobielle Wirkung und wurde früher genutzt zur Einlagerung von Obstsäften unter einem Kohlendioxid-Druck von etwa 7 bar (Seiz-Böhi-Verfahren). Wird zur Kühlung und zum Gefrieren in flüssigem oder festem Zustand in direkten Kontakt mit dem einzufrierenden Produkt gebracht. Durch Verdampfen des Kohlendioxids verlustarme Übertragung des Kälteinhalts auf das Gefriergut. In Getränken, wie Mineralwässern, alkoholfreien Erfrischungsgetränken, Bier und Schaumwein trägt Kohlendioxid wesentlich zu dem erfrischenden Geschmack bei. Kann sich in Getränken bilden (Gärungskohlensäure) oder aber nachträglich zugesetzt werden. In neuerer Zeit mehr und mehr in überkritischer Form als Extraktionsmittel zur Entcoffeinierung von Rohkaffee, Extraktion von Hopfen*, Gewürzen* und Aromen* verwendet. Vorteile sind hohe Selektivität, Produktschonung und Vermeidung von Rückstands- und Emissionsproblemen.
**Anw.:** Käseerzeugnisse, Snackprodukte, Getränke, Kaffee, Hopfen, Gewürze, Aromen. **Zul.:** ZZulV, MilcherzV, KäseV, FruchtsaftV, Fruchtnektar- und Fruchtsirupv, WeinV, Schaumwein-BranntweinV, Mineral- und TafelwasserV, BierV und EG-WeinMO.

**en:** *carbon dixide*
**fr:** *dioxide de carbone, gaz carbonique*

Literatur:
LÜCK, S. 70-76. STAHL, E., QUIRIN, K. W. und GERARD, D.; Verdichtete Gase zur Extraktion und Raffination. Springer Berlin — Heidelberg — New York, London — Paris — Tokio 1987.

*E.L.*

**„Kohlensäure"**
→ Kohlendioxid

**Kohlenschwarz**
→ Carbo medicinalis vegetabilis*

**Kolloidale Kieselsäure**
→ Kieselsäure

**Kolophonester**
(915)
*Kaumassen**
Ester des Kolophoniums* mit mehrwertigen Alkoholen, z. B. Glycerin, auch in hydrierter oder polymerisierter Form. **Anw.:** Kaugummi. **Zul.:** ZZulV.

**en:** *colophony esters*
**fr:** *esters de colophane*

*E.L.*

## Kolophonium

*Kaumasse\*, Überzugsmittel\* und Trägerstoff\**
Harz aus verschiedenen Koniferen.
**Anw.**: Kaugummi, Stempelfarben, Eierfarben. **Zul.**: ZZulV.
**en**: *colophony*
**fr**: *colophane*

Literatur:
KUHNERT, S. 200-202.

*E.L.*

## Komplexbildner

Synergisten
Binden Metallionen komplexartig und unterstützen dadurch die Wirkung von Antioxidantien\*. **Zul.**: ZZulV.
**en**: *complexing agents, synergists, sequestrants*
**fr**: *agents synergiques, séquestrants*

Wichtige Komplexbildner:
E 300           Ascorbinsäure\*
E 301-E 302     Ascorbate\*
E 331-E 333     Citrate\*
E 322           Lecithin\*
E 339-E 341     Orthophosphate\*
E 335-E 337     Tartrate\*

*E.L.*

## Kondensierte Phosphate

→ Polyphosphate

## Koniferenharze

*Natürliche Aromastoffe\**
**Anw.**: In Mengen bis zu 1 % nur in Griechenland bei Most, auch während dessen Gärung zur Herstellung von Retsina-Wein. **Zul.**: EG-WeinMO.
**en**: *conifer resins*
**fr**: *résines de conifères*

*E.L.*

## Konservierungsstoffe

Schränken den mikrobiellen Verderb von Lebensmitteln ein oder unterbinden ihn ganz. Anwendung geht auf die Urzeit der Menschheit zurück (Räucherrauch\* und Kochsalz\*). Größeren Aufschwung nahm die chemische Lebensmittelkonservierung mit Beginn der Industrialisierung im 19. Jahrhundert. Konservierungsstoffe hemmen Stoffwechsel und Wachstum von Bakterien, Schimmelpilzen und Hefen durch Beeinflussung der genetischen Feinstruktur des Protoplasten, der Proteinsynthese, der Enzymaktivität, der Zellmembran oder der Zellwand. Wirkung ist dosisabhängig. Konservierungsstoffe müssen deshalb in der Praxis in ausreichenden Konzentrationen zugesetzt werden. Kein Konservierungsstoff hat ein komplettes Wirkungsspektrum gegen alle in Lebensmittel auftretenden Verderbniserreger. Bei den meisten Konservierungsstoffen steht Wirkung gegen Hefen und Schimmelpilze im Vordergrund. Resistenzen sind unbekannt.
Konservierungsstoffe können miteinander und mit physikalischen Maßnahmen kombiniert werden, um das Wirkungsspektrum zu verbreitern, die antimikrobielle Wirkung zu verstärken und/oder Nebenwirkungen zu minimieren. Wirkung mancher Konservierungsstoffe ist abhängig vom pH-Wert des Substrates. Schwefeldioxid\*, Sulfite\* und Benzoesäure\* wirken nur im stärker sauren pH-Bereich, Propionsäure\* und Sorbinsäure\* auch zusätzlich noch im schwach sauren pH-Bereich bis etwa pH 6,5.
Im weiteren Sinne zu den Konservierungsstoffen zählen Schutzgase\*, bestimmte Säuerungsmittel\*, wie beispielsweise Essigsäure\* und Milchsäure\*, welche einen für bestimmte Mikroorganismen ungünstigen pH-Bereich schaffen und die Wasseraktivität absenkende Stoffe, wie Kochsalz und Saccharose\*. Konservierungsstoffe für bestimmte Früchte, wie Bananen und Citrusfrüchte, bezeichnet man als Fruchtbehandlungsmittel\*. Auch die Entkeimungsmittel\* nehmen innerhalb der Konservierungsstoffe eine gewisse Sonderstellung ein. **Anw.**:

Fettemulsionen, wie Margarine, Mayonnaise und Feinkostsalate, Käse, Rohwurst, Fischpräserven, Trockenfisch, Essig- und andere Sauerkonserven, Oliven, Obstprodukte, wie Trockenobst, Konfitüren, Gelees und Säfte, Getränke, wie alkoholfreie Erfrischungsgetränke und Wein, Backwaren, wie Brot und Feinbackwaren, Süßwarenfüllungen. **Zul.:** ZZulV, DiätV, FleischV, KäseV, WeinV, EG-WeinMO.

**en:** *preservatives, antimicrobial agents*
**fr:** *agents de conservation, agents conservateurs*

Wichtige Konservierungsstoffe:
| | |
|---|---|
| E 200-E 203 | Sorbinsäure* und Sorbate* |
| E 200-E 213 | Benzoesäure* und Benzoate* |
| E 214-E 219 | Ester der p-Hydroxybenzoesäure* und deren Natriumverbindungen |
| E 220-E 227 | Schwefeldioxid* und Sulfite* |
| E 230 | Biphenyl* (Diphenyl) |
| E 231-E 232 | Orthophenylphenol* und Natriumorthophenylphenolat |
| E 233 | Thiabendazol* |
| 235 | Natamycin* (Pimaricin) |
| E 236-E 238 | Ameisensäure* und Formiate* |
| E 239 | Hexamethylentetramin* |
| E 249-E 250 | Nitrite* |
| E 251-E 252 | Nitrate* |
| E 260-E 236 | Essigsäure* und Acetate* |
| E 270 | Milchsäure* |
| E 290 | Kohlendioxid* |
| | Natriumchlorid* (Kochsalz) |
| | Ethanol* (Ethylalkohol) |
| | Saccharose* (Zucker) |
| | Räucherrauch* |

**Literatur:**
BRANEN, A. L., und DAVIDSON, P. M.: Antimicrobials in Foods. Marcel Dekker New York — Basel 1983. LÜCK, E.: Chemische Lebensmittelkonservierung. Stoffe — Wirkungen — Methoden. Springer Berlin — Heidelberg — New York — Tokyo. 2. Aufl. 1986. RUSSEL, N. J., und GOULD, G. W.: Food Preservatives. Blackie Glasgow — London 1991.

*E.L.*

## Kontaktgefriermittel

Werden in flüssigem oder festem Zustand in direkten Kontakt mit dem einzufrierenden Punkt gebracht, führen in stärkerem Maße als Kühlmittel* Wärme von Lebensmitteloberflächen ab und bewirken dadurch schnelles Gefrieren und Tiefgefrieren von Lebensmitteln. Durch Verdampfen verlustarme Übertragung des Kälteinhaltes auf das Gefriergut. Hauptsächlich angewendet werden Kohlendioxid* in fester Block- und Schneeform und Stickstoff* in flüssiger Form. **Zul.:** Keine Zusatzstoffe im Sinne des LMBG.

**en:** *cryogens*
**fr:** *cryogènes, agents de surgélation*

## Kontaminanten

Verunreingungen
Stoffe, die unabsichtlich mit Lebensmitteln oder deren Vorprodukten in Berührung gekommen sind und in kleinen Anteilen darin verbleiben. hierher gehören anorganische Stoffe aus dem Boden und der Umwelt, Schwermetalle, Mycotoxine und andere Toxine mikrobieller Herkunft sowie polycyclische aromatische Kohlenwasserstoffe. Von den Kontaminanten abzugrenzen sind die Rückstände*. **Zul.:** Keine Zusatzstoffe im Sinne des LMBG. Zulässige Höchstmengen werden in der BR Deutschland u. a. im DDT-Gesetz, in der AflatoxinV und in der SHmV geregelt.

**en:** *contaminants, incidental additives US, unintentional food additives (US)*
**fr:** *contaminants*

**Literatur:**
FÜLGRAFF, G.: Lebensmittel-Toxikologie. Ulmer Stuttgart 1989.

*E.L.*

## Kopal

*Überzugsmittel**
Halbfossile Harze aus verschiedenen tropischen Bäumen. **Anw.:** Zitrusfrüchte,

# Kristallisationshilfsmittel

Eierfarben, Stempelfarben. **Zul.:** ZZulV.
**en:** *copals*
**fr:** *copals*
Literatur:
KUHNERT, S. 186-188.
*E.L.*

**Kristallisationshilfsmittel**
→ Kristallisierhilfsmittel

**Kristallisationsinhibitoren**
Verzögern oder verhüten bei Speisefetten die Auskristallisation und damit unerwünschte Trübungen.
**en:** *crystallization inhibitors*
**fr:** *inhibiteurs de cristallisation*
*E.L.*

**Kristallisierhilfsmittel**
Kristallisationshilfsmittel
Beschleunigen erwünschte Kristallisationsvorgänge und das Entstehen gewünschter Kristallformen, z.B. bei der Kristallisation von Weißzucker und der Herstellung von dentritischem (nicht verklebendem) Kochsalz*.
**en:** *crystallization aids*
**fr:** *adjuvants de cristallisation*
*E.L.*

**Kryptoxanthin**
(E 161 c)
*Farbstoff**
Gelbes öllösliches, zur Gruppe der Xanthophylle* gehörendes Carotinoid* ohne technische Bedeutung. **Zul.:** ZZulV und DiätV.
**en:** *cryptoxanthin*
**fr:** *kryptoxanthine*
Literatur:
OTTERSTÄTTER, S. 235. BERTRAM, S. 49 u. 67.
*G.O.*

**Kühlmittel**
Kältemittel
Werden in flüssigem oder festem Zustand in direkten Kontakt mit dem einzufrierenden Produkt gebracht und bewirken dadurch Temperaturerniedrigung. Angewendet werden hauptsächlich gekühltes Wasser und Eis. Stärkere Kühlung erreicht man mit Kontaktgefriermitteln*. **Zul.:** Keine Zusatzstoffe im Sinne des LMBG.
**en:** *cooling agents, coolants*
**fr:** *frigorigènes*
*E.L.*

**Künstliche Aromastoffe**
→ Aromen

**Kulör**
→ Zuckerkulör

**Kulturen von Mikroorganismen**
→ Mikroorganismenkulturen

**Kunststoffe**
→ Polymere

**Kupfer**
*Spurenelement**
**Anw.:** In Form des Acetates, Carbonates, Citrates, Gluconates und Sulfates des zweiwertigen Kupfers bei bilanzierten Diäten. **Zul.:** DiätV.
**en:** *copper*
**fr:** *cuivre*
*E.L.*

**Kupferhaltige Komplexe der Chlorophylle und Chlorophylline**
(E 141)
*Farbstoffe**
Grüner öllöslicher (Chlorophyll-Kupfer-Komplex) oder wasserlöslicher (Chlorophyllin-Kupfer-Komplex) Porphyrinfarbstoff*. Der teilweise bis vollständige Ersatz des Magnesium-Zentralatoms des Chlorophylls* durch Kupfer wirkt stabilisierend. Im Handel deshalb zumeist die kupferhaltigen Komplexe. **Anw.:** Öllösliche Chlorophyll-Kupfer-Komplexe bei Fetten und Ölen, wasserlösliche Natrium- und Kaliumsalze der Chlorophyllin-Kup-

fer-Komplexe sowie wasserunlösliche Calciumverbindung bei Likören, Süßwaren, Dessertspeisen. **Zul.**: ZZulV.
**en:** *copper chlorophyll and chlorophyllin complexes*
**fr:** *complexes cuivriques des chlorophylles et des chlorophyllines*
Literatur:
OTTERSTÄTTER, S. 241. DFG, L-Grün 2 b. BERTRAM, S. 28 u. 53.

*G.O.*

## Kupfersulfat
*Fällungsmittel\**
Verbindet sich mit Schwefelwasserstoff zu unlöslichem Kupfersulfid und verhindert dadurch Böckserbildung im Wein. Überschuß kann durch Blauschönung herausgenommen werden. **Anw.**: Wein.
**Zul.**: EG-WeinMO.
**en:** *copper sulfate*
**fr:** *sulfate de cuivre*

*E.L.*

## Kurkumin
(E 100)
*Farbstoff\**
Gelber öllöslicher Cinnamoylmethanfarbstoff. Verwendet werden Extrakte aus Kurkumawurzeln, die außer Kurkumin zwei Methoxy-Derivate des Kurkumins enthalten. Auch in Form wasserdispergierbarer Präparationen im Handel. **Anw.**: Senf, Soßen. **Zul.**: ZZulV.
**en:** *curcumin*
**fr:** *curcumine*
Literatur:
OTTERSTÄTTER, S. 237. DFG, L-Gelb 7. BERTRAM, S. 46.

*G.O.*

Fleisch ähnlichen Zustand zurückgeführt. Dadurch Wiederherstellung des natürlichen Wasserbindevermögens und Verbesserung der Homogenität des Brätes. Zugabe während der Feinzerkleinerung der Brätmasse. **Anw.**: Brühwurst.
**Zul.**: FleischV.

Wichtige Kutterhilfmittelkomponenten:
E 261-E 263  Acetate*
E 331-E 333  Citrate*
E 325-E 327  Lactate*
E 335-E 337  Tartrate*
E 450 a      Diphosphate*
E 450 c      Polyphosphate*
Literatur:
MOLLENHAUER, S. 33-34.

*K.G.*

## Kutterhilfsmittel
Ermöglichen durch Aktivierung des Muskeleiweißes die Herstellung von Brühwurst aus nicht mehr schlachtwarmem Fleisch. Fleischfaser von Kaltfleisch wird in einen dem schlachtwarmem

L

## Viersprachiges Wörterbuch der Lebensmitteltechnologie

ENGLISCH – DEUTSCH – FRANZÖSISCH – SPANISCH

Herausgeber: Erich Lück

**BEHR'S...VERLAG**

Zugrunde lag sein bekanntes und gut eingeführtes englisch-deutsches Großwörterbuch des Lebensmittelwesens. Für den spanischen Teil hat er sich der Mitarbeit der Damen Dr. Amelia de Irazazábal Nerpell, Julia Zarco Weidner und Sofia Alvarez Borge vom Institut für Information und Dokumentation der Naturwissenschaft und Technologie in Madrid versichert. Den französischen Teil hat Prof. Dr. Benoît Rether vom Institut für angewandte Biologie der Universität Louis Pasteur Straßburg bearbeitet.

## 8000 Fachwörter

Das Wörterbuch wird, ausgehend vom Englischen, einschließlich Synonyme ca. 8000 Fachwörter in jeder der vier Sprachen abdecken. Register in den anderen Sprachen ermöglichen den Zugriff zum Hauptteil.

Ein solches Wörterbuch fehlte bisher auf dem Markt. Es wird eine große Hilfe für jeden sein, der mit fremdsprachlicher Fachliteratur konfrontiert wird oder Fachtexte ins Englische, Spanische oder Französische übertragen will.

## Fachleute brauchen Fachbücher

Die stürmische Entwicklung von Technik und Technologie und die wachsende Internationalität des Schrifttums stellen den Leser von Fachveröffentlichungen vor die Aufgabe, Spezialausdrücke in verschiedenen Sprachen anwenden zu müssen. Die Suche nach solchen Begriffen in gemeinsprachlichen Wörterbüchern ist meist erfolglos. Durch die Herausgabe von Fachlexika versucht der BEHRS' VERLAG diesem Mangel abzuhelfen.

## Jetzt kommt ein neues Buch für die Praxis

Das **Viersprachige Wörterbuch der Lebensmitteltechnologie** in einem handlichen Band kommt gerade recht für den vorgesehenen Zusammenschluß Europas im Jahre 1992.

Herausgeber des Buches ist der bekannte Lebensmittelchemiker Dr. Erich Lück, der zahlreiche wichtige Werke für das Lebensmittelwesen verfaßt hat.

## Alle Bereiche der Ernährungsindustrie sind vertreten:

Schwerpunkte sind Lebensmittelwissenschaft, Ernährung und Technologie der Getränke, Backwaren, Fisch- und Fleischerzeugnisse, Kaffee, Tee, Milch Käse, Eier, Speisefette und -öle, Nahrungsmittel, Obst, Gemüse, Süßwaren, Zucker, Tiefkühlkost, Lebensmittelzusatzstoffe, Verpackung und Maschinen.

## Ein Buch für die Praxis

Das **Viersprachige Wörterbuch der Lebensmitteltechnologie** ist unentbehrlich für jeden, der mit fremdsprachlicher Fachliteratur konfrontiert wird, insbesondere für:

● Lebensmitteltechniker ● Lebensmitteltechnologen ● Ingenieure ● Einkäufer ● Importeure ● Exporteure ● Produktentwickler ● Qualitätskontrolle ● Technische Direktion

**1. Auflage 1991, Format DIN A5, Hardcover, 680 Seiten, DM 190,–**

# BEHR'S...VERLAG

B. Behr's Verlag GmbH & Co. · Averhoffstraße 10 · D–2000 Hamburg 76
Tel. (040) 22 70 08–18/19 · Fax (040) 2 20 10 91 · Telex 2 15 012 behrs d

## Lab
Labferment, Käselab, Chymosin
Enzym*
Extrakt aus der Schleimhaut des Labmagens von Saugkälbern und Mägen anderer Jung-Säugetiere. Wirkt proteolytisch und verursacht Milchgerinnung und Bildung von Käsebruch. Unterscheidet sich von der Säuerung durch Wirkung im annähernd neutralen pH-Bereich. Da der Weltbedarf nicht mehr gedeckt werden kann, werden vermehrt Labaustauschstoffe* benutzt. **Anw.**: Käseherstellung. **Zul.**: KäseV.
**en:** rennet
**fr:** présure, lab-ferment
E.L.

## Labaustauscher
→ Labaustauschstoffe

## Labaustauschstoffe
Labaustauscher
Enzyme*
Zubereitungen aus Enzymen von Mikroorganismenkulturen* besonders Endothia parasitica, Mucor pusillus und Mocur mihei oder aus gentechnisch veränderten Mikroorganismen. Wirken ebenso wie Lab* und werden anstelle des weltweit verknappten Labs zur Dicklegung von Milch bei der Käseherstellung verwendet. **Anw.**: Käseherstellung. **Zul.** KäseV. Herstellung ist in der BR Deutschland genehmigungspflichtig.
**en:** rennet substitutes
**fr:** succédanés de présure
E.L.

## Labferment
→ Lab

## Lachgas
→ Distickstoffoxid

## Lactate
(E 235 - E 327)
Säureregulatoren*, Feuchthaltemittel*, Stabilisatoren*, Trägerstoffe*, Kochsalzersatz* und Synergisten*
Salze der Milchsäure*. **Anw.**: In Form von Natriumlactat (E 325), Kaliumlactat (E 326) und Calciumlactat (E 327) als Säureregulatoren für Konfitüren, Sülzen, Rohwurst, als Darmbehandlungsmittel, Bestandteil von Kutterhilfsmitteln*, zur Verbesserung der Backfähigkeit von Mehl, Calciumlactat als Festigungsmittel für gekochtes Obst und Gemüse, Bestandteil von Schmelzsalzen*, Calcium- und Eisenlactat auch zur Mineralstoffzufuhr bei diätetischen Lebensmitteln, Magnesiumlactat als Kochsalzersatz. **Zul.**: ZZulV, DiätV, KäseV, KäseV, FleischV, KonfitürenV und AromenV.
**en:** lactates (sodium, potassium, calcium, magnesium and iron lactate)
**fr:** lactates (lactate de sodium, de potassium, de calcium, de magnésium et de fer)
Literatur:
siehe Milchsäure.
K.G.

## Lactem
→ Mono- und Diglyceride der Speisefettsäuren, verestert mit Milchsäure

## Lactit
(E 966)
Zuckeraustauschstoff*
Herstellung durch Hydrierung von Lactose*. Wird im menschlichen Körper insulinunabhängig und energetisch nicht vollständig verwertet, daher im Vergleich zu Zucker geringerer Brennwert (vorgesehene EG-Regelung: 2,4 kcal/g bzw. 10 kJ/g). Verträglich für Diabetiker. Im Vergleich zu Zucker ca. 0,3-0,4fache Süßkraft. Reiner Süßgeschmack. Geschmacklich gut mit anderen Zuckeralkoholen und Süßstoffen* verträglich.

## Lactoflavin

Gute Hydrolyse-, Temperatur- und Lagerstabilität, nicht hygroskopisch, nicht kariogen. **Anw.:** In entsprechenden Mengen wie Zucker, in verschiedenen Süßwaren bis nahezu 100 %. **Zul.:** In einigen Ländern, in der BR Deutschland nicht zugelassen.

**en:** *lactitol*
**fr:** *lactitol*

Literatur:
von RYMON LIPINSKI und SCHIWECK, S. 353-368.
O'BRIEN NABORS und GELARDI, S. 283-298.

*v.R.L.*

## Lactoflavin
→ Riboflavin

## Lactose
*Süßungsmittel\* und Trägerstoff\**
Kommt in Milch vor, daher auch als Milchzucker bezeichnet. Wird als Kohlenhydrat im menschlichen Körper energetisch voll verwertet, daher mit 17 kJ/g bzw. 4 kcal/g der bei Kohlenhydraten übliche Brennwert, Resorption allerdings verzögert. Unverträglich für Diabetiker. **Anw.:** Hauptsächlich in Form des Monohydrates in Fleischwaren zur Förderung der Umrötung, Süßwaren und als Trägerstoff. **Zul.:** Kein Zusatzstoff im Sinne des LMBG.

**en:** *lactose*
**fr:** *lactose*

Literatur:
von RYMON LIPINSKI und SCHIWECK, S. 213-241.

*v.R.L.*

## Lanolin
→ Wollwachs

## Lebensmittelinhaltsstoffe
In Lebensmitteln natürlicherweise vorkommende Stoffe. Sind toxikologisch weniger gut untersucht als die Zusatzstoffe\*. Lebensmittelrecht schreibt solche Untersuchungen auch nicht vor. Nach allgemeiner Ansicht ist der jahrhundertelange schadlose Verzehr von Lebensmitteln ein Beweis für die Unschädlichkeit der Inhaltsstoffe unserer Lebensmittel. Auf der anderen Seite ist es bekannt, daß ganz normale Lebensmittel Stoffe enthalten, die in höheren Konzentrationen toxische Wirkungen entfalten können. Manche toxische Lebensmittelinhaltsstoffe werden durch die übliche Lebensmittelverarbeitung, z. B. durch Kochen zerstört. Sind nur Zusatzstoffe, wenn man sie isoliert und aus technischen Gründen Lebensmitteln zugibt, es sei denn, sie werden gemäß § 2 Abs. 1 LMBG nach allgemeiner Verkehrsauffassung überwiegend wegen ihres Nähr-, Geruchs- oder Geschmackswertes oder als Genußmittel verwendet.

Literatur:
LINDNER, E.: Toxikologie der Nahrungsmittel. Thieme Stuttgart. 4. Aufl. 1990.

*E.L.*

## Lebensmittelzusatzstoffe
→ Zusatzstoffe

## Lecithin
(E 322)
*Emulgator\*, Komplexbildner\*,*
*Mehlbehandlungsmittel\*, Backmittel\**
*und Trägerstoff\**
Lecithinhaltiges Eigelb seit langer Zeit in der Küchentechnik benutzt. Handelsübliches Lecithin besteht aus verschiedenen Glycerinphosphatiden, vor allem Lecithin und Kephalin. Gewonnen aus Eigelb, Ölsaaten, besonders Sojabohnen. Handelspräparate enthalten oft zusätzlich Öle und andere Begleitstoffe. Hydroxyliertes Lecithin wird aus nativem Lecithin durch Modifizierung des Fettsäurerestes erhalten. Erleichtert die Bildung von W/O-Emulsionen. Optimiert nach Zusatz zum Mehl die Knet- und Formeigenschaften eines Teiges. Fördert die Teigentwicklung. Geht Wechselwirkungen mit Proteinen ein, dadurch Verbesserung des Frischezustandes von Gebäcken und Verzögerung des Altbackenwer-

dens. Wirkt bei Kakao- und Milchgetränken und -pulvern instantisierend. Wegen seiner physiologischen Bedeutung auch Bestandteil von Aufbaupräparaten und Kräftigungsmitteln. Setzt bei Schokolademassen die Viskosität und die Fließgrenze herab. **Anw.**: In Konzentrationen von 0,1-1,5 % bei Margarine, Mayonnaise, Instantprodukten, Teigwaren, Fein- und Dauerbackwaren, Schokoladeerzeugnissen und Diätprodukten. **Zul.**: ZZulV, DiätV, MilcherzV, TeigwarenV, AromenV und KakaoV.
**en:** *lecithins*
**fr:** *lécithines*
**Literatur:**
SCHUSTER, S. 61-68. SCHÄFER, W., und WYWIOL, V.: Lecithin, der unvergleichliche Wirkstoff. Strothe Frankfurt 1986. PARDUN, H.: Die Pflanzenlecithine. Verlag für chemische Industrie Ziolkowsky Augsburg 1988.

*H.G.*

## Leucin
*Geschmacksstoff\*,*
*Geschmacksverstärker\* und Nährstoff\**
Essentielle Aminosäure\*. **Anw.**: In der L-Form und ihrer Natrium- und Kaliumverbindungen oder des Hydrochlorides in Konzentrationen von 0,03-0,05 % zur Beeinflussung des Geschmackes, u. a. bei Süßstofftabletten sowie zusätzlich als Calcium- und Magnesiumverbindung zur Herstellung bilanzierter Diäten. **Zul.**: ZZIV, AromenV und DiätV, als Aminosäure gemäß § 2 Abs. 2 LMBG den Zusatzstoffen gleichgestellt.
**en:** *leucine*
**fr:** *leucine*

*E.L.*

## Lisamingrün
→ Brillantsäuregrün BS

## Lissamingrün
→ Brillantsäuregrün BS

## Litholrubin BK
→ Rubinpigment BK

## Lösemittel
→ Extraktionslösemittel

## Lösemittel
→ Trägerlösemittel

## Luft
*Treibgas\**
Bildet Schlagschäume, die durch Aufschlagmittel\* stabilisiert werden können. Druckluft zur Umfüllung von flüssigen Lebensmitteln, Getreide und Mehl. **Anw.**: Backwaren, Süßwaren, Käseerzeugnisse. **Zul.**: ZZulV und KäseV. Ist in der BR Deutschland bei Verwendung als Treibgas\* ein Zusatzstoff.
**en:** *air*
**fr:** *air*

*E.L.*

## Lutein
(E 161 b)
*Farbstoff\**
Gelbes öllösliches zur Gruppe der Xanthophylle\* gehörendes Carotinoid\* ohne besondere technische Bedeutung. **Anw.**: ZZulV.
**en:** *luteine*
**fr:** *luteine*
**Literatur:**
OTTERSTÄTTER S. 235, BERTRAM S. 49, 67.

*G.O.*

## Lycopin
(E 160 d)
*Farbstoff\**
Orangerotes öllösliches Carotinoid\*. Isolierter Farbstoff ohne technische Bedeutung, verwendet werden Tomatenextrakte. Vorkommen auch in Palmöl, Hagebutten und anderen Früchten. **Anw.**: Mayonnaise, Soßen. **Zul.**: ZZulV.
**en:** *lycopene*
**fr:** *lykopène*
**Literatur:**
OTTERSTÄTTER, S. 233. DFG, L-Orange 6. BERTRAM, S. 49 u. 67.

*G.O.*

## Lysin

*Geschmacksstoff\*,
Geschmacksverstärker\* und Nährstoff\**
Essentielle Aminosäure\*. **Anw.**: In der L-Form und ihrer Natrium- und Kaliumverbindungen oder des Hydrochlorides in Konzentrationen von 0,03-0,05 % zur Beeinflussung des Geschmackes, zusätzlich als Calcium- und Magnesiumverbindung zur Herstellung bilanzierter Diäten und in der L- und der D,L-Form für Säuglingsnahrung. **Zul.**: ZZulV, AromenV und DiätV, als Aminosäure gemäß § 2 Abs. 2 LMBG den Zusatzstoffen gleichgestellt.

**en:** *lysine*
**fr:** *lysine*

*E.L.*

## Lysozym

(1105)
*Konservierungsstoff\**
Muramidase, die auf enzymatischem Wege die glykosidische Bindung des Mureins der Zellwand aufspaltet, dadurch antibakterielle Wirkung. Isolierung aus Hühnereiern oder Herstellung durch Fermentation. Anwendung in Form standardisierter Zubereitungen. **Anw.:** In Konzentrationen von etwa 500 E/ml zur Kesselmilch zur Bekämpfung von Spätblähungen bei Käse anstelle von Nitrat. **Zul.:** KäseV.

**en:** *lysozyme*
**fr:** *lysozyme*

**Literatur:**
OSSERMAN, E. F., CANFIELD, R. E., BEYCHOK, S.: Lysozyme. Academic Press New York — London 1974. LÜCK, S. 206-208.

*E.L.*

M

## Magnesium

*Mineralstoff\* und Kochsalzersatz\**
In Lebensmitteln meist in ausreichenden Mengen vorhanden, deshalb nur in besonderen Fällen gezielter Zusatz sinnvoll. **Anw.**: In metallischer Form als Opferanode zum kathodischen Korrosionsschutz. In Form des Adipates, Succinates, Glutamates, Carbonates, Lactates, Chlorides, Tartrates und Citrates als Kochsalzersatz. In Form des Chlorides, der Carbonate, Citrate, des Gluconates, Lactates, Orthophosphates, Oxides und Sulfates für bilanzierte Diäten und andere diätetische Lebensmittel. **Zul.**: DiätV und TrinkwV.
**en:** *magnesium*
**fr:** *magnésium*

*E.L.*

## Magnesium ...
→ auch entsprechende Anionen

## Magnesium-Calciumcarbonat
→ Dolomit

## Magnesiumhydroxid
(528)
*Säureregulator\* und Aufschlußmittel\**
**Anw.**: Aufschlußmittel für Milcheiweiß.
**Zul.**: TrinkwV und MilcherzV.
**en:** *magnesium hydroxide*
**fr:** *hydroxyde de magnésium*

*E.L.*

## Magnesiumhypochlorit
→ chlorabspaltende Verbindungen

## Magnesiumoxid
(530)
*Mineralstoff\*, Aufschlußmittel\*, Rieselhilfsmittel\* und Säureregulator\**
**Anw.**: In Konzentrationen bis 0,5 % als Trennmittel für Waffelblätter, in Konzentrationen bis 5 % als Aufschlußmittel für Rohkakao und weiterhin als Säureregulator für Trinkwasser und als Mineralstoff für bilanzierte Diäten, Säuglings- und Kleinkindernahrung. **Zul.**: ZZulV, DiätV, KakaoV und TrinkwV.
**en:** *magnesium oxide*
**fr:** *oxyde de magnésium*
Literatur:
KUHNERT, S. 130-133.

*E.L.*

## Magnesiumsilikate
(553 a)
*Füllstoffe\**
**Anw.**: Kaugummi. **Zul.**: ZZulV.
**en:** *magnesium silicates*
**fr:** *silicates de magnésium*
Literatur:
KUHNERT, S. 121-123.

*E.L.*

## Malate
(350 - 352)
*Säureregulatoren\*, Geschmacksstoffe\* und Feuchthaltemittel\**
Salze der L-, D- und D,L-Äpfelsäure\*.
**Anw.**: In Form von Natriummalaten (350), Kaliummalaten (351) und Calciummalaten (352) vor allem als Säureregulatoren und zur Stabilisierung des pH-Wertes sowie als Geschmacksstoffe. **Zul.**: ZZulV und DiätV.
**en:** *malates (sodium, potassium, and calcium malate)*
**fr:** *malates (malate de sodium, de potassium et de calcium)*

*K.G.*

## Maltit
(E 965)
*Zuckeraustauschstoff\**
Herstellung durch Hydrierung von Maltose\*. Wird im menschlichen Körper anscheinend insulinunabhängig und energetisch nicht vollständig verwertet, daher im Verleich zu Zucker geringerer Brennwert (vorgesehene EG-Regelung: 2,4 kcal/g bzw. 10 kJ/g). In reiner Form verträglich für Diabetiker. Im Vergleich zu

# Maltodextrine

Zucker ca. 0,6-0,9fache Süßkraft. Reiner Süßgeschmack. Geschmacklich gut mit anderen Zuckeralkoholen und Süßstoffen* verträglich. Gute Hydrolyse-, Temperatur- und Lagerstabilität. Angeboten in fester Form mit 86-90 % Maltit und in Form von Sirupen mit 75 % Trockensubstanz und 50-55 oder 73-77 % Maltit in der Trockensubstanz sowie Anteilen hydrierter Oligosaccharide, die diese Sirupe diabetikerungeeignet machen können. **Anw.**: Als Zuckeraustauschstoff in entsprechenden Mengen wie Zucker, in verschiedenen Süßwaren bis nahezu 100 %. **Zul.**: ZZulV.

**en:** maltitol
**fr:** maltitol

Literatur:
von RYMON LIPINSKI und SCHIWECK, S. 369-390.
O'BRIEN NABORS und GELARDI, S. 259-282.

*v.R.L.*

## Maltodextrine
*Trägerstoffe\**
Durch Säurehydrolyse oder enzymatische Behandlung aus Stärke* gewonnene kaum süßschmeckende Oligosaccharide. Werden im menschlichen Körper insulinabhängig energetisch voll verwertet, daher mit 17 kJ/g bzw. 4 kcal/g der bei Kohlenhydraten übliche Brennwert. Für Diabetiker nicht geeignet. In der Regel hygroskopisch. **Anw.**: Tafelsüßstoffe u. a. feste und pulverförmige Lebensmittelzubereitungen. **Zul.**: DiätV, keine Zusatzstoffe im Sinne des LMBG.

**en:** maltodextrins
**fr:** maltodextrines

Literatur:
TEGGE, S. 272.

*v.R.L.*

## Maltol
(636)
*Geschmacksverstärker\**
**Anw.**: In Konzentrationen von 5-90 ppm in Getränken, Eiscreme, Backwaren, Süßwaren, Kaugummi. **Zul.**: ZZulV und AromenV.

**en:** maltol
**fr:** maltol

Literatur:
FURIA und BELANCA, Band 2, S. 327.

*E.L.*

## Maltose
*Süßungsmittel\**
Stärkeverzuckerungsprodukt*, das natürlich in Malz vorkommt, daher auch als Malzzucker bezeichnet. Wird als Kohlenhydrat im menschlichen Körper energetisch voll verwertet, daher mit 17 kJ/g bzw. 4 kcal/g der bei Kohlenhydraten übliche Brennwert. Unverträglich für Diabetiker. Etwa halb so süß wie Zucker. **Anw.**: In Form maltosehaltiger Glucosesirupe anstelle von Saccharose*, besonders bei Getränken und Süßwaren. **Zul.**: Kein Zusatzstoff im Sinne des LMBG.

**en:** maltose
**fr:** maltose

Literatur:
TEGGE, S. 270-272. von RYMON LIPINSKI und SCHIWECK, S. 147-181.

*v.R.L.*

## Mangan
*Spurenelement\**
**Anw.**: In Form des Acetates, Carbonates, Chlorides, Citrates, Gluconates und Sulfates des zweiwertigen Mangans bei bilanzierten Diäten. **Zul.**: DiätV.

**en:** manganese
**fr:** manganèse

*E.L.*

## Mannit
(E 421)
*Zuckeraustauschstoff\**
Herstellung durch Hydrieren von Mannose oder Fructose*. Wird im menschlichen Körper insulinunabhängig metabolisiert. Physiologischer Brennwert 4 kcal/g bzw. 17 kJ/g (vorgesehene EG-Regelungen

2,4 kcal/g bzw. 10 kJ/g). Verträglich für Diabetiker. Im Vergleich zu Zucker ca. 0,5-0,6fache Süßkraft. Reiner Süßgeschmack. Geschmacklich gut mit anderen Zuckeralkoholen und Süßstoffen* verträglich. Gute Hydrolyse-, Temperatur- und Lagerstabilität, nicht hygroskopisch, nicht kariogen. **Anw.**: Vorzugsweise in zuckerfreien Süßwaren in Mengen bis ca. 20 % **Zul.**: ZZulV und DiätV.

**en:** mannitol
**fr:** mannitol

Literatur:
von RYMON LIPINSKI und SCHIWECK, S. 313-234.
v.R.L.

## Markierungssubstanzen
→ Kennzeichnungsstoffe

## Mastix
Überzugsmittel* und Kaumasse*
Harz aus Pistazienarten. **Anw.**: Zuckerwaren, Kaugummi. **Zul.**: ZZulV.

**en:** mastic, mastic gum
**fr:** mastic, résine mastic

Literatur:
KUHNERT, S. 189-191.
E.L.

## Mehlbehandlungsmittel
Mehlverbesserungsmittel
Verbessern die Backeigenschaften von Weizenmehl, insbesondere durch Beeinflussung des Klebers. Haben im wesentlichen eine Korrektur- und/oder Ergänzungsfunktion in Verbindung mit den backtechnisch bedeutsamen Mehlbestandteilen. Anwendung zusammen mit Backmitteln*. Bleichmittel* nur noch in wenigen Ländern in Gebrauch, nicht aber in der BR Deutschland. **Zul.**: ZZulV.

**en:** flour treatment agents, flour improvers
**fr:** agents correcteurs de la farine, améliorants des farines

Wichtige Mehlbehandlungsmittel:
E 300    Ascorbinsäure*
E 322    Lecithin*
920      Cystein*
921      Cystin*
         Enzympräparate*
E.L.

## Mehlverbesserungsmittel
→ Mehlbehandlungsmittel

## Metaweinsäure
(353)
Stabilisator*
Dimerisat der Weinsäure*, das sich im Laufe der Zeit wieder in Weinsäure zurückgewandelt. **Anw.**: Zur Verhütung oder Verzögerung der Ausscheidung von Weinstein in Wein und Schaumwein. **Zul.**: WeinV und EG-WeinMO.

**en:** metatartaric acid
**fr:** acide métatartrique, acide ditartrique
K.G.

## Methanol
Extraktionslösemittel*
**Zul.:** ELV.

**en:** methanol
**fr:** méthanol
E.L.

## Methionin
Geschmacksstoff*,
Geschmacksverstärker* und Nährstoff*
Essentielle Aminosäure*. **Anw.**: In der L-Form und ihrer Natrium- und Kaliumverbindungen oder des Hydrochlorides in Konzentrationen von 0,03-0,05 % zur Beeinflussung des Geschmackes sowie zusätzlich als Calcium- und Magnesiumverbindung zur Herstellung bilanzierter Diäten. **Zul.**: ZZulV, AromenV und DiätV, als Aminosäure gemäß § 2 Abs. 2 LMBG den Zusatzstoffen gleichgestellt.

**en:** methionine
**fr:** méthionine
E.L.

## Methylacetat

*Extraktionslösemittel\**
**Anw.**: Extraktion von Coffein*, Reiz- und Bitterstoffen aus Kaffee und Tee, Herstellung von Zucker aus Melasse. **Zul.**: ELV.
**en:** *methyl acetate*
**fr:** *acétate de méthyle*

*E.L.*

## Methylcellulose

(E 461)
*Verdickungsmittel\*, Stabilisator\*, Füllstoff\* und Trägerstoff\**
Wird im Körper nicht abgebaut, daher kalorienfrei. In kaltem Wasser kolloidal löslicher Celluloseether*. Flockt in heißem Wasser aus, löst sich beim Abkühlen wieder vollständig. Lösungen in einem weiten pH-Bereich stabil und wenig elektrolytempfindlich. **Anw.**: Speiseeis, Milchmischgetränke, Backwaren, Mayonnaise, Soßen, Fischerzeugnisse, kalorienverminderte Lebensmittel. **Zul.**: ZZulV, MilcherzV, KäseV, SpeiseeisV und AromenV.
**en:** *methyl cellulose*
**fr:** *méthylcellulose*
Literatur:
BURCHARD, S. 100-106.

*L.G.*

## 6-Methylcumarin

*Künstlicher Aromastoff\**
Geruch cumarinähnlich. **Anw.**: In Konzentration von 0,8-40 ppm bei Getränken, Backwaren, Süßwaren, Kaugummi, Eiscreme. **Zul.**: AromenV.
**en:** *6-methyl coumarin*
**fr:** *méthyl-6-coumarine*
Literatur:
FURIA und BELLANCA, Band 2, S. 358.

*E.L.*

## Methylheptincarbonat

*Künstlicher Aromastoff\**
Geruch veilchenähnlich-muskatartig.
**Anw.**: In Konzentrationen von 0,1-20 ppm bei Getränken, Backwaren, Süßwaren, Kaugummi, Eiscreme. **Zul.**: AromenV.
**en:** *methyl heptin carbonate, methyl-2-octynoat*
**fr:** *octyne-2 oate de méthyle*
Literatur:
FURIA und BELLANCA, Band 2, S. 389.

*E.L.*

## Methylhydroxyethylcellulose

*Verdickungsmittel\*, Stabilisator\*, Füllstoff\* und Trägerstoff\**
In kaltem Wasser kolloidal löslicher Celluloseether*. Eigenschaften ähnlich wie Methylcellulose, jedoch besser wasserlöslich. Wird im Körper nicht abgebaut, daher kalorienfrei. Durch zusätzliche Veretherung mit Hydroxyethylgruppen (bis 5 %) steigt der Flockungspunkt in heißem Wasser bis fast auf 80°C. Beim Abkühlen löst sich die Ausflockung wieder vollständig auf. Gute pH-Stabilität, geringe Elektrolytempfindlichkeit. **Anw.**: Speiseeis, Milchmischgetränke, Backwaren, Salatmayonnaisen, Soßen, Fleischerzeugnisse, kalorienverminderte Lebensmittel. **Zul.**: ZZulV, MilcherzV, KäseV, SpeiseeisV und AromenV.
**en:** *methyl hydroxyethylcellulose*
**fr:** *méthylhydroxyéthylcellulose*
Literatur:
BURCHARD, S. 100-106.

*L.G.*

## Methylhydroxypropylcellulose

→ Hydroxypropylmethylcellulose

## Methylviolett B

(C 2)
*Farbstoff\**
Violetter wasserlöslicher Triarylmethanfarbstoff*. **Anw.**: Stempeln der Oberfläche von Lebensmitteln, Wursthüllen, Färben und Bemalen der Schale von Eiern. **Zul.**: ZZulV.
**en:** *methyl violet B*
**fr:** *violet de méthyle B, violet de Paris*

**Literatur:**
OTTERSTÄTTER, S. 182, DFG, L-ext. Violett 1. BERTRAM, S. 26, 40 u. 51.

G.O.

## Mikrokristalline Cellulose
→ Cellulose

## Mikrokristalline Wachse
(907)
*Überzugsmittel* und *Kaumassen**
Zur Herstellung ablösbarer Überzüge für Hartkäse und Schnittkäse. Besonders feine Kristallstruktur, hergestellt aus Montanwachsen. **Anw.:** Hartkäse, Kaugummi. **Zul.:** ZZulV und KäseV.

**en:** *microcrystalline waxes*
**fr:** *cires microcristallines raffinées*

**Literatur:**
KUHNERT, S. 171-175.

E.L.

## Mikroorganismenkulturen
Starterkulturen, Kulturen von Mikroorganismen
Gezüchtete Reinkulturen von Bakterien, Hefen oder Schimmelpilzen, die als Suspensionen oder als gefriergetrocknete Pulver verwendet werden. Stämme werden zuvor auf Abwesenheit von Toxinen geprüft. Hauptsächlich benutzt werden Milchsäure- und andere Bakterien als Säurewecker, Schimmelpilze, Hefe* und Sauerteig*. Wirken durch die in ihnen enthaltenen Enzyme, die ihrerseits Säuren, Gase oder sonstige Umsetzungsprodukte freisetzen. **Anw.:** Sauerkonserven, Milcherzeugnissen, Käse, Rohwurst, Bier, Wein, Spirituosen. **Zul.:** Sind in vielen Ländern keine Zusatzstoffe, in der BR Deutschland in der DiätV, der FleischV, der KäseV, dem BiersteuerG, der WeinV und der EG-WeinMO, in der BR Deutschland gemäß § 11 Abs. 3 LMBG Zusatzstoffe, die keiner besonderen Zulassung bedürfen.

**en:** *cultures of microorganisms*
**fr:** *cultures starters*

E.L.

## Mikroverkapselungsmittel
Verkapselungsmittel
Verkapseln feindisperse, flüssige oder feste Phasen, indem sie kleinste Teilchen davon umhüllen. Dadurch Möglichkeit, Flüssigkeiten zu Pulvern zu verarbeiten, durch Luftabschluß Oxidationen zu verhüten und protahierte Wirkungen zu erzeugen. **Anw.:** Farbstoffe, Aromen, Vitamine. **Zul.:** ZZulV.

**en:** *encapsulating agents*
**fr:** *agents de microencapsulation*

E.L.

## Milcheiweiß
→ aufgeschlossenes Milcheiweiß

## Milchsäure
(E 270)
*Säuerungsmittel*, Säureregulator* und Konservierungsstoff**
Vorkommen in der D-, L- und D,L-Form, Herstellung synthetisch oder durch Gärung. Antimikrobielle Wirkung beruht weitgehend auf pH-Absenkung, zusätzlich direkte konservierende Wirkung gegen Bakterien. Wenig wirksam gegen Hefen und Schimmelpilze. Physiologisches Zwischenprodukt des Intermediärstoffwechsels. Säuglinge in den ersten drei Lebensmonaten können nur L-Milchsäure abbauen. **Anw.:** Auch in Form von Lactaten* bei Süßwaren, Sauergemüse, wo sie auch durch Gärung entsteht, Fleischerzeugnissen, Bier, alkoholfreien Getränken, Feinkosterzeugnissen, Fischmarinaden, Roggenbrot. **Zul.:** ZZulV, KäseV, FleischV und AV WeinG, kein Zusatzstoff im Sinne des LMBG.

**en:** *lactic acid*
**fr:** *acide lactique*

**Literatur:**
LÜCK, S. 211-212. WIEDER, S. 88-95.

K.G. und E.L.

## Milchsäureester der Mono- und Diglyceride von Speisefettsäuren
→ Mono- und Diglyceride der Speisefettsäuren, verestert mit Milchsäure

## Mineralstoffe
Anorganische Bestandteile der Lebensmittel, die für den Ablauf von Körperfunktionen bedeutsam sind. Man unterscheidet zwischen Mengenelementen, deren Konzentration oberhalb von etwa 50 mg/kg Körpertrockengewicht liegt und Spurenelementen* mit darunter liegenden Konzentrationen. Sind in Lebensmitteln in Form von Salzen und anderen chemischen Verbindungen meist in ausreichenden Mengen vorhanden. Werden während der Lebensmittelverarbeitung kaum in Mitleidenschaft gezogen, so daß ihr gezielter Zusatz zu Lebensmitteln nur in besonderen Fällen notwendig ist. **Anw.:** Natrium*, Kalium*, Calcium*, Magnesium* und Eisen*, das auf der Grenze zu den Spurenelementen liegt, in Form von Salzen bei Säuglings- und Kindernahrung, diätetischen Lebensmitteln und bilanzierten Diäten. **Zul:** DiätV, gemäß § 2 Abs. 2 LMBG den Zusatzstoffen gleichgestellt.

**en:** *minerals*
**fr:** *substances d'apport minéral, minéraux*

E.L.

## Mittel zur Erhaltung der Rieselfähigkeit
→ Rieselhilfsmittel

## Mittel zur Verhütung des Fadenziehens
Unterdrücken in säurearmem Brot, häuptsächlich Weizenbrot, das Wachstum von aus dem Mehl stammenden und den Backprozeß überdauernden Sporen von Bacillus mesentericus, der im Brot fadenförmig wächst, dem Brot einen obstartigen Geruch verleiht und die Krume verfärbt. Bakterien sind säureempfindlich, deshalb tritt Fadenziehen nur bei ungesäuertem Brot auf. Angewendet werden hauptsächlich Essigsäure*, Actate*, Milchsäure*, saure Phosphate*, Propionate* und Sorbinsäure*. **Anw.:** Brot, Feinbackwaren. **Zul.:** ZZulV.

**en:** *antirope agents*
**fr:** *agents anti-filosités*

E.L.

## Modifizierte Stärken
(E 1401 - E 1404, E 1410 - E 1411, E 1413 - E 1414, E 1420, E 1422 - E 1423, E 1430 und E 1440 - E 1442)
*Verdickungsmittel**
Durch physikalische, chemische oder enzymatische Verfahren geringfügig abgebaute native Stärke*. Physikalische Modifikation führt zu Quellstärke* und Röstdextrinen*. Chemische Modifikation zu Substitutionsprodukten, wie Stärkeestern* und Stärkeethern*, dünnkochenden Stärken* und Cyclodextrinen*. Vielfach bleibt die Kornstruktur und der Stärkecharakter großenteils erhalten. Abzugrenzen gegen Stärkeverzuckerungsprodukte*, bei denen durch Hydrolyse niedermolekulare Saccharide entstehen. Modifizierung führt zu höherer Hitze-, Kälte- und/oder Säurestabilität. **Anw.:** Fertiggerichte, Tiefgefrierlebensmittel, Instantprodukte, Desserts, Gebäck, Brot, Soßen. **Zul.:** In den meisten Ländern, in der BR Deutschland sind physikalisch und geringfügig chemisch modifizierte Stärken keine Zusatzstoffe im Sinne des LMBG, sonst Zulassung in der ZZulV, der FleischV, der MilcherzV, der KäseV, der SpeiseeisV und der DiätV.

**en:** *modified starches*
**fr:** *amidons modifiés*

Wichtige modifizierte Stärken:
| | |
|---|---|
| E 1401 | säurebehandelte Stärke |
| E 1402 | alkalibehandelte Stärke |
| E 1403 | gebleichte Stärke |
| E 1404 | oxidativ abgebaute Stärke* |

| | |
|---|---|
| E 1410 | Monostärkephosphat* |
| E 1411 | Distärkephosphat* |
| E 1413 | phosphatiertes Distärkephosphat* |
| E 1414 | acetyliertes Distärkephosphat* |
| E 1420 | Stärkeacetat* |
| E 1422 | acetyliertes Distärkeadipat* |
| E 1423 | acetylierte Stärke, vernetzt durch Glycerin* |
| E 1430 | Stärke, vernetzt durch Glycerin |
| E 1440 | Hydroxypropylstärke |
| E 1441 | Hydroxypropylstärke, vernetzt durch Glycerin |
| E 1442 | Hydroxypropyldistärkephosphat |

Literatur:
NEUKOM und PILNIK, S. 31-47. TEGGE, S. 165-193.

*L.G.*

## Molybdän
*Spurenelement**
**Anw.:** In Form von Ammonium- und Natriummolybdat bei bilanzierten Diäten.
**Zul.:** DiätV.

**en:** *moybdenum*
**fr:** *molybdène*

*E.L.*

## Monophosphate
→ Orthophosphate

## Monostärkephosphat
(E 1410)
*Verdickungsmittel**
Herstellung durch Umsetzen von nativer Stärke mit Phosphaten. Pasten haben höhere Viskosität und Klarheit als Stärkepasten. Retrogradation ist verzögert, daher gute Gefrier- und Taustabilität. Neigen im Gegensatz zu Kartoffelstärke nicht zur Synärese, halten längeren Koch- und Sterilisationsprozessen, niedrigeren pH-Werten und längeren mechanischen Beanspruchungen, z. B. durch Rühren stand. Verkleisterungstemperatur gegenüber nativer Stärke leicht erhöht. Phosphatierte Mais- und Sorghumstärke bildet beim Aufkochen besonders klare Lösungen. **Anw.:** Dressings, Fruchtfüllungen, Backwaren, Fertiggerichte, Babynahrung, Puddingpulver, Instantsuppen, Soßen, Brot, Überzugsmassen. **Zul.:** Kein Zusatzstoff im Sinne des LMBG.

**en:** *monostarch phosphate*
**fr:** *phosphate de monoamidon*

Literatur:
TEGGE, S. 180-182.

*L.G.*

## Mono- und Diglyceride der Speisefettsäuren
(E 471)
*Emulgatoren*, Aufschlagmittel* und Frischhaltemittel**
Erstmals 1853 von Berthelot durch Veresterung von Fettsäuren und Glycerin hergestellt, industrielle Produktion seit 1925. Werden im Organismus wie Fette verdaut. Bilden in warmem Wasser Hydratdispersionen, die als O/W-Emulgatoren wirken. Geringe Zusätze von Salzen der Speisefettsäuren begünstigen emulgierende Wirkung. Treten in Wechselwirkung mit der Amylosefraktion der Stärke, dadurch Verringerung der Retrogradation und Wirkung als Frischhaltemittel. Ausgangsstoffe zur Herstellung weiterer Emulgatoren. **Anw.:** Margarine, Backmargarine, Backwaren, Süßwaren, Desserts, Eiscreme, Teigwaren, Kartoffelpüree. **Zul.:** ZZulV, DiätV, MilcherzeugnisseV, FleischV, KonfitürenV, AromenV und SpeiseeisV.

**en:** *mono- and diglycerides of fatty acids*
**fr:** *mono- et diglycérides d'acides gras alimentaires*

Literatur:
SCHUSTER, S. 72-91.

*H.G.*

## Mono- und Diglyceride der Speisefettsäuren, verestert mit Citronensäure

Citronensäureester der Mono- und Diglyceride von Speisefettsäuren, Citroglyceride, Citrem (E 472 c)
*Emulgatoren\* Antispritzmittel\*, Komplexbildner\* und Trägerstoffe\**
Mischester von Citronensäure und Speisefettsäuren mit Glycerin. Anionische Emulgatoren, bevorzugt für O/W-Emulsionen. Verbessern die Bindewirkung von Fleischanteilen in Wurstwaren, schützen die Zellmembran von Trockenhefe. Können infolge des Citronensäureanteils im Molekül Schwermetallspuren komplex binden und dadurch mit Antioxidantien synergistisch wirken. **Anw.:** Margarine, Mayonnaise, Soßen, Wurstwaren, Trockenhefe. **Zul.:** ZZulV, FleischV, AromenV und SpeiseeisV.

**en:** *citric acid esters of mono- and diglycerides of fatty acids, citrem*
**fr:** *esters citriques de mono- et diglycérides d'acides gras alimentaires, citrem*

Literatur:
SCHUSTER, S. 107-114.

H.G.

## Mono- und Diglyceride der Speisefettsäuren, verestert mit Essigsäure

Essigsäureester der Mono- und Diglyceride von Speisefettsäuren, Acetoglyceride, Acetem (E 472 a)
*Emulgatoren\*, Überzugsmittel\* und Trägerstoffe\**
Mischester von Essigsäure und Speisefettsäuren mit Glycerin. Nichtionische Emulgatoren, hauptsächlich für W/O-Emulsionen. Emulgiereigenschaften wegen der Molekülstruktur nicht besonders stark ausgeprägt. Verbessern die Wirkung anderer Emulgatoren. Fördern Lufteinschlag in Lebensmitteln. Bilden plastische, harte und dabei mechanisch belastbare Filme aus, die zum Überziehen von Lebensmitteln dienen können, z. B. von getrockneten Weinbeeren. Anwendung auch als Schmiermittel in der Lebensmittelindustrie. **Anw.:** Schäume, Kuchenmassen, Kaugummi, getrocknete Weinbeeren. **Zul.:** ZZulV, FleischV, AromenV und SpeiseeisV.

**en:** *acetic acid esters of mono- and diglycerides of fatty acids, acetem*
**fr:** *esters acétiques de mono- et diglycérides d'acides gras alimentaires, acetem*

Literatur:
SCHUSTER, S. 91-100. KUHNERT, S. 203-207.

H.G.

## Mono- und Diglyceride der Speisefettsäuren, verestert mit Essigsäure und Weinsäure

Gemischte Ester der Essigsäure und Weinsäure der Mono- und Diglyceride von Speisefettsäuren (E 472 f)
*Emulgatoren\* und Antispritzmittel\**
Mischester von Essigsäure, Weinsäure und Speisefettsäuren mit Glycerin. Anionische Emulgatoren, hauptsächlich für O/W-Emulsionen. Haben lösungsvermittelnde Eigenschaften. Gehen starke Wechselwirkungen mit Proteinen ein, insbesondere dem Gluten des Weizenmehls. Deshalb wichtige Bestandteile von Backmitteln\* zur Verbesserung der Backeigenschaften von Weizenmehl. Verbessern die Bißfestigkeit von Nudeln.
**Anw.:** Margarine, Mayonnaise, Milchmixgetränke, Teigwaren, Backwaren. **Zul.:** ZZulV, FleischV, AromenV und SpeiseeisV.

**en:** *mixed acetic and tartaric acid esters of mono- and diglycerides of fatty acids*
**fr:** *esters mixtes d'acide acétique et tartarique de mono- et diglycérides d'acides gras alimentaires*

H.G.

## Mono- und Diglyceride der Speisefettsäuren, verestert mit Milchsäure

Milchsäureester der Mono- und Diglyceride von Speisefettsäuren, Lactem (E 472 b)
*Emulgatoren\* und Trägerstoffe\**
Mischester von Milchsäure und Speisefettsäuren mit Glycerin. Nichtionische Emulgatoren, hauptsächlich für W/O-Emulsionen. Emulgiereigenschaften wegen der Molekülstruktur nicht besonders stark ausgeprägt. Fördern Lufteinschlag in Lebensmitteln. Verbessern die Porung und das Volumen von Feinen Backwaren und bei Puddingen die Konsistenz und Stabilität. **Anw.:** Schäume, Backwaren, Dessertspeisen. **Zul.:** ZZulV, FleischV, AromenV und SpeiseeisV.

**en:** *lactic acid esters of mono- and diglycerides of fatty acids, lactem*
**fr:** *esters lactiques de mono- et diglycérides d'acides gras alimentaires, lactem*

Literatur:
SCHUSTER, S. 100-107.

*H.G.*

## Mono- und Diglyceride der Speisefettsäuren, verestert mit Monoacetyl- und Diacetylweinsäure

Diacetylweinsäureester von Mono- und Diglyceriden der Speisefettsäuren, Datem (E 472 e)
*Emulgatoren\* und Antispritzmittel\**
Mischester von acetylierter Weinsäure und Speisefettsäuren mit Glycerin. Anionische Emulgatoren, hauptsächlich für O/W-Emulsionen. Haben lösungsvermittelnde Eigenschaften. Gehen starke Wechselwirkungen mit Proteinen ein, insbesondere dem Gluten des Weizenmehles. Deshalb wichtige Bestandteile von Backmitteln\* zur Verbesserung der Backeigenschaften von Weizenmehl. Verbessern die Bißfestigkeit von Nudeln. **Anw.:** Margarine, Mayonnaise, Milchmixgetränke, Teigwaren, Backwaren. **Zul.:** ZZulV, FleischV, AromenV und SpeiseeisV.

**en:** *monoacetyl and diactyl tartaric acid esters of mono- and diglycerides of fatty acids, datem*
**fr:** *esters monoacétyl- et diacétyl tartariques de mono- et diglycérides d'acides gras alimentaires, datem*

Literatur:
SCHUSTER, S. 116-124.

*H.G.*

## Mono- und Diglyceride der Speisefettsäuren, verestert mit Weinsäure

Weinsäureesters der Mono- und Diglyceride von Speisefettsäuren (E 472 d)
*Emulgatoren\* und Trägerstoffe\**
Mischester von Weinsäure und Speisefettsäuren mit Glycerin. Anionische Emulgatoren für O/W-Emulsionen. Gehen starke Wechselwirkungen mit Proteinen ein, insbesondere dem Gluten des Weizenmehles. Deshalb wichtige Bestandteile von Backmitteln\* zur Verbesserung der Backeigenschaften von Weizenmehl. **Anw.:** Backwaren. **Zul.:** ZZulV, FleischV, AromenV und SpeiseeisV.

**en:** *tartaric acid esters of mono- and diglycerides of fatty acids*
**fr:** *esters tartariques de mono- et diglycérides d'acides gras alimentaires*

*H.G.*

## Montansäureester

Montanwachs
*Überzugsmittel\**
Aus Braunkohle extrahiertes und anschließend gereinigtes Pflanzenwachs.
**Anw.:** Zitrusfrüchte. **Zul.:** ZZulV.

**en:** *montan wax*
**fr:** *cire esteriféé de montana*

Literatur:
KUHNERT, S. 194-196.

*E.L.*

**Montanwachs**
→ Montansäureester

**myo-Inosit**
→ Inosit

N

## Nährstoffe
Außer den Grundnährstoffen Eiweiß, Fett und Kohlenhydraten, die keine Zusatzstoffe* im Sinne des LMBG sind, benötigt der Mensch zur Aufrechterhaltung der Körperfunktionen unter anderem Vitamine*, Mineralstoffe* und Spurenelemente*. Meist sind sie in der Nahrung in ausreichenden Mengen vorhanden, einige von ihnen sind den Zusatzstoffen gleichgestellt, wenn sie nicht zu Ernährungszwecken verwendet werden.
*E.L.*

## Naphtholgrün B (C 7)
*Farbstoff**
Grüner wasserlöslicher Nitrosonaphtholfarbstoff. **Anw.:** Färben, Bemalen und Lackieren der Schale von Eiern. **Zul.:** ZZulV.

**en:** *naphthol green B*
**fr:** *vert naphthol B*
Literatur:
OTTERSTÄTTER, S. 107. DFG, L-ext. Grün 1. BERTRAM, S. 27 u. 51.
*G.O.*

## Naphtholrot S
→ Amaranth

## beta-Naphthylmethylketon
*Künstlicher Aromastoff**
Geruch erdbeerähnlich. **Anw.:** In Konzentrationen von 0,5-5 ppm bei Getränken, Backwaren, Süßwaren und Eiscreme, in Konzentrationen von 500-700 ppm bei Kaugummi. **Anw.:** AromenV.

**en:** *β-naphthyl methyl ketone*
**fr:** *β-naphthylméthylcétone*
Literatur:
FURIA und BELLANCA, Band 2, S. 385.
*E.L.*

## Natamycin
Pimaricin (235)
*Antibiotikum* und Konservierungsstoff**
Makrozyclisches Antibiotikum* aus Kulturen von Streptomyces natalensis. Antimikrobielle Wirkung hauptsächlich gegen Schimmelpilze. Anwendung in der Lebensmittelkonservierung stößt prinzipiell auf Skepsis, zumal es als Antibiotikum in der Medizin verwendet wird. **Anw.:** In Konzentrationen von 0,05 % bei Kunststoffdispersionen für die Käsebehandlung und in Form von 0,05-0,25 %igen Suspensionen zur Oberflächenkonservierung von Käse und Hartwurst. Dringt wegen seiner geringen Wasserlöslichkeit nur wenig in den Käse ein und bleibt auf der Oberfläche konzentriert. **Zul.:** KäseV.

**en:** *natamycin, pimaricin*
**fr:** *pimaricine*
Literatur:
LÜCK, S. 202-206.
*E.L.*

## Native Stärke
→ Stärke

## Natrium
*Mineralstoff**
In Lebensmitteln meist in ausreichenden Mengen vorhanden, deshalb nur in besonderen Fällen gezielter Zusatz sinnvoll. **Anw.:** In Form des Carbonates, Citrates, Gluconates, Glycerophosphates, Lactates und Orthophosphates für bilanzierte Diäten. **Zul.:** DiätV.

**en:** *sodium*
**fr:** *sodium*
*E.L.*

## Natrium ...
→ auch entsprechende Anionen

## Natrium-, Kalium- und Calciumsalze der Speisefettsäuren
(E 470)
*Emulgatoren* und Rieselhilfsmittel**
Wirkung beruht auf einer Dissoziation in Fettsäure- und Metallionen und deren Wechselwirkung mit Wasser. Zählen im alkalischen und neutralen pH-Bereich zu den wirkungsvollsten O/W-Emulgatoren.

Im sauren Bereich geht die Wirkung jedoch verloren. Werden oft als Hilfsemulgatoren anderen Emulgatoren zugesetzt. Calciumsalze dissoziieren nicht und ergeben bevorzugt W/O-Emulsionen. **Anw.**: Zwieback nach holländischer Art, Backtriebmittel*, Süßwaren, Süßstofftabletten, Würfelzucker, Granulate, Kaugummi. **Zul.**: ZZulV.

**en:** *sodium, potassium and calcium salts of fatty acids*
**fr:** *sels de sodium, de potassium et de calcium d'acides gras alimentaires*
Literatur:
SCHUSTER, S. 69-72.

H.G.

## Natriumchlorid
→ siehe Kochsalz

## Natriumhydroxid
(524)
*Säureregulator*, Aufschlußmittel* und Geschmacksstoff**
**Anw.**: Beim Eintauchen des Teiges in 2-4 %ige wäßrige Lösungen Reaktion mit dem aus der Gärung von Backwaren entstehenden Kohlendioxid zu Soda, dadurch der charakteristische Geschmack von Laugenbrezeln. Säureregulator bei Trinkwasser, bei der Saccharoseinversion, Stärke- und Eiweißhydrolyse sowie Aufschlußmittel für Kakaobutter, Rohkakao, Milcheiweiß. **Zul:** ZZulV, KakaoV, MilcherzV und TrinkwV.

**en:** *sodium hydroxide*
**fr:** *hydroxyde de sodium*

E.L.

## Natriumhypochlorit
→ chlorabspaltende Verbindungen

## Natriumorthophenylphenolat
(E 232)
*Konservierungsstoff*,
Fruchtbehandlungsmittel**
Anwendungsform von Orthophenylphenol*. **Zul.:** ZZulV.

**en:** *sodium o-phenylphenolate*
**fr:** *orthophénylphénate de sodium*
Literatur:
siehe Orthophenylphenol.

E.L.

## Natriumsilikate
(500)
*Säureregulatoren* und
Konservierungsstoffe**
Hemmen in Mischung mit Natriumhydroxid* oder Natriumcarbonaten die Korrosion durch Trinkwasser. Lösungen (Wasserglas) wirken bei Eiern konservierend, indem sie sich in unlösliche Kieselsäure umwandeln, die die Poren des im Inneren sterilen Eies verschließt. Verwendung in der Eierkonservierung weitgehend durch Kühllagerung ersetzt. **Anw.:** Trinkwasser, Eierkonservierung im Haushalt. **Anw.:** ZZulV und TrinkwV.

**en:** *sodium silicates*
**fr:** *silicates de sodium*
Literatur:
LÜCK, S. 217.

E.L.

## Natriumstearoyl-lactyl-2-lactat
(E 481)
*Emulgator**
Natriumsalz des Esters von gesättigten Fettsäuren, besonders Stearinsäure mit Milchsäure und Polymilchsäure. Die Salzbildung verstärkt die Hydrophilie. Geht starke Wechselwirkung mit Proteinen ein, speziell dem Gluten des Weizenmehls und verbessert dadurch die Backeigenschaften (Backmittel*). Durch Wechselwirkung mit Milchproteinen wird deren Schaumbildungs- und Stabilisierungsvermögen verbessert. Weiterhin gute Wirkung als Frischhaltemittel*, ähnlich wie Mono- und Diglyceride* durch Wechselwirkung mit Amylose. Verzögerung des Altbackenwerdens durch Ver-

ringerung der Retrogradation der Stärke. **Anw.**: Backwaren. **Zul.**: In einigen Ländern, in der BR Deutschland nicht zugelassen.

**en:** *sodium stearoyl-2-lactylate*
**fr:** *stéaroyl-2-lactylate de sodium*
Literatur:
SCHUSTER, S. 174-183.
*H.G.*

### Natriumthiosulfat
Reagiert mit Chlor und kann deshalb zum Entchloren, d.h. zur Entfernung von überschüssigem Chlor dienen. **Anw.**: Trinkwasser. **Zul.**: TrinkwV.

**en:** *sodium thiosulfate*
**fr:** *thiosulfate de sodium*
*E.L.*

### Natürliche Aromastoffe
→ Aromen

### Natürlicher Kautschuk
→ Kautschuk

### Natürliches Hartparaffin
(905)
*Überzugsmittel\* und Kaumasse\**
Gemisch geradkettiger gesättigter Kohlenwasserstoffe aus mineralischen Quellen. **Anw.**: Kaugummi, Hart- und Schnittkäse. **Zul.**: ZZulV und KäseV.

**en:** *natural paraffin*
**fr:** *paraffine natural*
Literatur:
KUHNERT, S. 161-168.
*E.L.*

### Naturidentische Aromastoffe
→ Aromen

### NEL
→ NOEL

### Neohesperidin-Dihydrochalcon
(E 959)
*Süßstoff\**

Erstmals 1963 von Horowitz und Gentili bechrieben. Wird im menschlichen Körper nicht metabolisiert, daher ohne physiologischen Brennwert. Bei praktischen Einsatzkonzentrationen ca. 600 mal süßer als Zucker. Verzögert einsetzende Süße, mentholartiger Beigeschmack. **Anw.**: In Kombination mit anderen Süssungsmitteln\* in Konzentrationen unter 0,01 % in den meisten Lebensmitteln, bis zu 0,01 % in zuckerfreien Süßwaren und bis zu 0,04 % Kaugummi. **Zul.**: In einigen Ländern, in der BR Deutschland nicht zugelassen.

**en:** *neohesperidin dihydrochalcone*
**fr:** *neohespéridine dihydrochalcone*
Literatur:
von RYMON LIPINSKI und SCHIWECK, S. 464-466.
*v.R.L.*

### Netzmittel
Oberflächenaktive Stoffe, welche die Oberfläche von Geräten, Zutaten oder Zusatzstoffen benetzen und bei letzteren die Dispergierung erleichtern. Gehören im weiteren Sinne zu den Emulgatoren\*.

**en:** *wetting agents*
**fr:** *(agents) mouillants*
*E.L.*

### Niacin
→ Nicotinsäure

### Niacinamid
→ Nicotinsäureamid

### Nicotinsäure
Niacin (375)
*Vitamin\* und Farbstabilisator\**
Wasserlösliches Vitamin. Wird im Organismus in Nicotinsäureamid\* übergeführt. Mangel führt zu Pellagra. **Anw.**: Zur Vitaminierung. Farbstabilisator für rohes Fleisch und Hackfleisch. **Zul.**: VitaminV und DiätV, durch § 1 ZVerkV den Zuatzstoffen gleichgestellt.

**en:** *nicotinic acid, niacin*
**fr:** *acide nicotinique. niacine*
Literatur:
FRIEDRICH, S. 305.
A.J.

### Nicotinsäureamid
Nicacinamid
*Vitamin\**
Wasserlösliches Vitamin. Mangel führt zu Pellagra. **Anw.:** Zur Vitaminierung. **Zul.:** VitaminV und DiätV, durch § 1 ZVerkV den Zusatzstoffen gleichgestellt.
**en:** *nicotinamide. niacinamide*
**fr:** *nicotinamide. niacinamide*
Literatur:
FRIEDRICH, S. 305.
A.J.

### Niedermolekulare Polyolefine
*Überzugsmittel\**
**Anw.:** Zusammen mit natürlichen Hartparaffinen bei Hartkäse. **Zul.:** KäseV.
E.L.

### Nisin
(234)
*Antibiotikum\* und Konservierungsstoff\**
Polypeptid aus Kulturen von Streptococcus lactis. Wird als Polypeptid im Verdauungstrakt rasch abgebaut. Hemmt das Auskeimen von gram-positiven Bakterien, anaeroben Sporenbildnern, Milchsäurebakterien und Clostridien. Bei Konserven macht ein Zusatz von Nisin die Anwendung milderer Sterilisationsbedingungen möglich. **Anw.:** In Konzentrationen von 2-8 ppm bei Schmelzkäse, Tomaten-, Suppen-, Gemüse- und Pilzkonserven. **Zul.:** In vielen Ländern, in der BR Deutschland nicht zugelassen.
**en:** *nisin*
**fr:** *nisine*
Literatur:
BRANEN und DAVIDSON, S. 327-351. LÜCK, S. 198-202. RUSSELL und GOULD, S. 135-152.
E.L.

### Nitrate
Salpeter (E 251- E 252)
*Konservierungsstoffe\*, Umrötemittel\*, Farbstabilisatoren\* und Geschmacksstoffe\**
Salze der Salpetersäure. Werden durch Enzyme oder Bakterien zu Nitriten* reduziert, denen die eigentliche Wirkung zukommt. **Anw.:** Hauptsächlich verwendet werden Natriumitrat (E 251) und Kaliumnitrat (E 252) als Zusatz zu Kesselmilch zur Verhütung von Blähungen des Käses, bei Anchosen zur Farberhaltung, Wirkung bei Fleischerzeugnissen siehe Nitrite. **Zul.:** ZZulV, FleischV, KäseV und DiätV.

**en:** *nitrates, saltpeter, nitre, niter (sodium and potassium nitrate)*
**fr:** *nitrates, salpêtre, nitre (nitrate de sodium et de potassium)*
Literatur:
LÜCK, S. 78-82.
K.G.

### Nitrite
(E 250)
*Konservierungsstoffe\*, Umrötemittel\*, Farbstabilisationen\* und Antioxidantien\**
Erst seit 1899 ist bekannt, daß die seit Jahrhunderten zur Fleischbehandlung benutzten Nitrate* nicht als solche wirken sondern über die daraus auf mikrobiologischem oder enzymatischen Wege gebildeten Nitrite. Umwandlung von Nitrat zu Nitrit weitgehend unkontrolliert, deshalb heute mehr und mehr direkte Anwendung von Nitrit. Lagert sich an den Muskelfarbstoff Myoglobin an und bildet dabei kochbeständiges Nitrosomyoglobin, das die rote Farbe von gepökelten Fleisch ausmacht. Daneben Ausbildung des gewünschten Pökelaromas und Schutz des Fleischfettes vor oxidativem Verderb. Konservierende Wirkung beruht auf freigesetzter salpetriger Säure und daraus entstehenden Stickstoffoxiden. Wirkung hauptsächlich ge-

gen Bakterien, vorzugsweise Clostridien und damit gegen Bildung von Botulinumtoxinen. Wegen der möglichen Bildung der toxikologisch nicht ungefährlichen Nitrosamine Verwendung weiltweit streng limitiert. Ersatzstoffe bisher unbekannt. **Anw.**: Hauptsächlich als Natriumnitrit (E 250), in der BR Deutschland ausschließlich in Form von Nitritpökelsalz*. Dadurch Überdosierungen des Nitrits aus geschmacklichen Gründen unmöglich. In anderen Ländern auch Direkverwendung von Nitriten üblich. **Zul.**: ZVerkV.

**en:** nitrites (sodium nitrite)
**fr:** nitrites (nitrite de sodium)

**Literatur:**
LÜCK, S. 82-89.

*K.G. und E.L.*

## Nitritpökelsalz
Pökelsalz
*Umrötemittel\**
Mischung aus 0,4-0,5 % Natriumnitrit* und 99,6-99,5 % Kochsalz*. **Anw.**: Pökelwaren. **Zul.**: ZVerkV und FleischV, durch § 1 ZVerkV den Zusatzstoffen gleichgestellt.

**Literatur:**
siehe Nitrite.

*E.L.*

## NOEL
NEL, no observable effect level
Konzentration eines Lebensmittelzusatzstoffes, die im Tierversuch gerade noch keine schädlichen Effekte erkennen läßt. Grundlage für die Festlegung des ADI*.

*E.L.*

## No observable effect level
→ NOEL

## Norbixin
→ Annatto

o

## Oberflächenbehandlungsmittel
Oberbegriff für alle Substanzen, welche die Oberfläche eines Lebensmittels gezielt verändern, sei es durch Überziehen (Überzugsmittel*), Instantisieren, Hydrophobieren, Hydrophilieren, Erhaltung der Rieselfähigkeit (Rieselhilfsmittel*) oder Verhinderung von Schaumbildung (Schaumverhütungsmittel*).
en: *surface treating agents*

Literatur:
KUHNERT, P.: Überzugsstoffe und Trennmittel. Anwendung und Wirkung in und auf Lebensmitteln. Behr Hamburg 1990.

*E.L.*

## Oenocyanine
→ Anthocyane

## Oleate
(E 470)
*Überzugsmittel**
Salze der Ölsäure. **Anw.**: Angewendet werden Natrium- und Kaliumoleat als Überzugsmittel für Zitrusfrüchte. **Zul.**: ZZulV.
en: *oleates*
fr: *oleates*

Literatur:
KUHNERT, S. 144-146.

*E.L.*

## Oleoresine
*Natürliche Aromastoffe**
Durch Extraktionslösemittel* aus Gewürzen* erhaltene aufkonzentrierte Extrakte, die nicht nur die ätherische Öle sondern auch Harze und andere Geruchs-, Geschmacks- und Farbkomponenten enthalten. **Zul.**: Keine Zusatzstoffe im Sinne des LMBG.
en: *oleoresins*
fr: *oléorésines, résinoïdes*

*E.L.*

## Orange RGL
→ Gelborange S

## Orlean
→ Annatto

## Ornithin
*Nährstoff**
Nicht-essentielle Aminosäure*. **Anw.**: In der L-Form und ihrer Natrium-, Kalium-, Calcium- und Magnesiumverbindungen und des Hydrochlorides bei bilanzierten Diäten. **Zul.**: DiätV, als Aminosäure gemäß § 2 Abs. 2 LMBG den Zusatzstoffen gleichgestellt.
en: *ornithine*
fr: *ornithine*

*E.L.*

## Orthophenylphenol
o-Phenylphenol, Hydroxybiphenyl (E 231)
*Konservierungsstoff*,*
*Fruchtbehandlungsmittel**
Hat wie Biphenyl* in der Nachkriegszeit seinen Eingang in die Zitruskonservierung gefunden. Antimikrobielle Wirkung wegen der Phenolgruppe ziemlich breit, vorzugsweise gegen Schimmelpilze und Bakterien. **Anw.**: In Form 0,5-2 %iger lauwarmer wäßriger Lösungen des Natriumorthophenylphenolats* (E 232) oder in Wachsemulsionen zur Behandlung von Zitrusfrüchten gegen Schimmelbefall. Früchte werden anschließend mit klarem Wasser abgespült. **Zul.**: ZZulV.
en: *o-phenylphenol*
fr: *orthophénylphénol*

Literatur:
LÜCK, S. 183-186.

*E.L.*

## Orthophosphate
Monophosphate (E 339 - E 341 und 343)
*Geliermittel*, Kochsalzersatz*,*
*Nährstoffe*, Hefenährstoffe*,*
*Säuerungsmittel*, Säureregulatoren*,*
*Stabilisatoren*, Synergisten*,*
*Backmittel*, Backtriebmittel*,*
*Trägerstoffe*, Rieselhilfsmittel* und*
*Aufschlußmittel**

# Orthophosphorsäure

Salze der Orthophosphorsäure. Wichtige Körperbausteine und in fast allen Lebensmitteln natürlicherweise vorkommend. Haben starkes Eiweißlösungsvermögen, erleichtern die Bildung von Emulsionen und wirken auf solche stabilisierend. **Anw.:** Am meisten verwendet werden Natriumphosphate (E 339), Kaliumphosphate (E 340), Calciumphosphate (E 341), Magnesiumphosphate (343), Aluminiumphosphate, Ammoniumphosphate und Eisenphosphate. Saure Phosphate als Säureträger in Backpulver* und Säuerungsmittel. Säureregulatoren in vielerlei Lebensmitteln, zur Verbesserung der Backeigenschaften von Mehl, als Stabilisieren für Milcherzeugnisse, Schmelzkäse, Speiseeis und Süßwaren, mit Ausnahme von Natriumphosphaten als Kochsalzersatz, zur Herstellung von Stärkephosphaten, als Trägerstoffe und Trennmittel sowie als Hefenährstoffe. Hemmen die Korrosion und die Steinablagerung im Trinkwasser. **Zul.:** ZZulV, DiätV, AromenV, KäseV, MilcherzV, SpeiseeisV, TrinkwV, AV WeinG und EG-WeinMO.

**en:** *orthophosphates, phosphates (ammonium, sodium, potassium, calcium, magnesium, iron and aluminium phosphate)*
**fr:** *orthosphosphates, phosphates (phosphate d'ammonium, de sodium, de potassium, de calcium, de magnésium, de fer et d'aluminium)*

Literatur:
MOLLENHAUER, H. P.: Phosphate. Anwendung und Wirkung in Lebensmitteln, Behr Hamburg 1983. KUHNERT, S. 97-104.

K.G.

## Orthophosphorsäure
Phosphorsäure (E 338)
*Säuerungsmittel*, Säureregulator*, Aufschlußmittel*, Synergist* und Trägerlösemittel*
Geschmack rein sauer, ohne Nachgeschmack. **Anw.:** Alkoholfreie Getränke, insbesondere Cola-Getränke, zur Herstellung von Säure-Nährkasein. **Zul.:** ZZulV und MilcherzV.

**en:** *orthophosphoric acid, phosphoric acid*
**fr:** *acide orthophosphorique, acide phosphorique*

K.G.

## Oxidativ abgebaute Stärke
(E 1404)
*Verdickungsmittel**
Herstellung durch Umsetzen von nativer Stärke mit alkalischer Hypochloritlösung bei Temperaturen unterhalb des Verkleisterungspunktes. Lösungen niedrigviskos. Neigen nicht zur Retrogradation und bilden keine Gele. **Anw.:** Mayonnaise, Salatsoßen. **Zul.:** ZZulV.

**en:** *oxidized starch*
**fr:** *amidon blanchi*

Literatur:
TEGGE, S. 168-169.

E.L.

## Ozon
*Entkeimungsmittel* und
Desinfektionsmittel**
Anwendung geht auf die 80er Jahre des 19. Jahrhunderts zurück, als man zur Vermeidung von Seuchen begann, das Trinkwasser mit Entkeimungsmitteln zu behandeln. Herstellung an der Stelle des Gebrauchs durch stille elektrische Entladung aus molekularem Sauerstoff oder Mischungen aus Sauerstoff und Kohlendioxid in sogenannten Ozonisatoren. Breite antimikrobielle Wirkung, besonders gegen Bakterien, inbesondere Krankheitserregern. Hat gegenüber Chlor* den Vorteil, im behandelten Wasser keine chlorierten organischen Verbindungen zu erzeugen und das Wasser nicht geruchlich oder geschmacklich zu verändern; entfernt eher nachteiligen Geruch und Geschmack. Wandelt sich im

Wasser schnell in Sauerstoff um. Deshalb bleiben keine Restmengen im Wasser zurück, was den Nachteil hat, daß mit Ozon behandeltes Wasser auf die Dauer im Verteilersystem nicht unbedingt keimfrei bleibt. Kosten von Ozon sind höher als die von Chlor. Neuerdings auch zur Entkeimung von Gewürzen anstelle von Ethylenoxid* vorgeschlagen.
**Anw.:** Trinkwasser. **Zul.:** TrinkwV.

**en:** *ozone*
**fr:** *ozone*

Literatur:
LÜCK, S. 90-92.

*E.L.*

P

## 6-Palmitoyl-ascorbinsäure
→ Ascorbylpalmitat

## Panosorb®
Konservierungsstoff*
Reine Sorbinsäure* besonderer Korngröße für die Konservierung hefegetriebener Backwaren gegen Schimmelbefall. Löst sich während der Teigbereitung nur sehr langsam auf und beeinflußt deshalb die Tätigkeit der Gärhefen so gut wie nicht. **Anw.:** In Konzentrationen von 0,15-0,2 % bei Schnittbrot. **Zul.:** ZZulV.

*E.L.*

## Pantothensäure
*Vitamin**
Wasserlösliches Vitamin. Wegen der allgemeinen Verbreitung in Lebensmitteln Mangelerscheinungen sehr selten. **Anw.:** Wegen der Instabilität der Säure nur in Form des Natrium- und Calciumpantothenates, gelegentlich auch des korrespondierenden Alkohols, Panthenol erhältlich. Wuchsstoff für Mikroorganismen bei Fermentationsvorgängen. **Zul.:** DiätV und VitaminV, kein Zusatzstoff im Sinne des LMBG, wohl aber die Pantothenate.

**en:** *pantothenic acid*
**fr:** *acide pantothenique*
Literatur:
Friedrich, S. 520.

*A.J.*

## Paraffin
→ natürliches Hartparaffin

## Paraffin
→ synthetisches Hartparaffin

## Paraffinöl
(905)
*Überzugsmittel**
Gemisch geradkettiger gesättigter Kohlenwasserstoffe aus mineralischen Quellen. **Anw.:** Zitrusfrüchte. **Zul.:** ZZulV.

**en:** *white mineral oil, liquid paraffin, liquid petrolatum*
**fr:** *huile de paraffine*
Literatur:
KUHNERT, S. 161-168.

*E.L.*

## Patentblau AE
→ Brillantblau FCF

## Patentblau V
(E 131)
*Farbstoff**
Blauer wasserlöslicher Triarylmethanfarbstoff*. **Anw.:** In Konzentrationen von 0,01-0,02 % bei Süßwaren, Getränken, Glasuren und zum Färben und Bemalen der Schale von Eiern. Durch Mischung mit gelben Farbstoffen wie Tartrazin* oder Chinolingelb* werden grüne Farbtöne erzielt. **Zul.:** ZZulV.

**en:** *patent blue V*
**fr:** *bleu patenté V*
Literatur:
OTTERSTÄTTER, S. 174. DFG, L-Blau 3. BERTRAM, S. 26 u. 47.

*G.O.*

## Pektine
(E 440)
*Verdickungsmittel*, Geliermittel* und Trägerstoffe**
Heißwasserextrakte aus Schalen von Zitrusfrüchten, Apfeltrester und Zuckerrübenschnitzeln. Polymere mit Methanol veresterter Galacturonsäure (Pektinsäure). Gut wasserlöslich, Viskosität nimmt mit steigendem Molekulargewicht und Veresterungsgrad zu. Man unterscheidet zwischen hochveresterten Pektinen (Methoxylgehalt über 7 %, über 50 % der Carboxylgruppen verestert) und niedrigveresterten Pektinen (Methoxylgehalt unter 7 %, unter 50 % der Carboxylgruppen verestert). Hochveresterte Pektine (über 72 % der Carboxylgruppen verestert) kaltwasserlöslich und im pH-Bereich zwischen 2,8 und 3,6 sowie in Gegenwart

# Persulfate

von hohen Zuckergehalten schnell gelierend. Gelierzeit kann durch Zusatz von Citraten* weiter verlängert werden. Niedrigveresterte Pektine nur in heißem oder kochendem Wasser löslich, benötigen zur Gelbildung Calciumsalze. Amidierte Pektine wegen ihrer geringen Reaktionsbereitschaft mit Calciumionen besonders zur Herstellung von Konfitüren und als Zusatz zu Gelierzucker und Gelierhilfen geeignet. **Anw.**: Obstkonfitüren, Gelees, Süßwaren, Speiseeis, Soßen, Mayonnaise, Kakaogetränke, Tortengüsse, Dauerbackwaren. **Zul.**: ZZulV, MilcherzV, KäseV, KonfitürenV, SpeiseeisV, AromenV und DiätV.

en: *pectins*
fr: *pectines*

Literatur:
NEUKOM und PILNIK, S. 69-82. BURCHARD, S. 133. HARRIS, S. 401-434.

L.G.

## Persulfate
*Desinfektionsmittel**
**Anw.**: In Form von Natriumperoxodi- und Kaliummonopersulfat bei Trinkwasser. **Zul.**: TrinkwV.

en: *persulfates*
fr: *persulfates*

E.L.

## Pflanzenschutzmittel
Gelten in der BR Deutschland nicht als Zusatzstoffe*, zählen zu den Kontaminanten*, denn sie werden nur in Spuren mitverzehrt.

E.L.

## PHB-Ester
→ Ester der p-Hydroxybenzoesäure

## Phenylalanin
*Geschmacksstoff**,
*Geschmacksverstärker** und *Nährstoff**
Essentielle Aminosäure*. **Anw.**: In der L-Form und ihrer Natrium- und Kaliverbindungen oder des Hydrochlorides in Konzentrationen von 0,03-0,05 % zur Beeinflussung des Geschmackes sowie zusätzlich als Calcium- und Magnesiumverbindung bei bilanzierten Diäten. **Zul.**: ZZulV, AromenV und DiätV, als Aminosäure gemäß § 2 Abs. 2 LMBG den Zusatzstoffen gleichgestellt.

en: *phenylalanine*
fr: *phénylalanine*

E.L.

## o-Phenylphenol
→ Orthophenylphenol

## 2-Phenylpropionaldehyd
*Künstlicher Aromastoff**
Geruch blumig. **Anw.**: Konzentrationen von 0,3-1 ppm bei Getränken, Backwaren, Süßwaren, Eiscreme. **Zul.**: AromenV.

en: *2-phenylpropionaldehyde*
fr: *aldéhyde 2-phényl propionique*

Literatur:
FURIA und BELLANCA, Band 2, S. 479.

E.L.

## Phosphate
→ Orthophosphate

## Phosphate
→ Diphosphate

## Phosphate
→ Triphosphate

## Phosphate
→ Polyphosphate

## Phosphatiertes Distärkephosphat
(E 1413)
Mit Phosphoroxychlorid unter alkalischen Bedingungen umgesetztes Distärkephosphat. Gute Säure-, Scher-, Hitze-, Gefrier- und Taustabilität. Nur geringe Neigung zur Retrogradation. **Anw.**: Konserven, Soßen, Suppen, Mayonnaise, Milcherzeugnisse. **Zul.**: Kein Zusatzstoff im Sinne des LMBG.

**en:** *phosphated distarch phosphate*
**fr:** *phosphate de diamidon*
Literatur:
TEGGE, S. 180-185.

*L.G.*

## Phosphatstärke
Stärkephosphate (E 1410 - E 1411)
*Verdickungsmittel\**
Herstellung durch Umsetzen von nativer Stärke mit Phosphaten. **Anw.:** In Form von Monostärkephosphat* (E 1410) und Distärkephosphat* (E 1411) bei Dressings, Fruchtfüllungen, Backwaren, Fertiggerichten, Puddingpulver, Soßen, Milcherzeugnissen. **Zul.:** Keine Zusatzstoffe m Sinne des LMBG.
**en:** *starch phosphates*
**fr:** *phosphates d'amidon*
Literatur:
TEGGE, S. 180-182.

*E.L.*

## Phosphorsäure
→ Orthophosphorsäure

## Phthalocyaninblau
(C 13)
*Farbstoff\**
Blaues zur Gruppe der Porphyrinfarbstoffe* gehörendes Pigment*. **Anw.:** Stempeln der Oberfläche von Lebensmitteln und Verpackungsmtteln, Färben und Bemalen der Schale von Eiern. **Zul.:** ZZulV.
**en:** *phthalocyanine blue*
**fr:** *bleu phthalocyanine*
Literatur:
OTTERSTÄTTER, S. 227 u. 228. BERTRAM, S. 27 u. 52.

*G.O.*

## Phthalocyaningrün
(C 14)
*Farbstoff\**
Grünes zur Gruppe der Porphyrinfarbstoffe* gehörendes Pigment*. **Anw.:** Stempeln der Oberfläche von Lebensmitteln und Verpackungsmtteln, Färben und Bemalen der Schale von Eiern. **Zul.:** ZZulV.
**en:** *phthalocyanine green*
**fr:** *vert phtahalocyanine*
Literatur:
OTTERSTÄTTER, S. 230. Bertram, S. 27 u. 52.

*G.O.*

## Phyllochinone
Vitamin K1
*Vitamine\**
Fettlösliche Vitamine. Wegen der allgemeinen Verbreitung in Lebensmitteln Mangelerscheinungen selten. Alpha-Phyllochinon ist Vitamin K1, beta-Phyllochinon (Farnochinon) ist Vitamin K2. **Anw.:** Bilanzierte Diäten, Säuglingsnahrung. **Zul.:** DiätV, kein Zusatzstoff im Sinne des LMBG.
**en:** *phylloquinones*
**fr:** *phylloquinones*
Literatur:
FRIEDRICH, S. 185.

*A.J.*

## Phytate
Inosithexaphosphate
*Flockungsmittel\**
Verbinden sich mit Eisen zu unlöslichem Eisenphytat. Wirkung weniger sicher als die von Ferrocyaniden*. **Anw.:** In Form von Calciumphytat und Calcium-Magnesiumphytat bei Rotwein und Obstwein. **Zul.:** AV WeinG und EG-WeinMO.
**en:** *phytates (calcium and calcium magnesium phytate)*
**fr:** *phytates (phytates de calcium et de calcium et magnésium)*

*E.L.*

## Pigmente
*Farbstoffe\**
Abweichend von der üblichen Definition in DIN 55 944 Farbmittel* werden im Lebensmittelbereich auch Pigmente als Farbstoffe bezeichnet. Pigmente sind anorganische oder organische Farbmittel, die sich im Gegensatz zu den Farbstof-

fen* im zu färbenden Produkt nicht lösen, sondern ihre Farbwirkung ebenso wie die Farblacke* durch gleichmäßige Verteilung im Produkt oder bei Dragees an der Oberfläche entfalten.

**en:** pigments
**fr:** pigments

Wichtige Pigmente:
| | |
|---|---|
| E 170 | Calciumcarbonat* |
| E 171 | Titandioxid* |
| E 172 | Eisenoxide* und -hydroxide* |
| E 173 | Aluminium* |
| E 174 | Silber* |
| E 175 | Gold* |
| E 180 | Rubinpigment BK* (Litholrubin BK) |
| C 12 | Ultramarin* |
| C 13 | Phthalocyaninblau |
| C 14 | Phthalocyaningrün* |

G.O.

## Pimaricin
→ Natamycin

## Piperonylisobutyrat
*Künstlicher Aromastoff\**
Geruch fruchtig, pflaumenähnlich. **Anw.:** In Konzentrationen von 0,05-3 ppm bei Getränken, Backwaren, Süßwaren, Eiscreme. **Zul.:** AromenV.

**en:** piperonyl isobutyrate
**fr:** isobutyrate de pipéronyle

Literatur:
FURIA und BELLANCA, Band 2, S. 490.

E.L.

## Pökelhilfsstoffe
Unterstützen und beschleunigen allein oder in Mischungen den Pökelvorgang. Ziel des Pökelvorganges ist eine stabile rote Farbe, die Bildung des Pökelaromas und mikrobiologische Stabilität. Während früher das Haltbarmachen von Fisch und Fleisch durch Einsalzen als Pökeln bezeichnet wurde, versteht man heute darunter die Behandlung mit Pökelsalzen*, einer Mischung aus Kochsalz* und Umrötemitteln*. Große Fleischstücke werden meist durch Naß- oder Trockenpökelung unter Mitverwendung von Nitraten* behandelt. Spritzpökelung besteht im Einspritzen der gelösten Pökelhilfsstoffe in Adern oder Muskeln. Beim Pökelvorgang sich vollziehende enzymatisch-chemische Vorgänge können durch Zugabe von Zuckerarten* und Säureregulatoren* beschleunigt und intensiviert werden. **Zul.:** ZZulV, DiätV und FleischV.

**en:** curing agents, pickling agents
**fr:** adjuvants de salaison

Wichtige Pökelhilfsstoffkomponenten:
| | |
|---|---|
| | Zuckerarten |
| E 300-E 302 | Ascorbinsäure* und Ascorbate* Isoascorbinsäure* Gluconsäuredeltalacton* |
| E 331-E 333 | Citrate* |
| E 450 a | Diphosphate* |
| E 450 b | Triphosphate* |
| E 450 c | Polyphosphate* |

K.G.

## Pökelsalz
→ Nitritpökelsalz

## Polydextrose
(1200)
*Füllstoff\* und Feuchthaltemittel\**
Kondensationsprodukt aus Glucose, Sorbit und Citronensäure. Wird im menschlichen Körper energetisch nur wenig verwertet, daher Brennwert nur 1 kcal/g, nach Ansicht einiger Autoren allerdings höher. Verträglich für Diabetiker. Ohne Süßgeschmack. **Anw.:** Auch in Form von Lösungen und der weniger sauer schmeckenden Kaliumverbindung bei brennwertverminderten Lebensmitteln und Getränken, besonders Backwaren und Süßwaren. **Zul.:** In einigen Ländern, in der BR Deutschland nicht zugelassen.

en: *polydextrose*
fr: *polydextrose*
Literatur:
von RYMON LIPINSKI und SCHIWECK, S. 256-258.
O'BRIEN NABORS und GELARDI, S. 401-421.

*E.L.*

### Polyenfarbstoffe
Gruppe natürlicher und synthetischer Farbstoffe*, deren Farbwirkung auf einem System konjugierter Doppelbindungen einer unverzweigten Methinkette beruht. Wichtigste Polyenfarbstoffe sind die Carotinoide*.

*G.O.*

### Polyethylen
*Kaumasse* und Überzugsmittel*
**Anw.**: Kaugummi und zusammen mit natürlichem Hartparaffin bei Hartkäse. **Zul.**: ZZulV und KäseV.

en: *polyethylen*
fr: *polyéthylène*

*E.L.*

### Polyethylenwachsoxidate
*Überzugsmittel*
Oxidierte Polyethylenwachse. **Anw.**: Zitrusfrüchte. **Zul.**: ZZulV.
Literatur:
KUHNERT, S. 197-199.

*E.L.*

### Polyglycerate
*Emulgatoren*
Ethoxylierte Mono- und Diglyceride. Nichtionische Emulgatoren, teilweise wasserlöslich mit starker, vom pH-Wert unabgängiger lösungsvermittelnder Wirkung, hauptsächlich für O/W-Emulsionen. **Anw.**: Backwaren. **Zul.**: In einigen Ländern, in der BR Deutschland nicht zugelassen.

en: *ethoxylated mono- and diglycerides*
Literatur:
SCHUSTER, S. 137-142.

*H.G.*

### Polyglycerinester polykondensierter Rizinolsäure
Polyglycerin-Polyrizinoleat (E 476)
*Emulgator*
Kondensationsprodukt von Polyglycerin mit Polyrizinolsäuren. Nichtionischer Emulgator, hauptsächlich für W/O-Emulsionen. Setzt die Viskosität von Schokolademassen herab und beeinflußt deren Fließverhalten. Synergistische Effekte mit Lecithin*. Bevorzugter Einsatz in Emulsionen mit hohem Wassergehalt. **Anw.**: Schokolade, Trennemulsionen. **Zul.**: In einigen Ländern, in der BR Deutschland nicht zugelassen.

en: *partial polyglycerol esters of polycondensed ricinolic acid*
fr: *esters partiels de polyglycérol d'acides gras de ricin polycondensés*
Literatur:
SCHUSTER, S. 161-168.

*H.G.*

### Polyglycerinester von Speisefettsäuren
(E 475)
*Emulgatoren*, *Antispritzmittel*, *Aufschlagmittel* und *Schaumverhütungsmittel*
Ester von Speisefettsäuren mit Polyglycerin. Grenzflächenaktive Eigenschaften hängen ab vom Verhältnis Polyglycerin zu Fettsäure und dem Polymerisationsgrad des Polyglycerins. Können als W/O- oder O/W-Emulgatoren verwendet werden, besitzen auch lösungsvermittelnde Eigenschaften für lipophile Substanzen. Fördern Lufteinschlag in Lebensmitteln. Gut thermische Stabilität. **Anw.**: Margarine, Backmargarine, Backwaren, Kuchenmischungen, Eiscreme. **Zul.**: ZZulV.

en: *polyglycerol esters of fatty acids*
fr: *esters polyglycériques d'acides gras alimentaires*
Literatur:
SCHUSTER, S. 154-161.

*H.G.*

## Polyglycerin-Polyrizinoleat
→ Polyglycerinester von polykondensierter Rizinolsäure

## Polyisobutylen
Kaumasse* und Überzugsmittel*
**Anw.:** Kaugummi und zusammen mit natürlichem Hartparaffin bei Hartkäse. **Zul.:** ZZulV und KäseV.
**en:** polyisobutylene
**fr:** polyisobutylène
*E.L.*

## Polymere
Überzugsmittel* und Kaumassen*
Hauptsächlich angewandt werden Polyvinylester* der unverzweigten Fettsäuren der Kohlenstoffzahlen von $C_2$ bis $C_{18}$, hochpolymere Polyvinylether und Polyvinylisobutylether, Polyolefinharze*, wie Polyisobutylen* und Polyethylen*, Butadien-Styrol-Copolymerisate* und Isobutylen-Isopren-Copolymerisate*. **Anw.:** Käse, Kaugummi. **Zul.:** ZZulV und KäseV.
**en:** polymers
**fr:** polymères
*E.L.*

## Polyolefine
→ niedermolekulare Polyolefine

## Polyolefinharze
Überzugsmittel*
Harzartige Polyolefine. **Anw.:** Zitrusfrüchte. **Zul.:** ZZulV.
**en:** polyolefin resins
**fr:** résines polyoléfines
*E.L.*

## Polyoxyethylen(20)-Sorbitanfettsäureester
→ Polysorbate

## Polyphosphate
kondensierte Phosphate (E 450 c, 543 und 544) Ionenaustauscher*, Festigungsmittel*, Farbstabilisatoren*, Säureregulatoren*, Stabilisatoren*, Synergisten*, Trägerstoffe* und Rieselhilfsmittel* Salze der Polyphosphorsäuren, die durch Schmelzen saurer Orthophosphate* hergestellt werden. Im Lebensmittelbereich nur Polyphosphate mit Kettenstruktur verwendbar. Quell- und Hydratationswirkung auf Casein und andere Eiweißstoffe schwächer ausgeprägt als bei Orthophosphaten* und Diphosphaten*. Wirken unabhängig vom pH-Wert eiweißlösend. Quellwirkung auf Casein und Pufferungsvermögen bei Graham- und Kurrolschem Salz nicht ausgeprägt. Gute Wirkung als Ionenaustauscher. **Anw.:** Am meisten verwendet werden Ammoniumpolyphosphat, Natriumtetrapolyphosphat (E 450 c), Grahamsalz (Natriumpolyphosphat (E 450 c)), Kurrolsches Salz (Kaliumpolyphosphat (E 450 c)), Calciumpolyphosphat (544) und Calciumnatriumpolyphosphat (543) als Stabilisatoren für Brühwurst, Kochpökelwaren, Dauermilcherzeugnisse, Schmelzkäse, Dressings, Suppen, Soßen, Mayonnaisen, Fischerzeugnisse und Erzeugnisse aus anderen Seetieren, Geflügelprodukte, Gelee- und Dessertspeisen, Instantpuddings, Schlagmassen und Kuchenfüllungen auf Proteinbasis, Speiseeis, Süßwaren, Fruchtsaftgetränke, Kakao- und Malzgetränke, Gerinnungshemmer für Schlachttierblut, Darmbehandlungsmittel, Synergisten für Fetterzeugnisse, Kartoffelerzeugnisse, zubereitete Obst- und Gemüseprodukte, zur Herstellung von Stärkederivaten, als Teigkonditioniermittel und als Rieselhilfsmittel für Trockenmischungen. Hemmen die Korrosion und die Steinablagerung im Trinkwasser. **Zul.:** In allen Ländern, in der BR Deutschland in der DiätV, der KäseV, der MilcherzV und der TrinkwV.

**en:** polyphosphates (ammonium, sodium, potassium, calcium, and calcium sodium polyphosphate)

**fr:** *polyphosphates (polyphosphate d'ammonium, de sodium, de potassium, de calcium et de calcium sodium)*

Literatur:
MOLLENHAUER, S. 7-17, 20-37, 48-50.

K.G.

## Polysorbate
Polyoxyethylen(20)-Sorbitanfettsäureester (E 432 - E 436)
*Emulgatoren\**
Entstehen durch Anlagerung von 20 Mol Ethylenoxid an Sorbitanfettsäureester*. Handelsüblich sind Polysorbat 20, das ist Polyoxyethylen(20)-Sorbitan-Monolaurat (E 432), Polysorbat 90, das ist Polyoxyethylen(20)-Sorbitan-Monooleat (E 433), Polysorbat 40, das ist Polyoxyethylen(20)-Sorbitan-Monopalmitat (E 434), Polysorbat 60, das ist Polyoxyethylen(20)-Sorbitan-Monostearat (E 435), Polysorbat 65, das ist Polyoxyethylen(20)-Sorbitan-Tristearat (E 436). Nichtionische Emulgatoren, teilweise wasserlöslich mit starker lösungsvermittelnder Wirkung. Stabilisieren bestimmte Kristallstrukturen in Fetten und fördern Lufteinschlag in Lebensmittelsystemen. **Anw.:** Fette, Backfette, Eiscreme, Schlagschäume, Backwaren, Kuchenfüllungen und -glasuren, Salatsoßen, Kaffeeweißer. **Zul.:** In vielen Ländern, in der BR Deutschland nicht zugelassen.

**en:** *polyoxyethylen(20)sorbitan monolaurate, monooleate, monopalmitate, monostearate and tristearate*
**fr:** *monolaurate, monooléate, monopalmitate, monostéarate et tristéarate de polyoxyéthylène(20)sorbitan*

Literatur:
SCHUSTER, S. 194-199.

H.G.

## Polyvinylester der unverzweigten Fettsäuren der Kohlenstoffzahlen $C_2$ - $C_{18}$
**Anw.:** Kaugummi. **Zul.:** ZZulV.

E.L.

## Polyvinylpolypyrrolidon
PVPP (1201)
*Flockungsmittel\**
Adsorbiert Polyphenole und verhütet dadurch unerwünschte Trübungen. **Anw.:** Bier, Wein. **Zu.:** WeinV und EG-WeinMO.

**en:** *polyvinylpolypyrrolidone*
**fr:** *polyvinylpolypyrrolidone*

E.L.

## Ponceau 4R
Brillantponceau 4 RC (E 124)
*Farbstoff\**
Roter wasserlöslicher Azofarbstoff*. Teilweise wird auch der Name Cochenillerot A benutzt; hier besteht die Gefahr der Verwechselung mit Cochenille, siehe Karmin*. **Anw.:** In Konzentrationen von 0,005-0,05 % bei Lachsersatz, Getränken, Süßwaren und Dessertspeisen, zur Färbung von Dragees und Käseüberzügen auch in Form des Farblackes*. **Zul.:** ZZulV.

**en:** *new coccine*
**fr:** *ponceau 4 R*

Literatur:
OTTERSTÄTTER, S. 144. DFG, L-Rot 4. BERTRAM, S. 25, 47 u. 88.

G.O.

## Porphyrinfarbstoffe
Gruppe natürlicher und synthetischer Farbstoffe* und Pigmente*, deren Farbwirkung auf einer Verknüpfung von vier Ringsystemen durch Methingruppen oder Stickstoffbrücken beruht. Enthalten teilweise ein metallisches komplex gebundenes Zentralatom. Wichtige Porphyrinfarbstoffe sind der Blutfarbstoff Hämoglobin, Chlorophyll*, Phthalocyaninblau* und Phthalocyaningrün*.

G.O.

## Pottasche
→ Kaliumcarbonat

## Produkttrennmittel
→ Rieselhilfsmittel

## Prolin
*Nährstoff**
Nicht-essentielle Aminosäure*. **Anw.**: In der L-Form, ihrer Natrium-, Kalium-, Calcium- und Magnesiumverbindungen und des Hydrochlorides bei bilanzierten Diäten. **Zul.**: DiätV, als Aminosäure gemäß § 2 Abs. 2 LMBG den Zusatzstoffen gleichgestellt.
**en:** *proline*
**fr:** *proline*

*E.L.*

## Propan
*Extraktionslösemittel**
**Zul.**: ELV.
**en:** *propane*
**fr:** *propane*

*E.L.*

## 1,2-Propandiol
→ Propylenglycol

## n-Propanol
*Extraktionslösemittel**
**Zul.**: ELV.
**en:** *n-propanol*
**fr:** *n-propanol*

*E.L.*

## Propan-2-ol
→ Isopropanol

## Propenylguaethol
*Künstlicher Aromastoff**
Geruch vanilleartig. **Anw.**: In Konzentrationen von 2-25 ppm bei Getränken, Backwaren, Süßwaren, Eiscreme. **Zul.**: AromenV.
**en:** *propenylguaethol*
**fr:** *propenylguaéthol*

Literatur:
FURIA und BELLANCA, Band 2, S. 491.

*E.L.*

## Propionate
(E 281-E 283)
*Konservierungsstoffe**
Salze der Propionsäure*. Sind physiologisch ebenso zu bewerten wie diese. Antimikrobielle Wirkung im sauren, auch schwach sauren pH-Bereich am stärksten und vorzugsweise gegen Schimmelpilze und Hefen gerichtet. Antimikrobiell wirksam ist der Propionsäureanteil. Werden dieser oft vorgezogen, weil sie geruchlich und geschmacklich weniger hervortreten und wegen ihrer nicht-ätzenden Wirkung leichter zu verarbeiten sind. **Anw.**: Am meisten verwendet werden Natriumpropionat (E 281) und Calciumpropionat (E 282) in Konzentrationen von 0,2-0,3 % bei Brot und Feinbackwaren. **Zul.**: In vielen Ländern, in der BR Deutschland nicht mehr zugelassen.

**en:** *propionates (sodium, potassium and calcium propionate)*
**fr:** *propionates (propionate de sodium, de potassium et de calcium)*

Literatur:
siehe Propionsäure.

*E.L.*

## Propionsäure
(E 280)
*Konservierungsstoff* und Aromastoff**
Antimikrobielle Wirkung seit langem bekannt, Einsatz zur Backwarenkonservierung erstmals 1938 von Hoffman beschrieben. In der Natur weit verbreitet, wesentlicher Bestandteil des Aromas von Emmentaler Käse. Physiologisches Zwischenprodukt des Intermediärstoffwechsels. Wirkt in konzentrierter Form haut- und schleimhautreizend. Antimikrobielle Wirkung im sauren, auch schwach sauren pH-Bereich am stärksten und vorzugsweise gegen Schimmelpilze und Hefen gerichtet. **Anw.**: Auch in Form von Propionaten*. In Konzentrationen von 0,1-0,2 % bei Brot und Backwaren. **Zul.**:

In vielen Ländern, in der BR Deutschland nicht mehr zugelassen.
**en:** propionic acid
**fr:** acide propionique
Literatur:
LÜCK, S. 139-145.

*E.L.*

### Propylenglycol
1,2-Propandiol
*Trägerlösemittel\* und Extraktionslösemittel\**
Gutes Lösevermögen für Aromen\* und Antioxidantien\*. Wirkt in hohen Konzentrationen konservierend infolge Erniedrigung der Wasseraktivität. **Anw.:** Kaugummi, Aromen, Zubereitungen von Zusatzstoffen\*. **Zul.:** ZZulV, AromenV und ELV.
**en:** propylene glycol
**fr:** glycol propylénique

*E.L.*

### Propylenglykolalginat
(E 405)
*Verdickungsmittel\*, Geliermittel\* und Trubstabilisator\**
Gut wasserlöslich und im Gegensatz zu anderen Alginaten\* weniger gegen Säuren und Kationen empfindlich, aber empfindlich gegen Erwärmung unterhalb von pH 5. In Konzentrationen von 0,01-0,02% als Trubstabilisator bei Säften, in Konzentrationen von 0,05-2% in Soßen von Fischerzeugnissen. **Zul.:** ZZulV.
**en:** propylenglycol alginate
**fr:** alginate de propylèneglycol
Literatur:
siehe Alginate.

*L.G.*

### Propylenglykolester von Speisefettsäuren
(E 477)
*Emulgatoren\* und Aufschlagmittel\**
Ester von Fettsäuren mit 1,2-Propylenglykol. Wirken als W/O-Emulgatoren, allerdings sind die Emulgiereigenschaften nicht besonders stark ausgeprägt. Verändern die Kristallform und damit die Wirkung anderer Emulgatoren bei Schäumen. **Anw.:** Backwaren, Backfette, Desserts, Schlagschäume. **Zul.:** In einigen Ländern, in der BR Deutschland nicht zugelassen.
**en:** propylene glycol esters of fatty acids
**fr:** monoesters de propylène-glycol et d'acides gras alimentaires
Literatur:
SCHUSTER, S. 168-174.

*H.G.*

### Provitamin A
→ beta-Carotin

### Pufferungsmittel
→ Säureregulatoren

### PVPP
→ Polyvinylpolypyrrolidon

### Pyridoxin
Vitamin B6
*Vitamin\**
Wasserlösliches Vitamin. **Anw.:** In Form von Pyridoxinhydrochlorid zur Vitaminierung. **Zul.:** DiätV und VitaminV, Pyridoxin kein Zusatzstoff im Sinne des LMBG, wohl aber Pyridoxinhydrochlorid.
**en:** pyridoxin
**fr:** pyridoxine
Literatur:
FRIEDRICH, S. 349.

*A.J.*

### Pyrokohlensäureester
→ Dikohlensäureester

### Pyrophosphate
→ Diphosphate

**Q**

## Quassiaholz
*Natürlicher Aromastoff\**
Bitterstoffhaltiges Holz von Quassia amara, daher der Name. **Anw.:** In Konzentrationen von maximal 50 ppm Quassin bei Trinkbranntwein und Wertmutwein. **Zul.:** AromenV und WeinV.

**en:** *quassia wood*
**fr:** *bois de quassia*

E.L.

## Quellmehl
→ Quellstärke

## Quellstärke
Quellmehl
*Verdickungsmittel\**
Herstellung durch hydrothermische Behandlung von nativer Stärke. In kaltem Wasser quellbar, wenig gelbildend. Hohes Wasserbindungsvermögen (8-16 g/g). Durch Zusatz von Enzymen, Säuren, Salzen oder Alkali während der Verkleisterung Modifikation für bestimmte Einsatzzwecke möglich. **Anw.:** Instantprodukte, Pudding, Puddingpulver, Desserts, Kuchenmischungen, Tortenfüllungen, Soßenpulver, Brot. **Zul.:** Kein Zusatzstoff im Sinne des LMBG.

**en:** *swell-starch flour, swelling-starch, pregelatinized starch*
**fr:** *amidon prégélatinisé*

**Literatur:**
NEUKOM und PILNIK, S. 31-47. TEGGE, S. 166-168.

L.G.

R

## Räucherrauch
„Rauch"
*Aromastoff\*, Konservierungsstoff\* und Farbstoff\**
Konservierende und aromatisierende Wirkung seit den ältesten Zeiten bekannt, einer der ältesten Lebensmittelzusatzstoffe. Herstellung durch gezieltes Verschwelen von naturbelassenem Holz, vorzugsweise weichem Laubholz, kleiner Zweige, Späne, Nadelholzzapfen oder Torf, oft mit Zusatz von Gewürzen. Je nach Höhe der Rauchtemperatur und der Rauchdauer unterscheidet man zwischen Kalt-, Warm- und Heißräucherung sowie Lang- und Kurzrauchverfahren. Besteht aus einer Aerosolkomponente und einer Gasphase, deren Aldehyd- und Phenolanteile im wesentlichen für die konservierende Wirkung verantwortlich sind. Toxikologisch relevante Leitsubstanz ist 3,4-Benzpyren, dessen Cancerogenität bekannt ist. Konzentration von 1 µg/kg im eßbaren Anteil des Räucherproduktes wird als akzeptable Höchstmenge angesehen und ist bei sachgemäßer Durchführung des Räucherprozesses erreichbar. **Anw.:** Fleisch-, Fisch- und Käseerzeugnisse, Knabberartikeln, Whisky, Rauchbier. Teilweise wird mehr die konservierende, die aromatisierende oder die farbgebende Wirkung ausgenützt. Bei Fleischerzeugnissen und Käse auch in Form von Raucharomen\* **Zul.:** ZZulV, FleischV und KäseV.

**en:** *smoke*
**fr:** *fumée*

Literatur:
TOTH, L.: Chemie der Räucherung. Wissenschaftliche Arbeitspapiere der Senatskommission zur Prüfung von Lebensmittelzusatz- und -inhaltsstoffen. Verlag Chemie 1982. LÜCK, S. 189-192.

*E.L.*

## Räucherrauchessenzen
→ Raucharomen

## Räucherrauchkondensate
→ Raucharomen

## Rauch
→ Räucherrauch

## Raucharomen
Räucherrauchkondensate, Räucherrauchessenzen, Flüssigrauch
Zubereitungen aus Rauch, der bei den herkömmlichen Verfahren zum Räuchern von Lebensmitteln verwendet wird (Räucherrauch\*). Rauch wird dabei in Trinkwasser\* oder Ethanol\* aufgefangen. **Anw.:** Käse. **Zul.:** KäseV.

**en:** *smoke solutions, liquid smoke*
**fr:** *fumée liquide*

Literatur:
siehe Räucherrauch.

*E.L.*

## Reaktionsaromen
→ Aromen

## Reinheitsanforderungen für Zusatzstoffe
Schützen den Verbraucher davor, daß ungenügend gereinigte Substanzen im Lebensmittelbereich verwendet werden. Allgemeine Reinheitsanforderungen gelten für alle Zusatzstoffe\* und beziehen sich im wesentlichen auf den Gehalt an Schwermetallen, bei Farbstoffen zusätzlich an aromatischen Aminen. Besondere Reinheitsanforderungen begrenzen den Gehalt an bestimmten, aus der Herstellung möglichen Verunreinigungen und Nebenbestandteilen. In den USA durch den Food Chemicals Codex\* geregelt, in der EG teilweise durch eigene Richtlinien, in der BR Deutschland durch die ZVerkV, die sich manchmal auf das Arzneibuch in der jeweils gültigen Fassung stützt, womit das Deutsche und das Europäische Arzneibuch gemeint sind. Weitere, rechtlich unverbindliche Richtlinien durch Codex Alimentarius. Grund-

sätzlich decken die lebensmittelrechtlichen Reinheitsanforderung an Zusatzstoffen im Gegensatz zu den in den Arzneibüchern niedergelegten Reinheitsanforderungen an Arzneimittel hauptsächlich den Gehalt an möglichen toxikologisch relevanten Verunreinigung ab.

*E.L.*

## Resorcindimethylether
*Künstlicher Aromastoff\**
Geruch fruchtartig, scharf. **Anw.:** In Konzentrationen von 3-8 ppm bei Getränken, Backwaren, Süßwaren, Eiscreme. **Zul.:** AromenV.

**en:** *resorcinol dimethyl ether*
**fr:** *1,3-diméthoxy benzène*

Literatur:
FURIA und BELLANCA, Band 2, S. 134.

*E.L.*

## Retinol
Vitamin A
*Vitamin\**
Fettlösliches Vitamin. Mangel führt zu verzögertem Wachstum, Knochendeformation, Nachtblindheit und hauptsächlich in Entwicklungsländern vorkommender Erblindung. **Anw.:** Auch in Form des Acetates und Palmitates in Konzentrationen von 0,3-10 ppm zur Vitaminierung von Margarine, Milchhalbfetterzeugnissen, Kleinkinder- und Säuglingsnahrung, spezielle Diäten. **Zul.:** ZZulV, DiätV, VitaminV und MilcherzV, gemäß § 2 Abs. 1 LMBG den Zusatzstoffen gleichgestellt.

**en:** *retinol*
**fr:** *rétinol*

Literatur:
FRIEDRICH, S. 42. HAUCK, A. B., KUENZLE, C. C., und REHM, W. F.: Vitamin A, Parey Berlin — Hamburg 1991.

*A.J.*

## Rhodoxanthin
(E 161 f)
*Farbstoff\**
Gelbes öllösliches zur Gruppe der Xanthophylle\* gehörendes Carotinoid\*. Ohne technische Bedeutung. **Zul.:** ZZulV.

**en:** *rhodoxanthin*
**fr:** *rhodoxanthine*

Literatur:
OTTERSTÄTTER, S. 235. BERTRAM, S. 49 u. 67.

*G.O.*

## Riboflavin
Lactoflavin, Vitamin B2 (E 101 und E 101 a)
*Vitamin\* und Farbstoff\**
Wenig wasserlöslicher Isoalloxazinfarbstoff. Besser wasserlöslich ist das Natriumsalz des Riboflavin-5-phosphates (Lactoflavin-5-phosphat) (E 101 a). Gut stabil in saurer, weniger in neutraler oder alkalischer Lösung, besonders unter Lufteinfluß. **Anw.:** Fettemulsionen, Mayonnaise, Suppen, Dessertspeisen, Käse, Süßwaren sowie zur Vitaminierung. **Zul.:** ZZulV, DiätV und VitaminV, Riboflavin kein Zusatzstoff im Sinne des LMBG, wohl aber das Natriumsalz des Riboflavin-5-phosphates.

**en:** *riboflavine, lactoflavine*
**fr:** *riboflavine, lactoflavine*

Literatur:
FRIEDRICH, S. 261, OTTERSTÄTTER, S. 277. DFG, L-Gelb 6. BERTRAM, S. 46, 52 u. 66.

*A.J. und G.O.*

## Rieselhilfsmittel
Mittel zur Erhaltung der Rieselfähigkeit, Trennmittel, Fließmittel, Antibackmittel, Antiklumpungsmittel, Produkttrennmittel Halten pulverförmige Stoffe und Zubereitungen fließ- und rieselfähig. Verhindern das Aneinanderkleben von stückigen Lebensmitteln. Im weiteren Sine gehören hierher auch Trennmittel, die bei Backpulver\* das vorzeitige Reagieren von Säure und Kohlensäureträger miteinander verhindern. Wirken aufgrund ihrer physikalischen Eigenschaften, z. B. Hydrophobizität. Abzugrenzen von den Formtrennmitteln\*. **Anw.:** In Konzentrationen zwischen 20 ppm und 2 % bei

Kochsalz\*, Getränkepulvern, Gewürzsalzen, Tomaten- und Fruchtpulvern, Trockensuppen, Trockensoßen, Backwaren, Süßwaren, Backpulver. **Zul.:** ZZulV.
**en:** *anticaking agents, anti-stick agents*
**fr:** *(agents) antiagglomérants, antimottants*

Wichtige Rieselhilfsmittel:
| | |
|---|---|
| E 170 | Calciumcarbonat\* |
| 479 | Thermooxidiertes Sojaöl\* |
| 504 | Magnesiumcarbonat |
| 530 | Magnesiumoxid\* |
| 535-536 | Ferrocyanide\* |
| 551 | Kieselsäure\* |
| 570 | Stearinsäure\* und Stearate |
| 553 b | Talkum\* |
| 552 | Calciumsilicate\* |
| | Bienenwachs\* |
| | Candelillawachs\* |
| | Carnaubawachs\* |
| | Spermöl\* |
| | Walrat\* |

**Literatur:**
KUHNERT, P.: Überzugsstoffe und Trennmittel. Anwendung und Wirkung in und auf Lebensmitteln. Behr Hamburg 1990.

*E.L.*

### Rot 2 G
Amidonaphtholrot G (E 128)
*Farbstoff\**
Blauroter wasserlöslicher Azofarbstoff\*. **Anw.:** Süßwaren. **Zul.:** In Großbritannien, in der BR Deutschland nicht zugelassen.
**en:** *red 2 G, azogeranine*
**fr:** *rouge 2 G*
**Literatur:**
OTTERSTÄTTER, S. 147. DFG, L-Rot 12.

*G.O.*

### Rote Bete-Farbstoff
→ Betanin

### Rotes Sandelholz
(166)
*Farbstoff\**
Kernholz des Sandelholzbaumes, Pterocarpus santalinus, daher der Name. Extrakte sind farbstoffreich. **Anw.:** Backwaren, Fleicherzeugnisse, Likör. **Zul.:** In einigen Ländern, in der BR Deutschland vielfach als färbendes Lebensmittel\* angesehen.
**en:** *sandalwood*
**fr:** *bois de santal*

*E.L.*

### Rubinpigment BK
Litholrubin BK (E 180)
*Farbstoff\**
Rotes Pigment\* aus der Gruppe der Azofarbstoffe\*. **Anw.:** Käseüberzugsmassen, Käsewachs. **Zul.:** ZZulV.
**en:** *litholrubine BK*
**fr:** *Rubis Lutetia, pigment rubis*
**Literatur:**
OTTERSTÄTTER, S. 136. DFG, LB-Rot 2. BERTRAM, S. 51.

*G.O.*

### Rubixanthin
(E 161 d)
*Farbstoff\**
Gelbes öllösliches, zur Gruppe der Xanthophylle\* gehörendes Carotinoid\* ohne technische Bedeutung. **Zul.:** ZZulV.
**en:** *rubixanthin*
**fr:** *rubixanthine*
**Literatur:**
OTTERSTÄTTER, S. 235. BERTRAM, S. 49 u. 67.

*G.O.*

### Rückstände
Stoffe, die in kleinen Mengen aus einer gezielten Behandlung von Lebensmitteln und deren Vorprodukten im Enderzeugnis zurückbleiben. Hierher gehören u. a. Rückstände von Wirkstoffen, die bei der Erzeugung pflanzlicher oder tierischer Lebensmittel zur Sicherung von Ertrag, Qualität und Rentabilität eingesetzt werden, wie Pflanzenschutzmittel, Schädlingsbekämpfungsmittel, Düngemittel, Bodenbehandlungsmittel, Futterzusätze, Tierarzneimittel, Stoffe mit hormonaler

**Rückstände**

und antihormonaler Wirkung und Psychopharmaka. Von den Rückständen abzugrenzen sind die Kontaminanten*.
**Zul.:** Keine Zusatzstoffe im Sinne des LMBG. Zulässige Höchstmengen werden in der BR Deutschland u. a. in der PHmV und in der Verordnung über Stoffe mit pharmakologischer Wirkung geregelt.

**en:** *residues*
**fr:** *résidus*

**Literatur:**
FÜLGRAFF, G.: Lebensmittel-Toxikologie. Ulmer Stuttgart 1989.

*E.L.*

s

## Saccharin

Benzoesäure-Sulfimid (E 954)
*Süßstoff**
Erstmals 1878 von Fahlberg durch Zufall aufgefunden. Wird im menschlichen Körper nicht metabolisiert, daher ohne physiologischen Brennwert. 550 mal süßer als Zucker. Auch verwendet in Form des Kalium- und Calciumsalzes, vor allem aber in Form des leicht wasserlöslichen Natriumsalzes, das 450 mal süßer als Zucker ist. Synergistisch mit anderen Süßstoffen, besonders Aspartam* und Cyclamat*, Zuckeraustauschstoffen* und Kohlenhydraten. Metallischer bis bitterer Beigeschmack. Gute Hydrolyse-, Temperatur- und Lagerstabilität. **Anw.:** In Konzentrationen bis ca. 0,01 % bei Getränken, Desserts und Milcherzeugnissen, ca. 0,04 % bei verschiedenen anderen Lebensmitteln, bis 0,05 % bei zuckerfreien Süßwaren und bis 0,1 % bei Kaugummi. **Zul.:** In vielen Ländern, in den USA nur mit Warnhinweis, in der BR Deutschland in der ZZulV, der DiätV und dem BiersteuerG.

**en:** saccharin
**fr:** saccharine

Literatur:
von RYMON LIPINSKI und SCHIWECK, S. 397-412. O'BRIEN NABORS und GELARDI, S. 127-156.

*v.R.L.*

## Saccharose

„Zucker"
*Süßungsmittel*, Konservierungsstoff* und Nährstoff**
Gewinnung hauptsächlich aus Zuckerrübe und Zuckerrohr. Verleiht Lebensmitteln einen süßen Geschmack, hat darüber hinaus aber viele technologische Wirkungen. Spaltet sich bei der Lebensmittelzubereitung, insbesondere bei Hitzeeinwirkung teilweise in Glucose* und Fructose*, die Reaktionen mit anderen Lebensmittelbestandteilen eingehen können, z. B. Aminosäuren* und Peptiden, dadurch Entstehen von Bräunungsprodukten und Aromen. Wird als Kohlenhydrat im menschlichen Körper energetisch voll verwertet, daher mit 17 kJ/g bzw. 4 kcal/g der bei Kohlenhydraten übliche Brennwert. Wegen des hohen Energiegehaltes gelegentlich Ersatz durch kalorienarme oder kalorienfreie Füllstoffe* zusammen mit Süßstoffen* wünschenswert, fehlender Zuckergehalt kann sich allerdings manchmal durch fehlenden „Körper" bemerkbar machen. Wirkt kariogen. Unverträglich für Diabetiker, hier Anwendung von Zuckeraustauschstoffen* oder Süßstoffen* empfehlenswert. Konservierende Wirkung beruht auf der Senkung der Wasseraktivität. **Anw.:** Getränke, Obsterzeugnisse, Backwaren, Süßwaren. **Zul.:** ZuckerartenV, kein Zusatzstoff im Sinne des LMBG.

**en:** *sucrose, "sugar"*
**fr:** *saccharose, "sucre"*

Literatur:
LÜCK, S. 118-122. VETTORAZZI, G., und MACDONALD, I.: Sucrose. Nutritional and Safety Aspects. Springer London — Berlin — Heidelberg — New York — Paris — Tokyo 1988. PENNINGTON, N. L., und BAKER, C. W.: Sugar, a User's Guide to Sucrose, Van Nostrand Reinhold, Florence 1991. von RYMON LIPINSKI und SCHIWECK, S. 69-146.

*E.L.*

## Säuerungsmittel

Geben Lebensmitteln einen sauren Geschmack. Anwendung geht auf alte Zeiten zurück; bereits die alten Römer kannten den Essig* als Säuerungsmittel. Saures Geschmacksempfinden auf der menschlichen Zunge ist den Wasserstoff-Ionen zuzuschreiben, die sich durch Dissoziation der Säuren in wäßrigen Lösungen bilden. Stärkste Säureempfindung wird nicht unbedingt durch Säuren hervorgerufen, die am stärksten dissoziiert sind. Vielmehr haben gewisse Molekül-Konstitutionen einen Einfluß auf das Ausmaß des Säure-

# Säureregulatoren

geschmackes. Säuren unterscheiden sich nicht nur in der Intensität sondern auch in der Dauer der Säureempfindung. Optimaler Sauergeschmack in Lebensmitteln liegt im pH-Bereich von 3-5. Säuregeschmack wird von evtl. gleichzeitig vorhandenen süßschmeckenden Verbindungen beeinflußt, z. B. Zuckerarten*, Zuckeraustauschstoffen* und Süßstoffen*. Manche Säuerungsmittel haben einen geringen zusätzlichen Eigengeschmack, z. B. Citronensäure* und Weinsäure*, andere schmecken fast nur oder nur sauer, wie Äpfelsäure* und Orthophosphorsäure*. Säuerungsmittel wirken zusätzlich speichelfördernd und aromaverstärkend. Säuerungsmittel sind abzugrenzen von den Säureruglatoren*. **Anw.:** Mayonnaise, Feinkostsalate, Fischpräserven, Sauerkonserven, Obstprodukte, alkoholfreie Erfrischungsgtränke, Dessertspeisen, Süßwaren. **Zul.:** ZZulV, DiätV und EG-WeinMO. Natürlich vorkommende organische Säuren, auch Fruchtsäuren genannt, keine Zusatzstoffe im Sinne des LMBG.

**en:** *acidifiers, food acids, acidulants US*
**fr:** *acidifiants*

Wichtige Säuerungsmittel:

| | |
|---|---|
| E 260 | Essigsäure* |
| E 270 | Milchsäure* |
| E 296 | Äpfelsäure |
| E 297 | Fumarsäure* |
| E 330 | Citronensäure |
| E 334 | Weinsäure |
| E 338 | Orthophosphorsäure |
| 355 | Adipinsäure* |
| 363 | Bernsteinsäure* |

**Literatur:**
WIEDER, G.: Genußsäuren und ihre Salze. Anwendung und Wirkung in Lebensmitteln. Behr Hamburg 1989.

*E.L.*

## Säureregulatoren
Pufferungsmittel
Stellen einen bestimmten pH-Wert ein und/oder stabilisieren ihn. Können den pH-Wert herauf- oder herabsetzen. Verändern im Gegensatz zu den Säuerungsmitteln* nicht notwendigerweise den Geschmack eines Lebensmittels. Werden vielmehr aus technischen Gründen zugesetzt, u. a. zur Verbesserung der Stabilität (Stabilisatoren*) oder zur Unterstützung der Wirkung von Konservierungsstoffen*, besonders der konservierend wirkenden organischen Säuren, indem sie deren Dissoziation zurückdrängen. **Anw.:** Milcherzeugnisse, Speiseeis, Obstprodukte, Dessertspeisen, Kakaoprodukte, Süßwaren, Wein und Trinkwasser, u. a. auch für die Herstellung von Bier. **Zul.:** ZZulV, DiätV, FleischV, KakaoV, TrinkwV und EG-WeinMO.

**en:** *acidity regulators, buffers, buffering agents, pH control agents, pH modification agents, pH adjusting agents*

**fr:** *correcteurs d'acidité*

Wichtige Säureregulatoren:

| | |
|---|---|
| E 170 | Calciumcarbonat* |
| E 260 | Essigsäure* |
| E 261-E 263 | Acetate* |
| E 270 | Milchsäure |
| E 296 | Äpfelsäure* |
| E 297 | Fumarsäure* |
| E 325-E 327 | Lactate* |
| E 330 | Citronensäure* |
| E 331-E 333 | Citrate* |
| E 334 | Weinsäure* |
| E 335-E 337 | Tartrate* |
| E 338 | Orthophosphorsäure* |
| E 339-E 341 | Orthophosphate* |
| 350-352 | Malate* |
| 354 | Calciumtartrat* |
| 355 | Adipinsäure* |
| 380 | Triammoniumcitrat |
| E 450 | Kalium- und Natriumdi-, -tri- und -polyphosphate |
| 500-504 | Carbonate und Hydrogencarbonate* |
| 507 | Salzsäure* |
| 513 | Schwefelsäure* |

| | |
|---|---|
| 514-518 | Sulfate* |
| 524-528 | Hydroxide* |
| 529-530 | Oxide* |
| 540 | Calciumdiphophate |
| 541 | Natrium-Aluminium-phosphate* |
| 543 | Calciumpolyphosphate |
| 574 | Gluconsäure* |
| 575 | Gluconsäure-deltalacton* |

**Literatur:**
WIEDER, G.: Genußsäuren und ihre Salze. Anwendung und Wirkung in Lebensmitteln. Behr Hamburg 1989.

*E.L.*

### Salicylsäure
*Konservierungsstoff**
Vorkommen in einigen Pflanzen, speziell der Salweide, Salix caprea, daher der Name. Antimikrobielle Wirkung erstmals 1874 von Kolbe beschrieben. Nicht nach modernen Methoden auf gesundheitliche Unbedenklichkeit geprüft. Antimikrobielle Wirkung im sauren pH-Bereich am stärksten und vorzugsweise gegen Schimmelpilze und Hefen gerichtet, es werden aber auch viele Bakterien gehemmt. **Zul.:** Nicht mehr zugelassen.

**en:** *salicylic acid*
**fr:** *acide salicylique*

**Literatur:**
LÜCK, S. 173-176.

*E.L.*

### Salpeter
→ Nitrate

### „Salz"
→ Kochsalz

### Salze der Speisefettsäuren
→ Natrium-, Kalium- und Calciumsalze der Speisefettsäuren

### Salzsäure
(507)
*Säureregulator* und Aufschlußmittel**
Starke Säure, Vorkommen im Magensaft. **Anw.:** Partielle oder totale Hydrolyse von Stärke, Eiweißhydrolyse zur Herstellung von Würze, Zuckerinversion von Saccharose, Herstellung von Säure-Nährkasein, Trinkwasseraufbereitung. **Zul.:** ZZulV, MilcherzV und TrinkwV.

**en:** *hydrochloric acid*
**fr:** *acide chlorhydrique*

*K.G.*

### Sandarak
*Überzugsmittel**
Harzsaft aus Callitris quadrivalvis. **Anw.:** Süßwaren, Kaugummi. **Zul.:** ZZulV.

**en:** *sandarac gum, gum junipa*
**fr:** *sandaraque*

**Literatur:**
KUHNERT, S. 192-193.

*E.L.*

### Sandelholz
→ rotes Sandelholz

### Sauerstoff
*Farbstabilisator**
Stabilisiert in Mischung mit Kohlendioxid* und/oder Stickstoff* die rote Farbe von frischem Fleisch durch Bildung von Oxymyoglobin. Fördert Alterung von Branntwein. **Anw.:** Frisches Fleisch, Branntwein, Trinkwasser. **Zul.:** FleischV, Schaumwein-BranntweinV und TrinkwV.

**en:** *oxygen*
**fr:** *oxygène*

*E.L.*

### Sauerteig
*Mikroorganismenkultur* und Backtriebmittel**
Seit Jahrtausenden verwendet. Entsteht als Mischflora aus Säurebildnern und Hefen beim Säuern von Teig und setzt wie Hefe* auf mikrobiologische Weise Kohlendioxid frei. Gibt mehr noch als Hefe besondere Geschmackseffekte. Hauptsächlich angewendet bei dunklem Brot, auch in Mischung mit Hefe. **Zul.:** Nach § 11 Abs. 3 LMBG Zusatzstoff, der keiner besonderen Zulassung bedarf.

en: *leaven, sauerdough*
fr: *levain*

Literatur:
SPICHER, G.: Handbuch Sauerteig. Biologie, Biochemie, Technologie, Behr Hamburg. 3. Aufl. 1987.

*E.L.*

## Schälmittel
Entfernen oder lösen auf chemischem Wege die Schale von Obst, Kartoffeln und Gemüsen. Angewendet werden hauptsächlich Laugen, wie Kaliumhydroxid* und Natriumhydroxid*, zuweilen in Kombination mit Netzmitteln* und Enzymhemmstoffen* um Verfärbungen zu verhindern.

en: *peeling agents, surface removal agents (US)*

*E.L.*

## Schaummittel
→ Aufschlagmittel

## Schaumstabilisatoren
Stabilisieren schaumförmige Zubereitungen und gehören im weiteren Sinne zu den Stabilisatoren*. Geeignet sind eingie Verdickungsmittel*, Geliermittel* und Emulgatoren*. **Anw.:** Backwaren, Süßwaren, Süßwaren. **Zul.:** ZZulV.

en: *foam stabilizers*
fr: *stabilisants de mousse*

*E.L.*

## Schaumverhütungsmittel
Entschäumer, Antischaummittel
Verhüten oder vermindern unerwünschte Schaumbildung in Lebensmitteln, hauptsächlich während der Fabrikation. **Anw.:** Würzen, Zucker, Konfitüren, Süßwaren. **Zul.:** ZZulV und KonfitürenV.

en: *antifoaming agents, defoamers (US)*
fr: *agents antimousse*

Wichtige Schaumverhüter:

| | |
|---|---|
| E 471 | Mono- und Diglyceride von Speisefettsäuren* |
| E 470 | Natrium-, Kalium- und Calciumverbindungen der Speisefettsäuren* |
| E 472 | Veresterte Mono- und Diglyceride von Speisefettsäuren* |
| E 475 | Polyglycerinester von Speisefettsäuren* |
| 900 a | Dimethylpolysiloxan |
| 905 | Paraffinöl* |
| | Fettalkohole |
| | Speiseöle und -fette |

*E.L.*

## Schellack
(904)
*Überzugsmittel**
Ausscheidungen der Gummischildlacklaus. **Anw.:** Süßwaren, Kaugummi, Roh- und Ersatzkaffee, Zitrusfrüchte. **Zul.:** ZZulV und KaffeeV.

en: *shellac, gum lac*
fr: *gomme laque, résine laque*

Literatur:
KUHNERT, S. 157-160.

*E.L.*

## Schmelzsalze
Ermöglichen die Herstellung von Schmelzkäse aus Naturkäse. Zwischen 1911 und 1913 in der Schweiz erfunden, um den nur begrenzt haltbaren Rohkäse durch thermische Behandlung in eine dauerhafte Form zu überführen. Inaktivieren die Calcium-Ionen, welche die Stabilität des vernetzten Casein-Komplexes des Rohkäses bedingen. Verwandeln das Gel Paracasein-Calcium in ein Sol aus Paracasein-Natrium, aus dem sich nach dem Erkalten wieder ein mehr oder minder festes homogenes Schmelzkäse-Gel bildet. Vorgang nennt man schmelzen, daher der Name Schmelzkäse. Angewendet werden meist Mischungen verschiedener Stoffe, vorzugsweise Phosphate* und Citrate*. Auswahl der Stoffe und Anwendungskonzentration, meist 2-3 %, müssen empirisch den jeweiligen Bedingungen angepaßt werden. **Zul.:** ZZulV, DiätV und KäseV.

**en:** *emulsifying salts*
**fr:** *sels de fonte, sels emulsifiants*

Wichtige Schmelzsalzkomponenten:
E 331-E 332   Citrate*
E 339-E 340   Orthophosphate*
E 450            Di-, Tri- und Polyphosphate*

**Literatur:**
BK Ladenburg: Die Schmelzkäseherstellung. JOHA® Leitfaden. Ladenburg 1989. Mollenhauer, S. 26-29.

K.G.

## Schönungsmittel
→ Flockungsmittel

## Schutzgase
Verpackungsgase, Füllgase
*Konservierungsstoffe\* und Antioxidantien\**
Schützen Lebenmittel vor oxidativen, mikrobiologischen und anderen unerwünschten Veränderungen. Erster Hinweis bereits in der Bibel (1. Buch Moses, Kapitel 41, Vers 35), wonach Joseph auf Veranlassung des Pharao in den sieben fetten Jahren den fünften Teil des Getreides in Fruchthäusern einlagerte, um Vorrat für die sieben mageren Jahre zu haben. Das Getreide blieb nicht nur wegen seines niedrigen Wassergehaltes sondern auch in Folge des bei der Atmung entstehenden Kohlendioxids* vor dem Verderb geschützt. Aus der Luft gewonnene Gase (Luftgase), vorzugsweise angewendet werden Stickstoff* und Kohlendioxid, daher ohne toxikologische Bedeutung. Wirkung durch Verdrängung des Sauerstoffes, der die Atmung von lagernden Früchten begünstigt oder der zu oxidativen Veränderungen führen kann (Antioxidantien). Kohlendioxid hat darüber hinaus selbst eine antimikrobielle Wirkung. Angewendet zur Lagerung von Lebensmitteln in kontrollierten Atmosphären in großen Räumen oder Silos und in Kleinpackungen. Im letzteren Falle gasdichte Verpackungsmaterialien und relativ aufwendige Verpackungstechniken erforderlich. Schutzgas darf weder aus der Verpackung herausdiffundieren, noch darf Luft, speziell Sauerstoff, in die Verpackung hineindiffundieren. **Anw.:** Frischfleisch, Gemüse, Obst, Käse in Kleinpackungen, Fertiggerichte, Snacks. **Zul.:** ZZulV, FleischV, WeinV und EG-WeinMO.

**en:** *protective gases, packing gases*
**fr:** *gaz inerts, gaz de garde*

**Literatur:**
BRODY, A. L.: Controlled/Modified Atmosphere/Vacuum Packaging of Foods. Food & Nutrition Press Trumbull 1989. CALDERON M., und BARKAI-GOLAN, R.: Food Preservation by Modified-Atmospheres. CRC Press Boca Raton 1991. RUSSEL und GOULD, S. 172-199.

E.L.

## Schwefel
Bildet beim Verbrennen Schwefeldioxid*.
**Anw.:** Wein, weinähnliche Getränke.
**Zul.:** AV WeinG und WeinV.
**en:** *sulfur*
**fr:** *soufre*

E.L.

## Schwefeldioxid
„schweflige Säure" (E 220)
*Konservierungsstoff\*,*
*Desinfektionsmittel\*, Antioxidans\*,*
*Enzymhemmstoff und Farbstabilisator\**
Bereits in alten Kulturkreisen als Räuchermittel und zur Desinfektion benutzt. Die alten Römer kannten den „Dunst des Schwefels" als Schönungsmittel für Wein; allerdings ist es immer noch zweifelhaft, in welcher Form damals Schwefel benutzt worden ist. Vermutlich ist das Schwefeln von Wein erst im späten Mittelalter allgemein üblich geworden. Wird im Organismus durch Sulfitoxidase zu Sulfat oxidiert und über den Harn ausgeschieden. Zerstört Thiamin. Wirkt in Gasform schleimhautreizend. Multifunktioneller Zusatzstoff, dessen Wirkung auf der chemischen Reaktionsfähigkeit beruht. Auch verwendet in Form von Sulfiten* die als wasserlösliche feste Stoffe teilweise

leichter zu handhaben sind. Antimikrobielle Wirkung im sauren pH-Bereich am stärksten und hauptsächlich gegen Bakterien gerichtet, es werden aber auch viele Hefen und Schimmelpilze gehemmt. Verbreitert das Wirkungsspektrum von mehr fungistatisch wirkenden Konservierungsstoffen, wie Sorbinsäure* und Benzoesäure*. Antioxidative Wirkung beruht weitgehend auf den reduktiven Eigenschaften. Wirkt als Sauerstoff-Fänger, indem es in Sulfat übergeht. Schützt Ascorbinsäure* vor Oxidationen. Hemmt viele Enzyme, besonders oxidierend wirkende Polyphenoloxidasen. Dadurch Wirkung als Farbstabilisator. Farbstabilisierende Wirkung auch durch Verzögerung und weitgehende Verhinderung der Maillard-Reaktion, des nicht-enzymatische Braunwerden von pflanzlichen Produkten. Anwendung in Konzentrationen von 0,05-0,2 % hauptsächlich bei Vor- und Zwischenprodukten, aus denen es im Laufe der Lebensmttelverarbeitung wieder entfernt wird, so daß es im Endprodukt nur noch in relativ geringen Konzentrationen enthalten ist, die geschmacklich und geruchlich nicht mehr bemerkbar sind. Bei der Lagerung von geschwefelten Lebensmitteln Oxidation zu Sulfat. Herausragende Bedeutung bei der Weinbereitung, wo verschiedene Eigenschaften genutzt werden. Verhinderung von Weinkrankheiten und Sicherstellung einer reintönigen Gärung in Folge konservierender Wirkung. Aufrechterhaltung des richtigen Redoxpotentials infolge der reduzierenden Eigenschaften. Farbstabilisierende Wirkung durch Enzymhemmung. Bindung von Gärungsnebenprodukten, vorzugsweise Acetaldehyd, die den Geschmack und den Geruch des Weines negativ beeinflussen können. Liegt im Wein teilweise in freier Form (freie schweflige Säure) vor, teilweise ist es an Inhaltsstoffe des Weines gebunden (gebundene schweflige Säure). Gesamtgehalt des trinkfertigen Weines an Schwefeldioxid liegt, von Ausnahmen abgesehen, meist unter 150 mg/l und ist bei Weißwein etwas höher als bei Rotwein. **Anw.:** Fleisch-, Obst-, Gemüse- und Kartoffelerzeugnisse, Zucker, Essig, Wein. **Zul.:** Für Fleischerzeugnisse nur in Großbritannien, in der BR Deutschland in der ZZulV, DiätV, TrinkwV, WeinV und EG-WeinMO.

**en:** *sulfur dioxide*
**fr:** *anhydride sulfureux*

Literatur:
WEDZICHA, B. L.: Chemistry of Sulfur Dioxide in Foods, Elsevier Applied Science Publishers, London — New York 1984. BRANEN und DAVIDSON, S. 177-203. LÜCK, S. 96-107.

*E.L.*

## Schwefelsäure
(513)
*Säureregulator* und Aufschlußmittel*
Starke Säure. **Anw.:** Partielle oder totale Hydrolyse von Stärke, Zuckerinversion von Saccharose, Herstellung von Säure-Nährkasein, Trinkwasseraufbereitung. **Zul.:** ZZulV, MilcherzV und TrinkwV.

**en:** *sulfuric acid*
**fr:** *acide sulfurique*

*K.G.*

## „Schweflige Säure"
→ Schwefeldioxid

## Serin
*Geschmacksstoff*,
*Geschmacksverstärker* und Nährstoff*
Nicht-essentielle Aminosäure*. **Anw.:** In der L-Form, ihrer Natrium- und Kaliumverbindungen oder des Hydrochlorides in Konzentrationen von 0,03-0,05 % zur Beeinflussung des Geschmackes sowie zusätzlich als Calcium- und Magnesiumverbindung bei bilanzierten Diäten. **Zul.:** ZZulV, AromenV und DiätV, als Aminosäure gemäß § 2 Abs. 2 LMBG den Zusatzstoffen gleichgestellt.

**en:** *serine*
**fr:** *sérine*

*E.L.*

## Silber

(E 174)

*Konservierungsstoff\*,*
*Entkeimungsmittel\* und Farbstoff\**
Silberfarbenes anorganisches Pigment\*. Antimikrobielle Wirkung, auch oligodynamische Wirkung genannt, umstritten; hauptsächlich gegen Bakterien gerichtet. Wird durch Eiweiße und Trubstoffe eingeschränkt. **Anw.**: Auch in Form von Silberchlorid und -sulfat und des Natrium-Silberchlorid-Komplexes in Konzentrationen von 0,1-1 ppm in Trinkwasser, Mineralwasser, Limonade und Essig. Silberchlorid bindet Mercaptane und verhindert dadurch Böckserbildung im Wein. Oberflächenfärbung von Dragees, Dekoration und Erzielung von Glanzeffekten bei Süßwaren. **Zul.**: ZZulV, TrinkwV und WeinV.

**en:** *silver, silver chloride and sulfate*
**fr:** *argent, chlorure et sulfate d'argent*

Literatur:
LÜCK, S. 65-67. OTTERSTÄTTER, S. 268. DFG, LB-Pigment 6. BERTRAM, S. 80.

*E.L. und G.O.*

## Siliciumdioxid
→ Kieselgel

## Siliciumdioxid
→ Kieselgur

## Siliciumdioxid
→ Kieselsäure

## Sorbate

(E 201- E 203)

*Konservierungsstoffe\**
Salze der Sorbinsäure\*. Sind physiologisch ebenso zu bewerten wie diese. Antimikrobielle Wirkung im sauren, auch schwach sauren pH-Bereich am stärksten und vorzugsweise gegen Schimmelpilze und Hefen gerichtet, es werden aber auch viele Bakterien gehemmt. Antimikrobiell wirksam ist der Sorbinsäureanteil. Besonderer Vorteil ist weitgehende geruchliche und geschmackliche Neutralität. **Anw.**: Am meisten verwendet wird leicht wasserlösliches Kaliumsorbat (E 202) in Konzentrationen von 0,02-0,2 % bei Fettemulsionen wie Margarine, Mayonnaise und Feinkostsalaten, Käse, Rohwurst, Fischpräserven, Trockenfisch, Essig- und anderen Sauerkonserven, Oliven, Obstprodukten, wie Trockenobst, Konfitüren, Gelees und Säfte, Getränken, wie alkoholfreien Erfrischungsgetränken und Wein (nur Kaliumsorbat), Feinbackwaren, Süßwarenfüllungen und Heimtierfutter. Natriumsorbat (E 201) in trockener Form instabil und nur in Form von frisch bereiteten wäßrigen Lösungen verwendbar. Calciumsorbat (E 203) wegen seiner besonders hohen Oxidationsstabilität zur Herstellung fungistatischer\* Verpackungsmaterialien geeignet. **Zul.**: ZZulV, FleischV, DiätV, WeinV und EG-WeinMO.

**en:** *sorbates (sodium, potassium and calcium sorbate)*
**fr:** *sorbates (sorbate de sodium, de potassium et de calcium)*

Literatur:
siehe Sorbinsäure.

*E.L.*

## Sorbinsäure

(E 200)

*Konservierungsstoff\**
Erstmals 1859 von Hofmann aus „Vogelbeeröl" hergestellt, einem parasorbinsäurehaltigen Destillationsprodukt aus dem Saft unreifer Vogelbeeren, den Früchten der Eberesche, Sorbus aucuparia, daher der Name. Antimikrobielle Wirkung erstmals 1939 von Müller in Deutschland und 1940 von Gooding in den USA unabhängig voneinander beschrieben. Wird im Organismus wie eine natürliche Nahrungsfettsäure abgebaut und ist deshalb physiologisch unbedenklich. Antimikrobielle Wirkung im sauren, auch schwach sauren pH-Bereich

am stärksten und vorzugsweise gegen Schimmelpilze und Hefen gerichtet, es werden aber auch viele Bakterien gehemmt. Besonderer Vorteil ist weitgehende geruchliche und geschmackliche Neutralität. **Anw.:** Auch in Form von Sorbaten*. In Konzentrationen von 0,05-0,15 % bei Fettemulsionen, Käse, Feinbackwaren und Süßwarenfüllungen. Grobkörnige Sorbinsäure mit gärschonende Eigenschaften unter dem Namen Panosorb®* für die Konservierung von hefegetriebenen Backwaren im Handel. **Zul.:** ZZulV, DiätV, WeinV und EG-Wein-MO.

**en:** *sorbic acid*
**fr:** *acide sorbique*

**Literatur:**
LÜCK, E.: Sorbinsäure. Chemie — Biochemie — Mikrobiologie — Technologie — Recht. 4 Bände. Behr Hamburg 1969-1973. SOFOS, J. N.: Sorbate Food Preservatives. CRC Press Boca Raton 1989. BRANEN und DAVIDSON, S. 141-175. LÜCK, S. 145-158.

*E.L.*

## Sorbit
(E 420)
*Zuckeraustauschstoff*,
*Feuchthaltemittel* und Trägerstoff*
Herstellung durch Hydrierung von Glucose*. Wird im menschlichen Körper insulinunabhängig metabolisiert. Physiologischer Brennwert 4 kcal/g bzw. 17 kJ/g (vorgesehene EG-Regelungen 2,4 kcal/g bzw. 10 kJ/g). In reiner Form verträglich für Diabetiker. Im Vergleich zu Zucker ca. 0,5-0,6fache Süßkraft. Reiner Süßgeschmack. Geschmacklich gut mit anderen Zuckeralkoholen und Süßstoffen verträglich. Gute Hydrolyse-, Temperatur- und Lagerstabilität, bei höherer Luftfeuchte hygroskopisch, nicht kariogen. Angeboten auch als Flüssigsorbit mit 70 % Trockensubstanz und Sorbitsirup mit 70 % Trockensubstanz, 50 % Sorbit und kleinen Anteilen von Mannit* und hydrierten Oligosacchariden, die nicht kristallisierende Sorbitsirupe diabetikerungeeignet machen können. Gutes Lösevermögen für Antioxidantien. Feuchthaltemittel für Wurstdärme. **Anw.:** Als Zuckeraustauschstoff in entsprechenden Mengen wie Zucker, in verschiedenen Süßwaren bis nahezu 100 %, als Feuchthaltemittel in einigen Prozent. **Zul.:** ZZulV, DiätV, SpeiseeisV, FleischV und AromenV.

**en:** *sorbitol*
**fr:** *sorbitol*

**Literatur:**
von RYMON LIPINSKI und SCHIWECK, S. 265-292 u. 372-379. O'BRIEN NABORS und GELARDI, S. 333-348.

*v.R.L.*

## Sorbitanfettsäureester
(E 491- E 495)
*Emulgatoren**
Partialester des Sorbits und seiner Anhydride mit Speisefettsäuren. Handelsüblich sind Sorbitan-Monostearat (E 491), Sorbitan-Tristearat (E 492), Sorbitan-Monolaurat (E 493), Sorbitan-Monooleat (E 494) und Sorbitan-Monopalmitat (E 495). Nichtionische Emulgatoren, teilweise wasserlöslich mit lösungsvermittelnder Wirkung, bevorzugt für O/W-Emulsionen. Sorbitan-Tristearat bildet bevorzugt W/O-Emulsionen. Stabilisieren bestimmte Kristallstrukturen in Fetten und fördern Lufteinschlag in Lebensmittelsystemen. **Anw.:** Fette, Schlagschäume, Backwaren, Schokolade, Salatsoßen, Kaffeeweißer. **Zul.:** In einigen Ländern, in der BR Deutschland nicht zugelassen.

**en:** *sorbitan monostearate, tristearate, monolaurate, monooleate and monopalmitate*
**fr:** *monostéarate, tristéarate, monolaurate, monooléate et monopalmitate de sorbitane*

**Literatur:**
SCHUSTER, S. 184-193.

*H.G.*

## Speisefettsäuren, Natrium-, Kalium- und Calciumsalze
→ Natrium-, Kalium- und Calciumsalze der Speisefettsäuren

## Speisegelatine
Gelatine
*Geliermittel\*, Verdickungsmittel\* und Klärmittel\**
Hydrolyseprodukt des Kollagens, einem Bestandteil von Sehnen, Knorpeln und Knochen. In kaltem Wasser quellbar, oberhalb von 70°C klar löslich. Viskosität der heißen Lösung außer von der Konzentration stark vom pH-Wert abhängig. Lösung geliert bei Raumtemperatur zu einem reversiblen Gel. Wird in der Hitze durch Säuren abgebaut. Sehr anfällig gegen Bakterien. Gute filmbildende und emulsionsstabilisierende Eigenschaften. Nicht bei allen pH-Werten verträglich mit anderen Verdickungsmitteln, wie Agar Agar\*, Carragen\*, Gummi arabicum\* und Alginaten\*. **Anw.:** In Konzentrationen von 4-15% bei Corned beef, Aspik, Gelees, Sülzen und Cremespeisen, in Konzentrationen von 1-4% zur Herstellung von Schäumen und gummiartigen Gelen, zur Konsistenzverbesserung von Joghurt, Speiseeis, Weichkaramellen, Kaubonbons, Dragees und anderen Süßwaren. Verdickungs- und Geliermittel für Milchmisch- und Milchhalbfetterzeugnisse sowie Käse- und Schmelzkäsezubereitungen. Klärmittel für Fruchtsaft, Fruchtnektar und Wein. **Zul.:** FleischV, MilcherzV, KäseV, SpeiseeisV, FruchtsaftV, Fruchtnektar- und Fruchtsirup V, AV WeinG, WeinV und EG-WeinMO, kein Zusatzstoff im Sinne des LMBG.

**en:** *gelatin*
**fr:** *gélatine*

**Literatur:**
NEUKOM, S. 175-190, HARRIS, S. 233-289.

*L.G.*

## Speisesalz
→ Kochsalz

## Spermöl
*Rieselhilfsmittel\**
Durch Abpressen von Walrat\* hergestellte Fraktion. **Anw.:** Backwaren, Süßwaren, Zuckerwaren, Zitrusfrüchte, Kaugummi. **Zul.:** Aufgrund des Washingtoner Artenschutzabkommens, das den Import von Walerzeugnissen verbietet, in der BR Deutschland nicht mehr zugelassen.

**en:** *sperm oil*
**fr:** *huile de baleine*

*E.L.*

## Spurenelemente
Anorganische Bestandteile der Lebensmittel, die in Konzentrationen unterhalb von 50 mg/kg Körpertrockengewicht vorliegen und für den Ablauf von Körperfunktionen bedeutsam sind. Gehören im weiteren zu den Mineralstoffen\*. Sind in Lebensmittel in Form von Salzen und anderen chemischen Verbindungen meist in ausreichenden Mengen vorhanden. Werden während der Lebensmittelverarbeitung kaum in Mitleidenschaft gezogen, so daß ihr gezielter Zusatz zu Lebensmitteln nur in besonderen Fällen notwendig ist. **Anw.:** Fluor\*, Iod\*, Chrom\*, Kupfer\*, Mangan\*, Molybdän\* und Zink\* in Form von Salzen bei bilanzierten Diäten. Fluor und Iod können auch dem Trinkwasser\* und dem Kochsalz\* zugegeben werden. **Zul.:** DiätV, gemäß § 2 Abs. 2 LMBG den Zusatzstoffen gleichgestellt.

**en:** *trace elements*
**fr:** *oligo-éléments*

**Literatur:**
ZUMKLEY, H.: Spurenelemente. Grundlagen — Ätiologie — Diagnose — Therapie. Thieme Stuttgart — New York 1983.

*E.L.*

## Stabilisatoren

Bewirken und sichern die physikalische Stabilität von Lebensmitteln, speziell Emulsionen, Suspensinen und Schäumen. In weiterer Auslegung wird manchmal auch chemische, sensorische und mikrobiologische Stabilität mit einbegriffen. **Zul.**: ZZulV.

**en**: *stabilizers*
**fr**: *stabilisateurs, (agents) stabilisants*

Wichtige Stabilisatoren:
Verdickungsmittel*
Geliermittel*
Emulgatoren*
Schaumstabilisatoren*
Trubstabilisatoren*
Feuchthaltemittel*
Überzugsmittel*
Rieselhilfsmittel*

*E.L.*

## Stärke

native Stärke
*Verdickungsmittel\**
Bildet in siedendem Wasser eine kolloidale Lösung, die beim Abkühlen als Gel erstarrt. Hat eine je nach Pflanzenart typische Gestalt und Struktur mit einem Körnchendurchmesser zwischen 5 und 200 µm. Hauptsächlich aus Getreide gewonnen, wie Weizen, Mais, Roggen, Reis, Hirse, Hafer und Knollen oder Wurzeln, wie Kartoffeln oder Früchten. Das nach Wasserzusatz entstehende Sol oder Gel übersteht nicht alle physikalischen Behandlungsverfahren der Lebensmittel, wie Tiefgefrieren oder Erhitzen, deshalb oft Anwendung in Form von modifizierten Stärken*. **Anw.**: Fertiggerichte, Brät für Fleischsalat, Pudding, Desserts, Gebäck, Soßen. **Zul.**: Kein Zusatzstoff im Sinne des LMBG.

**en**: *starch*
**fr**: *amidon, fécule*

**Literatur:**
TEGGE, G.: Stärke und Stärkederivate. Behr Hamburg 1984.

*L.G.*

## Stärke, dünnkochende
→ dünnkochende Stärke

## Stärke, vernetzt durch Glycerin
(E 1430)
*Verdickungsmittel\**
Herstellung durch Umsetzen von nativer Stärke mit Epichlorhydrin. Gute Hitze-, Säure- und Scherstabilität. Gegenüber nativer Stärke reduzierte Verkleisterungstemperatur und gleichmäßigeres Auflösungsverhalten. **Anw.**: Soßen, Suppen, Puddingpulver, Kindernahrung, Fertiggerichte. **Zul.**: In einigen Ländern, in der BR Deutschland nicht zugelassen.

**en**: *starch, crosslinked with glycerol*

**Literatur:**
TEGGE, S. 180-185.

*L.G.*

## Stärkeacetat
acetylierte Stärke (E 1420)
*Verdickungsmittel\* und Trägerstoff\**
Herstellung durch Umsetzung von nativer Stärke mit Essigsäure oder Essigsäureanhydrid. Unter dem Mikroskop von nativer Stärke kaum zu unterscheiden. Verkleisterungstemperatur gegenüber nativer Stärke etwas erniedrigt. Viskosität von Pasten etwas höher, bildet keine Gele. Sole sind klarer als die der nativen Stärke. Geringe Neigung zur Retrogradation, auch bei Kühlung. Hochveresterte Stärke verhindert Gelierung. Gute Filmbildungseigenschaften. **Anw.**: In Konzentrationen von 0,08-35 % bei Tiefgefrierlebensmitteln, Soßen, Suppen, Süßwaren, Milchmischerzeugnissen, Käsezubereitungen, Schmelzkäsezubereitungen, Backwaren, Pudding, Kuchenfüllungen, Fertiggerichten. **Zul.**: ZZulV, MilcherzV, AromenV und KäseV.

**en**: *starch acetate*
**fr**: *acétate d'amidon*

**Literatur:**
TEGGE, S. 184-185.

*L.G.*

## Stärkeester

(E 1410 - E 1411, E 1413 - E 1414,
E 1420, E 1422 und 1423)
*Verdickungsmittel\**
Ester der Stärke mit anorganischen oder organischen Säuren. Besseres Dickungsvermögen als native Stärke. Gute Gefrier- und Tau-Stabilität. **Anw.:** Backwaren, Trockensuppen, Konserven, Gefrierlebensmittel, Pudding. **Zul.:** Teilweise keine Zusatzstoffe im Sinne des LMBG, teilweise nicht zugelassen.

**en:** *starch esters*
**fr:** *esters d'amidon*

Wichtige Stärkeester:

| | |
|---|---|
| E 1410 | Monostärkephosphat* |
| E 1411 | Distärkephosphat* |
| E 1413 | phosphatiertes Distärkephophat* |
| E 1414 | acetyliertes Distärkephosphat* |
| E 1420 | Stärkeacetat* |
| E 1422 | acetyliertes Distärkeadipat* |
| E 1423 | acetylierte Stärke, vernetzt durch Glycerin* |

**Literatur:**
TEGGE, S. 180-185.

*L.G.*

## Stärkeether

(E 1430, E 1440 - E 1442)
*Verdickungsmittel\**
Reaktionsprodukte der Hydroxylgruppen der Glucoseeinheiten der Stärkemoleküle mit alkoholischen Hydroxylgruppen anderer Verbindungen, wie z. B. Epoxiden. Gute Hitze- und Säurestabilität. **Anw.:** Tortenfüllungen, Salatsoßen. **Zul.:** In einigen Ländern, in der BR Deutschland für Lebensmittel nicht zugelassen.

**en:** *starch ethers*
**fr:** *ethers d'amidon*

Wichtige Stärkeether:

| | |
|---|---|
| E 1430 | Stärke, vernetzt durch Glycerin |
| E 1440 | Hydroxypropylstärke |
| E 1441 | Hydroxypropylstärke, vernetzt durch Glycerin |
| E 1442 | Hydroxypropyldistärkephosphat |

**Literatur:**
TEGGE, S. 185-188.

*E.L.*

## Stärken, modifizierte
→ modifizierte Stärken

## Stärkephosphate
→ Phosphatstärke

## Stärkeverzuckerungsprodukte
*Süßungsmittel\**
Sammelbegriff für verschiedene durch enzymatische oder Säurehydrolyse aus Stärke* erhaltene Erzeugnisse unterschiedlicher Zusammensetzung und Eigenschaften. Charakterisiert oft über den DE-Wert (scheinbarer prozentualer Glucosegehalt in der Trockensubstanz). Süße, Eigenschaften und Anwendungen hängen stark von der Zusammensetzung ab. **Anw.:** Auch in Form von Lösungen und Sirupen anstelle von Saccharose*, besonders bei Getränken und Süßwaren. **Zul.:** Keine Zusatzstoffe im Sinne des LMBG.

**en:** *starch hydrolysates*

**Literatur:**
TEGGE, S. 219-295. von RYMON LIPINSKI und SCHIWECK, S. 147-181. O'BRIEN NABORS und GELARDI, S. 247-258.

*v.R.L.*

## Starterkulturen
→ Mikroorganismenkulturen

## Stearinsäure
(570)
*Rieselhilfsmittel\* und Trägerstoff\**
**Anw.:** Auch in Form von Calciumstearat (E 470) und Magnesiumstearat (572) in Konzentrationen von 0,05-2 % bei Backtriebmitteln, Süßwarenkomprimaten, Würfelzucker, Zwiebel- und Knoblauchgranulaten, Kaugummi, pulverförmigen Aromen,

Farbpulvern. **Zul.:** ZZulV und AromenV.
**en:** *stearic acid*
**fr:** *acide stéarique*

Literatur:
KUHNERT, S. 134-142.

E.L.

## Stearyltartrat
(E 483)
*Emulgator\**
Mono- und Diester gesättigter Fettalkohole mit Weinsäure. Haben ähnliche Eigenschaften wie die mit Monoacetyl- und Diacetylweinsäure veresterten Mono- und Diglyceride der Speisefettsäuren*. **Anw.:** Als Backmittel* zur Verbesserung der Backeigenschaften von Weizenmehl. **Zul.:** In Großbritannien, in der BR Deutschland nicht zugelassen.

**en:** *stearyl tartrate*
**fr:** *tartrate de stéaroyle*

Literatur:
SCHUSTER, S. 183-184.

H.G.

## Stempelfarben
Eierfarben
Farbstoffe* und Pigmente*, die ausschließlich zum Stempeln der Oberfläche von Lebensmitteln, z. B. frischem Fleisch und ihren Verpackungsmitteln sowie zum Färben, Bemalen und Lackieren der Schale von Eiern verwendet werden. **Zul.:** ZZulV.

Wichtige Stempelfarben:
| | |
|---|---|
| C 2 | Methylviolett B* |
| C 3 | Viktoriablau R* |
| C 4 | Viktoriablau B* |
| C 5 | Acilanbrillantblau FFR* |
| C 7 | Naphtholgrün B* |
| C 8 | Acilanechtgrün 10G* |
| C 9 | Ceresgelb GRN* |
| C 11 | Sudanblau II* |
| C 12 | Ultramarin* |
| C 13 | Phthalocyaninblau* |
| C 14 | Phthalocyaningrün* |
| C 17 | Echtsäureviolett R* |

sowie alle anderen zur Färbung von Lebensmitteln zugelassen Farbstoffe

G.O.

## Sterilisierhilfsmittel
→ Entkeimungsmittel

## Steviosid
*Süßstoff\**
Glycosid aus den Blättern der südamerikanischen Pflanze Stevia rebaudiana. 200 mal süßer als Zucker. In Abhängigkeit von der Reinheit der verfügbaren Präparate unterschiedlich starker lakritz- bis mentholartiger Beigeschmack. **Zul.:** In einigen südamerikanischen und asiatischen Ländern, in der BR Deuschland nicht zugelassen.

**en:** *stevioside*
**fr:** *stévioside*

Literatur:
von RYMON LIPINSKI und SCHIWECK, S. 459-461.
O'BRIEN NABORS und GELARDI, S. 157-171.

v.R.L.

## Stickoxydul
→ Distickstoffoxid

## Stickstoff
*Schutzgas\*, Treibgas\* und Kontaktgefriermittel\**
Wirkt durch Verdrängung des Sauerstoffs, der unerwünschte oxidative oder mikrobiologische Veränderungen bewirken kann. Anwendung oft in Mischung mit Kohlendioxid*. Dient zum Kühlen und Gefrieren von Lebensmitteln, indem er in flüssigem Zustand in direkten Kontakt mit dem einzufrierenden Produkt gebracht wird. Durch Verdampfen des Stickstoffs verlustarme Übertragung des Kälteinhaltes auf das Gefriergut. Mahlen von Gewürzen unter tiefkühlem Stickstoff verringert Aromaverluste. **Anw.:** Fisch- und Fleischerzeugnisse, Käseerzeugnisse, Snackprodukte, Obsterzeugnisse, Getränke, Gewürze. **Zul.:** ZZulV, FleischV,

FruchtsaftV, Fruchtnektar- und FruchtsirupV, KäseV, MilcherzV, BierV, WeinV und EG-WeinMO.

**en:** *nitrogen*
**fr:** *nitrogène, azote*

Literatur:
LÜCK, S. 76-78.

*E.L.*

## Streckmittel
Streckungsmittel
Dienen ähnlich wie Verschnittmittel* dazu, in erlaubtem Ausmaß die Menge eines festen Lebensmittels zu erhöhen. Wichtigste Streckmittel sind Mehl, Stärke* und Saccharose*.

**en:** *extenders*
**fr:** *extendeurs*

*E.L.*

## Streckungsmittel
→ Streckmittel

## Succinate
*Kochsalzersatz**
Salze der Bersteinsäure, einem Intermediärprodukt des Citronensäurecyclus. **An.:** In Form von Kalium-, Calcium- und Magnesiumsuccinat als Kochsalzersatz. **Zul.:** DiätV.

**en:** *succinates (potassium, calcium and magnesium succinate)*
**fr:** *succinates (succinate de potassium, de calcium et de magnésium)*

Literatur:
WIEDER, S. 33-38.

*K.G.*

## „Sucralose"
→ Trichlorgalactosaccharose

## Sudanblau II
(C 11)
*Farbstoff**
Blauer öllöslicher Anthrachinonfarbstoff.
**Anw.:** Stempeln der Oberfläche von Lebensmitteln und Verpackungsmitteln, Färben und Bemalen der Schale von Eiern. **Zul.:** ZZulV.

**en:** *sudan blue II*
**fr:** *bleu sudan II*

Literatur:
OTTERSTÄTTER, S. 211.

*G.O.*

## Sudanrot G
→ Ceresrot G

## Süßstoffe
Geben Lebensmitteln einen süßen Geschmack und sind wesentlich intensiver süß als Saccharose* und Zuckeraustauschstoffe*. Maß für die Süßeintensität ist in der Praxis die Süßkraft, der Faktor um den ein Stoff süßer ist als Zucker, üblicherweise im Vergleich zu ca. 3%igen wäßrigen Zuckerlösungen. Süßkräfte sind konzentrationsabhängig und nehmen mit zunehmender Süße ab. Mischungen von Süßstoffen wirken oft synergistisch, d.h. der Anstieg der Süße ist überadditiv. Wichtiges Kriterium ist außerdem die Geschmacksqualität, Süßstoffe sollen möglichst zuckerähnlich schmecken. Wirken zum Teil aromaverstärkend. Tragen zum Brennwert von Lebensmitteln nicht oder praktisch nicht bei. Sind für Diabetiker verträglich und nicht kariogen, können jedoch technische Funktionen von Zuckern, anderen Kohlenhydraten oder Zuckeraustauschstoffen nicht übernehmen. **Anw.:** Getränke, sonstige brennwertverminderte, brennwertarme und diätetische Lebensmittel, zuckerfreie Süßwaren, Feinkostsalate, Fischerzeugnisse, Sauerkonserven. **Zul.:** ZZulV und DiätV, gemäß § 2 Abs. 2 LMBG den Zusatzstoffen gleichgestellt, auch natürliche Süßstoffe.

**en:** *intense sweeteners, high intensity sweeteners*
**fr:** *édulcorants de synthèse*

# Süßungsmittel

Wichtige Süßstoffe:
| | |
|---|---|
| E 950 | Acesulfam* |
| E 951 | Aspartam* |
| E 952 | Cyclamat* |
| E 959 | Neohesperidin-Dihydrochalcon* |
| E 954 | Saccharin* |
| | Steviosid* |
| E 957 | Thaumatin* |

**Literatur:**
O'BRIEN NABORS, L. und GELARDI, R.: Alternative Sweeteners, Marcel Dekker New York — Basel — Hong Kong 1991. von RYMON LIPINSKI, G.-W. und SCHIWECK, H.: Handbuch Süßungsmittel. Behr Hamburg 1991.

*v.R.L.*

## Süßungsmittel

Je nach Eigenschaften, Verträglichkeit für Diabetiker, physiologischem Brennwert und Verwendbarkeit wird zwischen Zuckerarten*, sonstigen Zuckern, Zuckeraustauschstoffen* und Süßstoffen* unterschieden.

**en:** *sweeteners*
**fr:** *édulcorants*

**Literatur:**
von RYMON LIPINSKI, G.-W. und SCHIWECK, H.: Handbuch Süßungsmittel. Behr Hamburg 1990.

*v.R.L.*

## Sulfate

(514 - 516, 520 und 523)
*Säureregulatoren*, Kochsalzersatz*, Stabilisatoren*, Trägerstoffe*, Entkeimungsmittel*, Füllstoffe* und Hefenährstoffe*
Salze der Schwefelsäure*. **Anw.:** In Form von Natriumsulfaten (514), Kaliumsulfaten (515) und Calciumsulfaten (516) als Füllstoffe, Trägerstoffe und Säureregulatoren; Aluminiumsulfat (520) und Aluminium-Ammoniumsulfat als Vorbehandlungsmittel für erhitztes Eiereiweiß und eßbare Künstdärme sowie Klärmittel für Trinkwasser, Eisensulfate als Klärmittel für Trinkwasser und zur Anreicherung diätischer Lebensmittel, Kupfersulfat als Gärhilfe bei Wein, Silbersulfat als Entkeimungsmittel bei der Trinkwasseraufbereitung. **Zul.:** ZZulV, EiprodukteV, FleischV, TrinkwV, AV WeinG, DiätV und EG-WeinMO.

**en:** *sulfates (ammonium, sodium, potassium, calcium, aluminium, aluminium ammonium, iron, copper and silver sulfate)*
**fr:** *sulfates (sulfate d'ammonium, de sodium, de potassium, de calcium, d'aluminium, d'aluminium ammonium, de fer, de cuivre et d'argent)*

*K.G.*

## Sulfite

(E 221 - E 228)
*Konservierungsstoffe*, Antioxidantien*, Enzymhemmstoffe* und Farbstabilisatoren*
Salze der schwefligen Säure. Sind physiologisch ebenso zu bewerten wie Schwefeldioxid*. Antimikrobielle Wirkung im sauren pH-Bereich am stärksten und hauptsächlich gegen Bakterien gerichtet, es werden aber auch viele Hefe und Schimmelpilze gehemmt. Antimikrobiell wirksam ist der Gehalt an Schwefeldioxid. Werden diesem oft vorgezogen, weil sie als leicht wasserlösliche feste Stoffe manchmal leichter zu verarbeiten und zu handhaben sind. Am häufigsten verwendet werden Natriumsulfit (E 221), Natriumhydrogensulfit (E 222), Natriumdisulfit (E 223), Kaliumhydrogensulfit (E 228), Kaliumdisulfit (E 224), Calciumsulfit (E 226) und Calciumhydrogensulfit (E 227). **Anw.:** In Konzentrationen von 0,05-0,2 % berechnet als Schwefeldioxid, bei Fleisch-, Obst-, Gemüse-, Stärke- und Kartoffelerzeugnissen, Zucker, Essig, Wein. **Zul.:** Für Fleischerzeugnisse nur in Großbritannien, in der BR Deutschland in der ZZulV, Diät-V, TrinkwV, WeinV und EG-WeinMO.

**en:** *sulfites (sodium sulfite, hydrogen sulfite and disulfite, potassium hydrogen sulfite and disulfite and calcium sulfite and hydrogen sulfite*

**fr:** *sulfites (sulfite, sulfite acide et disulfite de sodium, sulfite acide et disulfite de potassium et sulfite et sulfite acide de calcium)*

**Literatur:**
siehe Schwefeldioxid.

*E.L.*

## Synergisten
→ Komplexbildner

## Synthetisches Hartparaffin
(905)
*Kaumasse**
**Anw.:** Kaugummi. **Zul.:** ZZulV.

**en:** *synthetic paraffin*
**fr:** *paraffine synthétique*

*E.L.*

T

## Tablettierhilfsmittel
*Formulierhilfsmittel**
Ermöglichen die Herstellung von Tabletten, z. B. von Süßwaren, Brausetabletten und Süßstoffen, denn manche Stoffe sind allein nicht verpreßbar. Kombinationen aus Carbonaten* und sauren Substanzen ergeben Brausetabletten, bei denen der Wirkstoff leichter freigegeben und die Löslichkeit erhöht wird. Sprengmittel verbessern die Auflösung der Wirkstoffe, z. B. bei Süßstofftabletten.
**en:** *tabletting aids*

*E.L.*

## Tafelwasser
Wasser mit Zusatz von anorganischen Salzen und Kohlendioxid*. **Zul.:** Mineral- und TafelwasserV, gemäß § 2 Abs. 1 kein Zusatzstoff im Sinne des LMBG.
**en:** *table water*
**fr:** *eau de table*

*E.L.*

## Talcum
(553 b)
*Rieselhilfsmitel**
**Anw.:** Süßwaren, Kaugummi, zur Oberflächenbehandlung von Schälerbsen und Hüllen luftgetrockneter, ausgereifter Rohwürste. **Zul.:** ZZulV und FleischV.
**en:** *talcum*
**fr:** *talc*

**Literatur:**
KUHNERT, S. 124-126.

*E.L.*

## Tannin
(181)
*Flockungsmittel**
**Anw.:** Schönung von Wein, Fruchtsäften und ähnlichen Produkten gegen Eiweißausfällungen. **Zul.:** FruchtsaftV, Fruchtnektar- und FruchtsirupV, AV WeinG, WeinV und EG-WeinMO.
**en:** *tannin*
**fr:** *tannin*

*E.L.*

## Tarakernmehl
Tara, Taragummi (417)
*Verdickungsmittel**
Galaktomannan aus den Samen des in tropischen Ländern wachsenden Tarabaumes Caesalpinia spinosa. Verdickende Eigenschaften liegen zwischen denen des Guars* und des Johannisbrotkernmehles*. **Zul.:** In einigen Ländern, in der BR Deutschland nicht zugelassen.
**en:** *tara gum*
**fr:** *gomme de tara*

*L.G.*

## Tartrate
(E 335 - E 337 und 354)
*Säuerungsmittel*, Säureregulatoren*, Gelierhilfsmittel*, Geschmacksstoffe*, Komplexbildner*, Kochsalzersatz*, Stabilisatoren* und Trägerstoffe**
Salze der L(+)Weinsäure*. Sind physiologisch ebenso zu bewerten wie diese.
**Anw.:** In Form von Ammoniumtartrat, Natriumtartrat (E 335), Kaliumtartrat (E 336), Natrium-Kaliumtartrat (E 337), Calciumtartrat (354) und Magnesiumtartrat. Saure Tartrate sind Säurekomponenten in Backtriebmitteln*, Säureregulatoren und Säuerungsmittel für Marmeladen, Konfitüren, verarbeitetes Obst und Gemüse sowie diätische Lebensmittel. Alle Tartrate, außer Natriumtartrat als Kochsalzersatz und bei natriumarmen diätetischen Lebensmitteln. Kutterhilfsmittel* für die Verarbeitung von Kalt- und Gefrierfleisch zu Brühwurst und ähnlichen Erzeugnissen, Sülzen und Aspikwaren, Wursthüllen, Fischerzeugnisse und fetthaltige Lebensmittel. **Zul.:** ZZulV, FleischV, FruchtsaftV, KonfitürenV, SpeiseeisV, DiätV und EG-WeinMO.
**en:** *tartrates (ammonium, sodium, potassium, potassium sodium, calcium and magnesium tartrate)*
**fr:** *tartrates (tartrate d'ammonium, de sodium, de potassium, de potassium*

sodium, de calcium et de magnésium)

Literatur:
siehe Weinsäure.

K.G.

## Tartrazin
(E 102)
*Farbstoff\**
Gelber wasserlöslicher Azofarbstoff\*. Verwendung neuerdings wegen seiner bei entsprechend disponierten Personen allergisierenden Wirkung umstritten; wird mehr und mehr durch Chinolingelb\* ersetzt. **Anw.**: In Konzentrationen von 0,005-0,05 % bei Getränken, Süßwaren, Dessertspeisen und Puddingpulver, bei Dragees auch in Form des Farblackes\*. **Zul.**: ZZulV.

**en:** *tartrazine, FD&C Yellow No. 5 (US)*
**fr:** *tartrazine*

Literatur:
OTTERSTÄTTER, S. 154. DFG, L-Gelb 2. BERTRAM, S. 25, 44, 46 u. 85.

G.O.

## Taurin
*Geschmacksstoff\*,*
*Geschmacksverstärker\* und Nährstoff\**
**Anw.**: Als Natrium- und Kaliumverbindung oder Hydrochlorid in Konzentrationen von 0,03-0,05 % zur Beeinflussung des Geschmackes, als Natrium-, Kalium-, Calcium- und Magnesiumverbindung oder Hydrochlorid für bilanzierte Diäten, Säuglingsnahrung. **Zul.**: ZZulV, AromenV und DiätV.

**en:** *taurine*
**fr:** *taurine*

E.L.

## Technische Hilfsstoffe
→ Verarbeitungshilfen

## Teigkonditioniermittel
→ Backmittel

## Teiglockerungsmittel
→ Backtriebmittel

## Teigsäuerungsmittel
*Säureregulatoren\**
Werden Teigen für Backwaren aus technologischen Gründen zugesetzt, z. B. zur Verbesserung der Wirkung von Enzympräparaten\* oder Konservierungsstoffen\* oder als Mittel zur Verhütung des Fadenziehens\*. Hauptsächlich angewendet werden Essigsäure\*, Acetate\*, Milchsäure\*, saure Phosphate\* und Sauerteig\*. **Anw.**: Brot, Feinbackwaren. **Zul.**: ZZulV.

**en:** *dough acidifiers*
**fr:** *acidifiants de pâte*

E.L.

## Thaumatin
(E 957)
*Süßstoff\* und Geschmacksverstärker\**
Polypeptid aus dem Arillus der westafrikanischen Pflanze Thaumatococcus daniellii. 2500 mal süßer als Zucker. Verzögert einsetzende, sehr nachhaltige Süße. Beigeschmack nur bei starker Süße. Erniedrigt die Geschmacksschwellenwerte für eine Reihe von Aromen\* deutlich. **Anw.**: In Konzentrationen unter 0,01 %, vorzugsweise in Süßwaren. **Zul.**: In verschiedenen Ländern, darunter der Schweiz und Großbritannien, in der BR Deutschland nicht zugelassen.

**en:** *thaumatin*
**fr:** *thaumatine*

Literatur:
von RYMON LIPINSKI und SCHIWECK, S. 462-464.

v.R.L.

## Thermooxidiertes Sojaöl
(479)
*Emulgator\* Rieselhilfsmittel\* und*
*Schaumverhütungsmittel\**
Reaktionsgemische quervernetzter Fettsäuren mit polymerisiertem Glycerin. Wenig verdaulich, in gebrauchten Fritierfet-

ten enthalten. **Anw.:** Backwaren. **Zul.:** ZZulV.

**en:** *thermooxidated soja oil*

Literatur:
KUHNERT, S. 179-182.

*E.L.*

**Thiabendazol**
(E 233)
*Konservierungsstoff\* und Fruchtbehandlungsmittel\**
Antimikrobielle Wirkung vorzugsweise gegen Schimmelpilze. **Anw.:** In Form von Wachsemulsionen mit einem Gehalt von 0,1-0,5 % bei Zitrusfrüchten und Bananen. **Zul.:** ZZulV.

**en:** *thiabendazole*
**fr:** *thiabendazole*

Literatur:
LÜCK, S. 195-197.

*E.L.*

**Thiamin**
Vitamin B1
*Vitamin\* und Hefenährstoffe\**
Geht beim Vermahlen von Getreide je nach Ausmahlungsgrad in mehr oder minder großem Umfang mit der Kleie verloren. Gut stabil in saurer, weniger in neutraler oder alkalischer Lösung, empfindlich gegen Hitzeeinwirkung, Sulfite und Chlor. **Anw.:** In Form des Hydrochlorides und des Nitrates zur Vitaminierung und in Form des Hydrochlorides in Konzentrationen von 0,6 ppm zur Anregung oder Förderung der Gärung von Trauben- oder Obstmaischen für die Herstellung von Wein oder Obstwein. **Zul.:** DiätV, VitaminV, AV WeinG und EG-WeinMO. Thiamin kein Zusatzstoff im Sinne des LMBG, wohl aber Thiaminhydrochlorid und -nitrat.

**en:** *thiamine*
**fr:** *thiamine*

Literatur:
FRIEDRICH, S. 219.

*A.J.*

**Threonin**
*Geschmacksstoff\*, Geschmacksverstärke\* und Nährstoff\**
Essentielle Aminosäure\*. **Anw.:** In der L-Form, ihrer Natrium- und Kaliumverbindungen und des Hydrochlorides in Konzentrationen von 0,03-0,05 % zur Beeinflussung des Geschmackes sowie zusätzlich als Calcium- und Magnesiumverbindung bei bilanzierten Diäten. **Zul.:** ZZulV, AromenV und DiätV, als Aminosäure gemäß § 2 Abs. 2 LMBG den Zusatzstoffen gleichgestellt.

**en:** *threonine*
**fr:** *thréonine*

*E.L.*

**Thujonhaltige Pflanzen und Pflanzenteile**
*Natürliche Aromastoffe\**
**Anw.:** In Konzentrationen von 5-10 ppm Thujon bei Trinkbranntweinen, je nach Alkoholgehalt. **Zul.:** AromenV.

*E.L.*

**Titandioxid**
(E 171)
*Farbstoff\**
Weißes anorganisches Pigment\*. **Anw.:** In einer Konzentration von ca. 0,01 % bei Süßwaren und Dragees. **Zul.:** ZZulV.

**en:** *titanium dioxide*
**fr:** *bioxyde de titane*

Literatur:
OTTERSTÄTTER, S. 269. DFG, L-Pigmentweiß 3. BERTRAM, S. 50 u. 81.

*G.O.*

**Tocopherole**
Vitamin E (E 306 - E 309)
*Antioxidantien\* und Vitamine\**
Wichtigster Vertreter ist alpha-Tocopherol (E 307). Wegen der allgemeinen Verbreitung in Lebensmitteln Mangelerscheinungen relativ selten. **Anw.:** In Form des synthetisch hergestellten Acetates und Succinates von alpha-Toco-

pherol zur Vitaminierung von Lebensmitteln, insbesondere Säuglingsnahrung, Margarine und diätetischen Lebensmitteln. Synthetisches alpha-Tocopherol in Konzentrationen von 100-500 ppm, gamma-Tocopherol (E 308), delta-Tocopherol (E 309) sowie natürliche Tocopherol-Konzentrate (E 306) als Antioxidantien zur Stabilisierung tierischer und pflanzlicher Fette, von Kaugummi und ätherischen Ölen. **Zul.:** ZZulV, DiätV, VitaminV und FleischV, alpha-Tocopherol ist kein Zusatzstoff im Sinne des LMBG, wohl aber seine Salze, tocopherolhaltige Extrakte natürlichen Ursprungs und die anderen Tocopherole.
**en:** tocopherols
**fr:** tocopherols
Literatur:
FRIEDRICH, S. 142.

A.J.

## Tone
Klärton, Klärerde
Flockungsmittel*
**Anw.:** Trinkwasser. **Zul.:** TrinkwV.
**en:** clays, absorbent clay
**fr:** argiles

E.L.

## Trägerlösemittel
Erleichtern oder ermöglichen ebenso wie Trägerstoffe* die Einarbeitung von Zusatzstoffen* oder anderen Zutaten* zu Lebensmitteln in flüssiger Form, indem man die einzuarbeitenden Stoffe zuvor im Trägerlösemittel auflöst und in dieser Form den Lebensmitteln zugibt. Trägerlösemittel muß mit dem Lebensmittel verträglich sein. **Anw.:** Antioxidantien*, Farbstoffe*, Aromastoffe*. **Zul.:** ZZulV und AromenV.
**en:** carrier solvents, suspensory solvents, transportation solvents
**fr:** solvants de support
Wichtige Trägerlösemittel:
   Wasser*
   Ethanol*

| | |
|---|---|
| E 338 | Orthophosphorsäure* |
| E 420 | Sorbit* |
| | 1,2-Propylenglycol* |
| E 422 | Glycerin* |
| | Glycerinacetat* |

E.L.

## Trägerstoffe
Erleichtern oder ermöglichen ebenso wie Trägerlösemittel* die Einarbeitung von Zusatzstoffen* oder anderen Zutaten* zu Lebensmitteln in feste Form, indem man die einzuarbeitenden Stoffe zuvor mit dem Trägerstoff vermischt und in dieser Form den Lebensmitteln zugibt. Dienen auch zum Standardisieren von Stoffen und Extrakten, die bei der Gewinnung in wechselnder Stärke anfallen und auf einheitliche Gebrauchskonzentrationen gebracht werden müssen. **Anw.:** Antioxidantien*, Farbstoffe*, Aromastoffe*. **Zul.:** ZZulV und AromenV.
**en:** carriers
**fr:** supports

Wichtige Trägerstoffe:
| | |
|---|---|
| E 322 | Lecithin* |
| E 401-E 404 | Alginate* |
| E 413 | Traganth* |
| E 414 | Gummi arabicum* |
| E 420 | Sorbit* |
| E 440 a | Pektine* |
| E 466 | Carboxymethylcellulose* |
| | Saccharose* |
| | Milchzucker* |
| | Stärke* |

E.L.

## Traganth
(E 413)
Verdickungsmittel* und Trägerstoff*
Exsudat des Stammes und der Äste verschiedener in Vorderasien wachsender Sträucher der Leguminose Astragalus, vor allem Astragalus gummifer. Wurde bereits von Theophrastus im 3. Jahrhundert v. Chr. beschrieben. Besteht zu 60-

70% aus Bassorin, einem wasserunlöslichen aber quellbaren Polysaccharid und zu 30-40% aus wasserlöslicher Tragacanthinsäure, einer Polygalakturonsäure. Bildet hochviskose Lösungen, die sich bereits oberhalb von 0,5% pseudoplastisch verhalten. Starkes Quellungsvermögen, stabilisiert Emulsionen. Gute Säure- und Hitzebeständigkeit, optimal bei pH 5. **Anw.**: Suppen, Soßen, Mayonnaise, Weichkäse, Käsezubereitungen, Speiseeis, Konditoreierzeugnisse, kalorienverminderte Lebensmittel. **Zul.**: ZZulV, MilcherzV, KäseV, AromenV, FleischV, SpeiseeisV und DiätV.

**en:** *tragaganth, gum tragacanth*
**fr:** *gomme adragante*

Literatur:
BURCHARD, S. 133.

*L.G.*

## Treibgase
Komprimierte oder verflüssigte Gase, deren Dampfdruck bei Zimmertemperatur oberhalb von 1 bar liegt und die zum Versprühen oder Verschäumen eines Füllgutes aus einem Behälter oder zum Saugen, Blasen oder Drücken von Füllgütern durch Rohrleitungen dienen. **Anw.**: Flüssige Lebensmittel, besonders Öle und Sahneerzeugnisse, Getreide, Mehl. **Zul.**: ZZulV und MilcherzV, sind gemäß § 2 Abs. 2, 3 Zusatzstoffe im Sinne des LMBG, wenn sie mit Lebensmitteln in Berührung kommen.

**en:** *propelling gases, propellants*
**fr:** *agents de propulsion, (gaz) propulseurs*

Wichtige Treibgase:
E 290     Kohlendioxid*
          Luft*
          Stickstoff*
          Distickstoffoxid*

*E.L.*

## Trennmittel
→ Formtrennmittel

## Trennmittel
→ Rieselhilfsmittel

## Triarylmethanfarbstoffe
Synthetische organische Farbstoffe* und Pigmente*, gekennzeichnet durch ein zentrales Kohlenstoffatom, das mit drei Arylgruppen verbunden ist. Farbstoffe mit drei Phenylgruppen heißen Triphenylmethanfarbstoffe.

Wichtige Triarylmethanfarbstoffe:
E 131     Patentblau*
E 142     Brillantsäuregrün BS*
C 3       Viktoriablau R*
C 4       Viktoriablau B*

Literatur:
BERTRAM, S. 26, 30, 54 u. 88.

*G.O.*

## Trichlorgalactosaccharose
„Sucralose", Chlorzucker
*Süßstoff*\*
Erstmals 1976 von Hough und Phadnis aufgefunden. Wird im menschlichen Körper nicht metabolisiert, daher ohne physiologischen Brennwert. 600 mal süßer als Zucker, ohne ausgeprägten Beigeschmack. **Zul.**: Nicht zugelassen.

**en:** *trichlorogalactosucrose*

Literatur:
von RYMON LIPINSKI und SCHIWECK, S. 467-468.
O'BRIENS NABORS und GELARDI, S. 173-195.

*v.R.L.*

## Triebmittel
→ Backtriebmittel

## Trinkwasser
*Trägerlösemittel\*, Extraktionslösemittel\* und Verschnittmittel\**
Gutes Lösevermögen für viele anorganische und organische Stoffe. Wichtiges Lebensmittel. **Zul.**: Gemäß § 2 Abs. 1 kein Zusatzstoff im Sinne des LMBG.

**en:** *drinking water*
**fr:** *eau potable*

*E.L.*

## Triphosphate
Tripolyphosphate (E 450 b)
*Stabilisatoren\*, Dispergiermittel\*, Ionenaustauscher\*, Säureregulatoren\* und Synergisten\**
Salze der Triphosphorsäure. Wichtige Regulatoren des Zellstoffwechsels. Quell- und Hydratationswirkung auf Casein nicht so stark ausgeprägt wie bei Diphosphaten*. Dagegen stärkeres Ionenaustauschvermögen und stärkere Fähigkeit, Eiweiß zu lösen. Wirken dadurch stabilisierend auf Emulsionen. **Anw.:** Am meisten verwendet werden Natriumtriphosphate (E 450 b), Kaliumtriphosphate (E 450 b), Calciumtriphosphat und Ammoniumtriphosphat als Stabilisatoren für Brühwurst, Kochpökelwaren, Fischerzeugnisse, Geflügelerzeugnisse, Fruchtsaftgetränke, Aufschlagmassen, Dessertspeisen, Dauermilcherzeugnisse, Schmelzkäse, Synergisten für Fettererzeugnisse, Gerinnungshemmer für Schlachttierblut. Hemmen die Korrosion und die Steinablagerung im Trinkwasser. **Zul.:** MilcherzV, KäseV und TrinkwV.

**en:** *triphosphates (ammonium, sodium, potassium and calcium triphosphate)*
**fr:** *triphosphates (triphosphate d'ammonium, de sodium, de potassium et de calcium)*

Literatur:
MOLLENHAUER, S. 7-17, 19, 22-37, 47-48.

K.G.

## Tripolyphosphate
→ Triphophate

## Trockenblutplasma
→ Blutplasma

## Trubstabilisatoren
Verzögern oder verhindern das Absetzen feiner Trubpartikeln in trüben Getränken. Wirken im wesentlichen durch Erhöhung der Viskosität, daher Verwendung von Verdickungsmitteln*. Absetzen von ätherischen Ölen kann durch Verwendung von Emulgatoren* verhindert werden. Früher benutzte bromierte Öle heute ohne Bedeutung. Werden mehr und mehr durch physikalische Maßnahmen ersetzt.

**en:** *clouding agents, turbidity promoters, density adjusting agents*

E.L.

## Tryptophan
*Nährstoff\**
Essentielle Aminosäure*. **Anw.:** In der L-Form, ihrer Natrium-, Kalium-, Calcium- und Magnesiumverbindungen und des Hydrochlorides bei bilanzierten Diäten. **Zul.:** DiätV, als Aminosäure gemäß §2 Abs. 2 LMBG den Zusatzstoffen gleichgestellt.

**en:** *tryptophan*
**fr:** *tryptophane*

E.L.

## Tyrosin
*Nährstoff\**
Essentielle Aminosäure*. **Anw.:** In der L-Form, ihrer Natrium-, Kalium-, Calcium- und Magnesiumverbindungen bei bilanzierten Diäten. **Zul.:** DiätV, als Aminosäure gemäß §2 Abs. 2 LMBG den Zusatzstoffen gleichgestellt.

**en:** *tyrosine*
**fr:** *tyrosine*

E.L.

u

## Überzugsmittel

Glasurmittel
Verleihen beim Auftrag auf Lebensmitteloberflächen diesen einen Glanz oder überziehen sie mit einer Schutzschicht. Verhindern dadurch das Austrocknen. **Anw.:** Zitrusfrüchte, Süßwaren, Kaugummi, getrocknete Weinbeeren. **Zul.:** ZZulV.
**en:** *glazing agents, coating agents, sealing agents*
**fr:** *agents d'enrobage*

Wichtige Überzugsmittel:
        Fette
        Zucker*
        Gelatine*

| | |
|---|---|
| E 470 | Alkalisalze der Ölsäure |
| E 472 a | Essigsäureester der Monoglyceride von Speisefettsäuren* |
| 901 | Bienenwachs* |
| 902 | Candelillawachs* |
| 903 | Carnaubawachs* |
| 904 | Schellack* |
| 905 | Paraffinöl* |
| 906 | Benzoeharz* |
| 910 | Wachsester* |
| | Cumaron-Inden-Harze* |
| | Kopal* |
| | Montansäureester* |
| | Polyethylenwachsoxidate* |
| | Polyolefinharze* |
| | Mastix* |
| | Sandarakharz* |

**Literatur:**
KUHNERT, P.: Überzugsstoffe und Trennmittel. Anwendung und Wirkung in und auf Lebensmitteln. Behr Hamburg 1990.

*E.L.*

## Ultramarin

(C 12)
*Farbstoff**
Blaues anorganisches Pigment*. **Anw.:** Stempeln der Oberfläche von Lebensmitteln und Verpackungsmitteln, Färben und Bemalen der Schale von Eiern. **Zul.:** ZZulV.

**en:** *ultramarine*
**fr:** *bleu d'outremer*
**Literatur:**
OTTERSTÄTTER, S. 245. DFG, L-ext. Blau 6.

*G.O.*

## Umrötungsmittel

Bewirken bei Fleisch die Ausbildung einer stabilen roten Farbe. Ergeben zusammen mit Kochsalz* Pökelhilfsstoffe*. In manchen Ländern dürfen Umrötemittel auch ohne Vormischung mit Kochsalz benutzt werden. Wichtigste Umrötemittel sind Nitrite* und Nitrate*. **Anw.:** Fleischerzeugnisse. **Zul.:** FleischV.

**en:** *curing agents, pickling agents*
**fr:** *agents de saumurage*

*E.L.*

v

## Valin
*Gechmackstoff\*,
Geschmacksverstärker\* und Nährstoff\*
Essentielle Aminosäure\**. **Anw.:** In der L-Form, ihrer Natrium- und Kaliumverbindungen oder des Hydrochlorides in Konzentrationen von 0,03-0,05 % zur Beeinflussung des Geschmackes sowie zusätzlich als Calcium- und Magnesiumverbindung bei bilanzierten Diäten. **Zul.:** ZZulV, AromenV und DiätV, als Aminosäure gemäß § 2 Abs. 2 LMBG den Zusatzstoffen gleichgestellt.
**en:** *valine*
**fr:** *valine*

*E.L.*

## Vanillin
*Natürlicher und naturidentischer Aromastoff\**
Geruch vanilleartig. Dient hauptsächlich zur Abrundung und Verfeinerung anderer Aromarichtungen, ohne daß den Lebensmitteln ein merkbarer Vanillegeschmack erteilt wird. Im Haushalt wird Vanillin hautsächlich in Form von Vanillin-Zucker angewendet, einer Mischung aus Vanillin und Zucker mit einem Mindestgehalt von 1 % Vanillin. Vanille-Zucker ist eine Mischung mit einem Mindestgehalt von 5 % zerkleinerten Vanilleschoten. Hat auch antioxidative Eigenschaften. **Anw.:** In Konzentrationen von 50-1000 ppm bei Getränken, Backwaren, Süßwaren, Kaugummi, Eiscreme. **Zul.:** Kein Zusatzstoff im Sinne des LMBG.
**en:** *vanillin*
**fr:** *vanilline*

Literatur:
FURIA und BELLANCA, Band 2, S. 560.

*E.L.*

## Vanillinacetat
*Künstlicher Aromastoff\**
Geruch blumig, leicht vanilleähnlich. **Anw.:** In Konzentrationen von 10-30 ppm bei Getränken, Backwaren, Süßwaren.

**Zul.:** AromenV.
**en:** *vanillin acetate*
**fr:** *acétate de vanilline*

Literatur:
FURIA und BELLANCA, Band 2, S. 559.

*E.L.*

## Verarbeitungshilfen
Stoffe, die während der Verarbeitung von Rohstoffen oder Lebensmitteln verwendet werden und aus diesen praktisch vollständig wieder entfernt werden, früher technische Hilfsstoffe, auch Verschwindestoffe genannt. Sind in Anlehnung an die Definition des Codex Alimentarius nach Artikel 1 der Richtlinie des Rates zur Angleichung der Rechtsvorschriften der Mitgliedstaaten über Zusatzstoffe, die in Lebensmitteln verwendet werden dürfen (89/107/EWG), kurz Rahmenrichtlinie genannt, Stoffe, die nicht selbst als Lebensmittelzutaten verzehrt werden, jedoch bei der Verarbeitung von Rohstoffen, Lebensmitteln oder deren Zutaten aus technologischen Gründen während der Be- oder Verarbeitung verwendet werden und unbeabsichtigte, technisch unvermeidbare Rückstände oder Rückstandsderivate im Enderzeugnis hinterlassen können, unter der Bedingung, daß diese Rückstände gesundheitlich unbedenklich sind und sich technisch nicht auf das Endergebnis auswirken. **Zul.:** Sind in vielen Ländern keine Zusatzstoffe, in der BR Deutschland außer Extraktionslösemitteln\* gemäß § 11 Abs. 2 LMBG Zusatzstoffe, die keiner besonderen Zulassung bedürfen, wenn sie aus dem Lebensmittel vollständig oder so weit entfernt werden, daß sie oder ihre Umwandlungsprodukte in dem zur Abgabe an den Verbraucher bestimmten Erzeugnis nur als technisch unvermeidbare und technologisch unwirksame Reste in gesundheitlich, geruchlich und geschmacklich unbedenklichen Anteilen enthalten sind.

**en:** *processing aids, technical aids*
**fr:** *auxiliaires techniques*

Wichtige Verarbeitungshilfen:
Katalysatoren*
Ionenaustauscher*
Enzympräparate*
Flockungsmittel*
Filterhilfsmittel*
Treibgase*
Entkeimungsmittel*
Schutzgase*

*E.L.*

## Verdickungsmittel
Dickungsmittel
Erhöhen die Viskosität von Flüssigkeiten. Hergestellt aus höheren Pflanzen, Algen, Mikroorganismen und durch Umsetzung von Cellulose oder Stärke. Anwendung, z. B. von Mehl und Stärke basiert auf den Erfahrungen alte Küchentechniken. Manche Verdickungsmittel sind gleichzeitig Geliermittel*, einige bilden nur dicke Lösungen aber keine Gele. Einige empfindlich gegen Hitze, Säure und Metallionen. Wasserlöslichkeit unterschiedlich. Stabilisieren Emulsionen und Suspensionen. Wirken wasserbindend. Verhindern Synärese, einiges verzögern Altbackenwerden von Brot. Einige dienen als Trägerstoffe*. **Anw.** Suppen, Soßen, Desserts, Cremes, Speiseeis, Milcherzeugnisse, Käse, kalorienverminderte Lebensmittel.
**Zul.:** ZZulV, MilcherzV, KäseV, SpeiseeisV, AromenV und DiätV.

**en:** *thickening agents, thickeners*
**fr:** *(agents) épaississants*

Wichtige Verdickungsmittel:
E 400-E 405    Alginate*
E 406          Agar-Agar*
E 407          Carrageen*
E 410          Johannisbrotkernmehl
E 412          Guar*
E 413          Traganth*
E 414          Gummi arabicum*
E 415          Xanthan*
E 440          Pektine*
E 461          Methylcellulose*
E 466          Carboxymethylcellulose*
E 1401-E 1442  Modifizierte Stärken*
               Gelatine*
               Stärke*
               Mehl

**Literatur:**
NEUKOM, H., und PILNIK, W.: Gelier- und Verdickungsmittel in Lebensmitteln. Forster Zürich 1980.
BURCHARD, W.: Polysaccharide. Eigenschaften und Nutzung. Springer Berlin — Heidelberg — New York — Tokyo 1985.

*E.L.*

## Verdünnungsmittel
→ Verschnittmittel

## Verkapselungsmittel
→ Mikroverkapselungsmittel

## Verordnung über das Inverkehrbringen von Zusatzstoffen und einzelnen wie Zusatzstoffe verwendeten Stoffen
→ Zusatzstoff-Verkehrsverordnung

## Verordnung über die Zulassung von Zusatzstoffen zu Lebensmitteln
→ Zusatzstoff-Zulassungsverordnung

## Verpackungsgase
→ Schutzgase

## Verpackungsmittel
In aller Regel keine Zusatzstoffe* sondern Bedarfsgegenstände*, wenn sie mit Lebensmitteln in unmittelbare Berührung kommen. Den Zusatzstoffen gleichgestellt sind gemäß § 1 Abs. 2 und § 2 Abs. 2 LMBG Umhüllungen, Überzüge oder sonstige Umschließungen und Stoffe zu deren Herstellung, wenn sie zum Mitverzehr bestimmt sind oder wenn der Mitverzehr voraussehbar ist. In den USA sind alle Verpackungsmittel Zusatzstoffe.

*E.L.*

## Verschnittmittel
Verdünnungsmittel
Dienen ähnlich wie Streckmittel* dazu, in erlaubtem Ausmaß die Menge eines flüssigen Lebensmittels zu erhöhen. Wichtigstes Verschnittmittel ist Trinkwasser*.
**en:** *diluents*
**fr:** *diluants*
*E.L.*

## Verschwindestoffe
→ Verarbeitungshilfen

## Verunreinigungen
→ Kontaminanten

## Verzehrprodukte
Nach österreichischem Lebensmittelrecht Stoffe, die dazu bestimmt sind, vom Menschen gegessen, gekaut oder getrunken zu werden, ohne überwiegend Ernährungs- oder Genußzwecken zu dienen oder Arzneimittel zu sein. Hierher gehören z. B. Raucherentwöhnungsmittel und gewisse Pastillen, Kleieschnitten, Lutschtabletten und dergleichen. Müssen wie diätetische Lebensmittel beim österreichischen Bundesministerium für Gesundheit und Umweltschutz angemeldet werden, bevor sie in den Verkehr gebracht werden dürfen.
*E.L.*

## Viktoriablau B
(C 4)
*Farbstoff**
Blauer wasserlöslicher Triarylmethanfarbstoff*. **Anw.:** Stempeln der Oberfläche von Lebensmitteln und Verpackungsmitteln, Färben und Bemalen der Schale von Eiern. **Zul.:** ZZulV.
**Literatur:**
OTTERSTÄTTER, S. 187.
*G.O.*

## Viktoriablau R
(C 3)
*Farbstoff**
Blauer wasserlöslicher Triarylmethanfarbstoff*. **Anw.:** Stempeln der Oberfläche von Lebensmitteln und Verpackungsmitteln, Färben und Bemalen der Schale von Eiern. **Zul.** ZZulV.
**Literatur:**
OTTERSTÄTTER, S. 186.
*G.O.*

## Violamin R
→ Echtsäureviolett R

## Violaxanthin
→ (E 161 e)
*Farbstoff**
Gelbes öllösliches, zur Gruppe der Xanthophylle* gehörendes Carotinoid* ohne technische Bedeutung. **Zul.:** ZZulV.
**en:** *violaxanthin*
**fr:** *violaxanthine*
**Literatur:**
OTTERSTÄTTER, S. 235. BERTRAM, S. 49 u. 67.
*G.O.*

## Vitamine
Organische Bestandteile der Lebensmittel, die für den Ablauf von Körperfunktionen bedeutsam sind, vom menschlichen Organismus nicht selbst produziert werden können und deshalb von außen zugeführt werden müssen. Man unterscheidet zwischen fettlöslichen und wasserlöslichen Vitaminen. Sind in Lebensmitteln meist in ausreichenden Mengen vorhanden. Werden während der Lebensmittelverarbeitung oft in Mitleidenschaft gezogen, z. B. durch Erhitzen. Gezielter Zusatz zu Lebensmitteln in vielen Fällen notwendig. Fettlösliche Vitamine werden im Organismus besser, wasserlösliche weniger stark gespeichert. Bei Unterversorgung treten Mangelkrankheiten auf, Avitaminosen genannt. Zu hohe Zufuhr einiger Vitamine kann zu Hypervitaminosen führen. Gezielter Zusatz von Vitaminen zu Lebensmitteln heißt Vitaminierung, Ausgleich von Verarbeitungsverlu-

sten Revitaminierung. Anreicherung ist Zusatz von Vitaminen über den ursprünglich vorhandenen natürlichen Gehalt hinaus, Standardisierung der Ausgleich naturbedingter Schwankungen. Einige Vitamine aufgrund ihrer physikalisch-chemischen Eigenschaften auch aus rein technologischen Gründen verwendet, z. B. als Antioxidantien* und als Lebensmittelfarbstoffe*. **Anw.:** Fette und fetthaltige Lebensmittel, Getränke, Früchte, Gemüse, Fleischwaren, Mehl, Kartoffelerzeugnisse, Süßwaren, Suppen, Käse. **Zul.:** ZZulV, DiätV, VitaminV, bei Vitaminzusatz aus technologischen Gründen noch weitere Verordnungen. Einige Vitamine gemäß § 2 Abs. LMBG und § 1 ZVerkV den Zusatzstoffen gleichgestellt.

**Vitamin E**
→ Tocopherole

**Vitamin H**
→ Biotin

**Vitamin K**
→ Phyllochinone

**en:** *vitamins*
**fr:** *vitamines*

**Literatur:**
FRIEDRICH, H.: Handbuch der Vitamine, Urban und Schwarzenberg München — Wien — Baltimore 1987. MACHLIN, L. J.: Handbook of Vitamins, Marcel Dekker New York — Basel 2. Auflage 1991.

*A.J.*

## Vitamin A
→ Retinol

## Vitamin $B_1$
→ Thiamin

## Vitamin $B_2$
→ Riboflavin

## Vitamin $B_6$
→ Pyridoxin

## Vitamin $B_{12}$
→ Cyanocobalamin

## Vitamin C
→ Ascorbinsäure

## Vitamin D
→ Calciferole

w

## Wachse
→ mikrokristalline Wachse

## Wachsester
(910)
*Überzugsmittel\*, Rieselhilfsmittel\* und Kaumassen\**
Ester von Speisefettsäuren mit unverzweigten, geradzahligen Fettalkoholen der Kohlenstoffzahlen $C_{10}$-$C_{22}$. Verwendung anstelle von Walrat\* und Spermöl\*.
**Anw.:** Zuckerwaren, Kaugummi, Backwaren. **Zul.:** ZZulV.
**en:** *wax esters*
**fr:** *esters de cires*
**Literatur:**
KUHNERT, S. 176-178.
*E.L.*

## Walrat
*Rieselhilfsmittel\*, Überzugsmittel\* und Kaumasse\**
Wachsartige Masse aus den Kopfhöhlen und dem Speck des Pottwals. Durch Abpressen gewinnt man daraus Spermöl\*. **Anw.:** Backwaren, Süßwaren, Zuckerwaren, Zitrusfrüchte, Kaugummi. **Zul.:** Aufgrund des Washingtoner Artenschutzabkommens, das den Import von Walerzeugnissen verbietet, in der BR Deutschland nicht mehr zugelassen.
**en:** *spermaceti*
**fr:** *blanc de baleine, spermaceti*
*E.L.*

## Wasser
→ Tafelwasser

## Wasser
→ Trinkwasser

## Wasser, demineralisiertes
→ demineralisiertes Wasser

## Wasser, destilliertes
→ destilliertes Wasser

## Wasserglas
→ Natriumsilikate

## Wasserstoff
**Zul.:** Gemäß § 11 Abs. 2 LMBG Zusatzstoff, der keiner besonderen Zulassung bedarf, soweit er zur Fetthärtung oder zur Herstellung von Zuckeralkoholen verwendet wird.
**en:** *hydrogen*
**fr:** *hydrogène*
*E.L.*

## Wasserstoffperioxid
*Bleichmittel\* und Desinfektionsmittel\**
Wirkt durch Oxidation bleichend, beseitigt oxidationsempfindliche Verunreinigungen aus Trinkwasser. **Anw.:** Stärke, Gelatine, Fischmarinaden, Trinkwasser. **Zul.:** ZZulV und TrinkwV.
**en:** *hydrogen peroxide*
**fr:** *peroxyde d'hydrogène*
*E.L.*

## Weinsäure
(E 334)
*Säuerungsmittel\*, Säureregulator\*, Komplexbildner\*, Backtriebmittel\*, Stabilisator\* und Klärhilfsmittel\**
Erstmals von Scheele 1768 aus den Rückständen der Weinbereitung hergestellt, daher der Name. Natürlich vorkommend ist rechtsdrehende L(+) Weinsäure. Geschmack herbsauer. **Anw.:** Auch in Form von Tartraten\* in alkoholfreien Erfrischungsgetränken, Frucht- und Gemüsesäften, Getränke- und Brausepulverb, wenn es auf minimale Hygroskopizität ankommt, Sirupen, verarbeitetem Obst und Gemüse, Sauerkonserven, Marmeladen, Konfitüren, Gelierzucker, Fruchtfüllungen, Süßwaren, Bonbons, Karamellen, Fruchtgelees, Speiseeis, Dessertspeisen, als Säuerungskomponente für Backpulver, Teigsäuerungsmittel und in verarbeitetem Fisch. D,L-Weinsäure zur Beschleunigung des Auskristallierens

von Weinstein aus Jungwein bindet überschüssige Calcium-Ionen. **Zul.:** ZZulV, SpeiseeisV, KakaoV, Fruchtnektar- und FruchtsirupV, KonfitürenV und EG-WeinMO. L(+)Weinsäure kein Zusatzstoff im Sinne des LMBG.

**en:** *tartaic acid*
**fr:** *acide tartrique*

Literatur:
WIEDER, S. 96-108

*KG*

## Weinsäureester der Mono- und Diglyceride von Speisefettsäuren
→ Mono- und Diglyceride der Speisefettsäuren, verestert mit Weinsäure

## Wollfett
→ Wollwachs

## Wollgrün S
→ Brillantsäuregrün BS

## Wollwachs
Wollfett, Lanolin (913)
*Kaumasse\**
**Anw.:** Kaugummi. **Zul.:** ZZulV.

*E.L.*

x

## Xanthan

(E 415)
*Verdickungsmittel\*, Geliermittel\* und Trägerstoff\**
Von der Bakterienart Xanthomonas campestris abgeschiedenes hochpolymeres Heteropolysaccharid. In Wasser, Säuren und Basen gut löslich. Bildet extrem hochviskose Lösungen mit plastischem Charakter. Erhöhung der Schergeschwindigkeit beim Rühren von Lösungen führt zu Viskositätsabfall. Viskosität von Lösungen weitgehend unabhängig von Temperatur, pH-Wert und Salzzusätzen. Lösungen gut hitzebeständig, besonders in Anwesenheit geringer Mengen an Kaliumionen, ohne merklichen Viskositätsverlust sterilisierbar. Gut verträglich mit Alginaten\* und Stärke\*. Synergistische Viskositätserhöhung mit Dextrin\* und Galaktomannanen. Ausbildung gummiartiger und thermoreversibler Gele in Kombination mit Johannisbrotkernmehl\*. Erhöht Wasserbindung von Teigen und verzögert Altbackenwerden von Brot. Vermindert Eiskristallbildung bei Speiseeis. Wirkt bei Fruchtsaftgetränken trubstabilisierend. Bildet feste Filme, die gut an Glas und manchen Metallen haften. **Anw.:** Suppen, Soßen, Salatcremes, Mayonnaisen, Ketchup, Speiseeis, Fettemulsionen, Getränke, Sauergemüse, Feinkostsalate, Fisch-, Fleisch- und Gemüsekonserven. **Zul.:** ZZulV und AromenV.

**en:** *xanthan gum*
**fr:** *gomme xanthane*

Literatur:
NEUKOM und PILNIK, S. 113-133. BURCHARD, S. 130-131.

*L.G.*

## Xanthenfarbstoffe

Synthetische organische Farbstoffe\* und Pigmente\*. In der Struktur verwandt mit den Triarylmethanfarbstoffen\*. Enthalten wie diese ein zentrales Kohlenstoffatom, das mit drei Aryl-Gruppen verbunden ist, dazu jedoch eine zusätzliche Sauerstoffbrücke und damit ein weiteres Ringsystem. Wichtigster Xanthenfarbstoff zur Färbung von Lebensmitteln ist Erythrosin\*.

*G.O.*

## Xanthophylle

(E 161)
*Farbstoffe\**
Gelbe, orange und rote öllösliche Carotinoide\*. Vorkommen im Eidotter, in Maiskolben, gelben Blüten und als Begleiter von Chlorophyll\*. Auch in Form wasserdispergierbarer Präparationen im Handel. **Zul.:** ZZulV, einige in der BR Deutschland zur Färbung von Lebensmitteln nicht zugelassen.

**en:** *xanthophylls*
**fr:** *xanthophylles*

Wichtige Xanthophylle

| | |
|---|---|
| E 161 a | Flavoxanthin\* |
| E 161 b | Lutein\* |
| E 161 c | Kryptoxanthin\* |
| E 161 d | Rubixanthin\* |
| E 161 e | Violaxanthin\* |
| E 161 f | Rhodoxanthin\* |
| E 161 g | Canthaxanthin\* |
| | Astaxanthin\* |
| | Citranaxanthin\* |
| | Zeaxanthin\* |

Literatur:
OTTERSTÄTTER, S. 235. DFG. BERTRAM, S. 49, 65 u. 67.

*G.O.*

## Xylit

(E 967)
*Zuckeraustauschstoff\**
Herstellung durch Hydrierung von Xylose, die aus dem Xylan verschiedener Holzarten gewonnen werden kann. Wird im menschlichen Körper insulinunabhängig metabolisiert. Physiologischer Brennwert 4 kcal/g bzw. 17 kJ/g (vorgesehene EG-Regelungen 2,4 kcal/g bzw. 10 kJ/g).

# Xylit

Verträglich für Diabetiker. Ähnliche Süßkraft wie Zucker. Reiner Süßgeschmack, kühlender Effekt besonders ausgeprägt. Geschmacklich gut mit anderen Zuckeralkoholen und Süßstoffen* verträglich. Gute Hydrolyse-, Temperatur- und Lagerstabilität, kaum hygroskopisch, nicht kariogen. **Anw.**: In entsprechenden Mengen wie Zucker, in verschiedenen Süßwaren bis nahezu 100 %.
**Zul.**: ZZulV und DiätV.

**en:** *xylitol*
**fr:** *xylitol*

**Literatur:**
von RYMON LIPINSKI und SCHIWECK, S. 295-311.
O'BRIEN NABORS und GELARDI, S. 349-379.

*v.R.L.*

**z**

## Zeaxanthin
*Farbstoff**
Gelboranges öllösliches, zur Gruppe der Xanthophylle* gehörendes Carotinoid*. Vorkommen in Maiskörnern und Eidotter. **Anw.:** Futtermittelzusatz zur Eidotterpigmentierung. **Zul.:** In einigen Ländern zum Färben von Fetten, Getränken und Dessertprodukten, in der BR Deutschland für Lebensmittel nicht zugelassen.
**en:** *zeaxanthine*
**fr:** *zeaxanthine*
Literatur:
DFG, L-Gelb 9.
*G.O.*

## Zink
*Spurenelement**
**Anw.:** In Form des Acetates, Chlorides, Citrates, Gluconates, Oxides und Sulfates bei bilanzierten Diäten.
**en:** *zinc*
**fr:** *zinc*
Literatur:
H. J. HOLTMEIER: Zink. Wissenschaftliche Verlagsgesellschaft Stuttgart 1991.
*E.L.*

## „Zucker"
→ Saccharose

## Zuckerarten
*Süßungsmittel*, Konservierungsstoffe* und Pökelhilfsstoffe**
Zu den Zuckerarten im Sinne der ZuckerartenV zählen Saccharose* in verschiedenen Kristallformen und in Lösung (Flüssigzucker), Invertzucker* und Glucose* in fester und gelöster Form. Wirken konservierend durch Absenkung der Wasseraktivität. **Anw.:** Backwaren, Süßwaren, Getränke, Obsterzeugnisse, als Pökelhilfsstoffe sowie Saccharose zur Anreicherung von Most. **Zul.:** FruchtsaftV, ZuckerartenV und EG-Wein-MO. Keine Zusatzstoffe im Sinne des LMBG.
**en:** *specified sugar products*
**fr:** *sucres*
*E.L.*

## Zuckeraustauschstoffe
Stoffe mit ähnlicher Süßkraft wie Zucker, teilweise mit geringerem Energiegehalt, einige sind nicht kariogen. Werden insulinunabhängig verstoffwechselt und sind deshalb in gewissen Grenzen diabetikerverträglich. **Zul.:** ZZulV, DiätV und AromenV, gemäß § 2 Abs. 2 LMBG außer Fructose* den Zusatzstoffen gleichgestellt.
**en:** *bulk sweeteners, nutritive sweeteners*
**fr:** *succédanés de sucre*
Wichtige Zuckeraustauschstoffe:

|       | Fructose |
|-------|----------|
| E 420 | Sorbit*  |
| E 421 | Mannit*  |
| E 953 | Isomalt* |
| E 966 | Lactit*  |
| E 967 | Xylit*   |
|       | Lycasin  |
|       | Maltit*  |

Literatur:
von RYMON LIPINSKI, G.-W., und SCHIWECK, H.: Handbuch Süßungsmittel. Behr Hamburg 1991.
*v.R.L.*

## Zuckerester von Speisefettsäuren
Ester von Saccharose mit Speisefettsäuren (E 473)
*Emulgatoren* und Aufschlagmittel**
Produkte mit verschiedenen Molekularverhältnissen zwischen Saccharose und Fettsäuren. Nichtionische Emulgatoren mit Zucker als hydrophilem Anteil. Entsprechend dem Fettsäure-Saccharose-Anteil unterschiedlich wasserlöslich, bevorzugt zur Herstellung von O/W-Emulsionen geeignet, im Extremfall auch zur Herstellung von W/O-Emulsionen. Zuckerester mit hohem Saccharoseanteil sind wasserlöslich. Bewirken in stärkehaltigen Lebensmitteln eine Erhöhung der Ver-

kleisterungstemperatur und Viskosität der enthaltenen Stärke. In Schokolademassen werden die Viskosität und die Fließgrenze herabgesetzt. **Anw.:** Margarine, Mayonnaise, Dessertspeisen, Eiscreme, Nudeln, in Backwaren zur Modifizierung der gequollenen Stärke, in Kakao und Instantprodukten zur Verbesserung der Benetzbarkeit, in Eiscreme und Schlagschäumen zur Förderung des Aufschlages (Aufschlagmittel), Lösungsvermittler für Vitamine, ölige Essenzen. **Zul.:** In einigen Ländern, in der BR Deutschland nicht zugelassen.

**en:** *sucrose esters of fatty acids*
**fr:** *sucroesters, esters de saccharose et d'acides gras alimentaires*

Literatur:
SCHUSTER, S. 142-153.

*H.G.*

## Zuckerglyceride
(E 474)
*Emulgatoren\**
Komplexe Mischungen aus Glycerinfettsäureestern (Glyceriden) und Zuckerestern von Speisefettsäuren\*, in der Wirkung letzteren sehr ähnlich. **Anw.:** Backmargarine, in Konzentrationen bis etwa 0,5 % bei emulgierten alkoholfreien Aperitifs. **Zul.:** ZZulV.

**en:** *sucroglycerides*
**fr:** *sucroglycérides*

Literatur:
SCHUSTER, S. 153-154.

*H.G.*

## Zuckerkulör
Kulör (E 150)
*Farbstoff\**
Dunkelbraune bis schwarze Flüssigkeiten oder feste Massen unterschiedlicher Zusammensetzung, mit denen braune Farbtöne erzielt werden können. Von Zuckerkulör zu unterscheiden sind zuckrige aromatische Produkte, wie Karamelzucker\* und Karamelsirup, die durch bloßes Erhitzen von Zucker\* erhalten und als Geschmacksstoffe\* verwendet werden. Herstellung durch kontrollierte Hitzeeinwirkung auf Kohlenhydrate. Je nach Art der Herstellung unterscheidet man zwischen vier Zuckerkulör-Arten: Einfache Alkohol-Zuckerkulör, kaustische Zuckerkulör (E 150 a), hergestellt mit oder ohne Zusatz von Laugen oder Säuren, alkoholstabil, besonders geeignet für Spirituosen und Süßwaren. Sulfitlaugen-Zuckerkulör, kaustische Sulfitkulör (E 150 b), hergestellt in Gegenwart sulfithaltiger Verbindungen, alkoholstabil, besonders geeignet für Spirituosen. Ammoniak-Zuckerkulör (E 150 c), hergestellt unter Zusatz von Ammoniumverbindungen, besonders geeignet für Bier, Suppen und Soßen. Ammoniumsulfit-Zuckerkulör (E 150 d), hergestellt unter Zusatz von Ammoniumsulfit, säurestabil, besonders geeignet für alkoholfreie, kohlensäurehaltige Erfrischungsgetränke. **Anw.:** Alkoholfreie und alkoholische Getränke einschließlich Bier, Süßwaren, Suppen, Soßen, Dessertspeisen. **Zul.:** ZZulV.

**en:** *caramel, caramel colour*
**fr:** *caramel*

Literatur:
OTTERSTÄTTER, S. 279. DFG, L-Braun 3 a und L-Braun 3 d, L-Braun 3 d. BERTRAM, S. 48 u. 81.

*G.O.*

## Zusatzstoffe
Lebensmittelzusatzstoffe
Werden Lebensmitteln gezielt aus technologischen Gründen zugesetzt und dadurch zu einem Bestandteil des Lebensmittels. Früher nannte man diese Stoffe fremde Stoffe. Legaldefinition der Zusatzstoffe von Land zu Land unterschiedlich. Breiteste Definition in den USA, wo alle mit Lebensmitteln in irgendeiner Weise in Kontakt kommende Substanzen zu den Zusatzstoffen zählen, z. B. Verpackungsmittel\* und deren Roh- und Hilfsstoffe, bestimmte Kontaminan-

ten*, Desinfektionsmittel* und viele andere. Dadurch die manchmal in der Literatur zu findende Angabe erklärlich, es gäbe bis zu 5000 Zusatzstoffe. Bei engerer Difinition, wie in den meisten europäischen Staaten üblich, Zahl der zugelassenen Zusatzstoffe nur etwa 300-400, von denen etwa 10-20 % in breiterem Umfang angewendet werden. In der BR Deutschland durch § 2 LMBG wie folgt definiert:
(1) Zusatzstoffe im Sinne dieses Gesetzes sind Stoffe, die dazu bestimmt sind, Lebensmitteln zur Beeinflussung ihrer Beschaffenheit oder zur Erzielung bestimmter Eigenschaften oder Wirkung zugesetzt zu werden; ausgenommen sind Stoffe, die natürlicher Herkunft oder den natürlichen chemisch gleich sind und nach allgemeiner Verkehrsauffassung überwiegend wegen ihres Nähr-, Geruchs- oder Geschmackswertes oder als Genußmittel verwendet werden, sowie Trinkwasser* und Tafelwasser.*
(2) Den Zusatzstoffen stehen gleich:
1 a) Mineralstoffe* und Spurenelemente* sowie deren Verbindungen außer Kochsalz*,
 b) Aminosäuren* und deren Derivate,
 c) Vitamine* A und D sowie deren Derivate,
 d) Zuckeraustauschstoffe*, ausgenommen Fructose*,
 e) Süßstoffe*,
2. Stoffe, mit Ausnahme der in Absatz 1 zweiter Halbsatz genannten, die dazu bestimmt sind,
 a) bei dem Hersteller von Umhüllungen, Überzügen oder sonstigen Umschließungen im Sinne des § 1 Abs. 2 verwendet zu werden,
 b) der nicht zum Verzehr bestimmten Oberfläche von Lebensmitteln zugesetzt zu werden,
 c) bei dem Behandeln von Lebensmitteln in der Weise verwendet zu werden, daß sie auf oder in die Lebensmittel gelangen;
3. Treibgase* oder ähnliche Stoffe, die zur Druckanwendung bei Lebensmitteln bestimmt sind und dabei mit diesen in Berührung kommen.
(3) Der Bundesminister für Gesundheit (Bundesminister) wird ermächtigt, im Einvernehmen mit den Bundesministern für Ernährung, Landwirtschaft und Forsten und für Wirtschaft durch Rechtsverordnung mit Zustimmung des Bundesrates Stoffe oder Gruppen von Stoffen den Zusatzstoffen gleichzustellen,
1. sofern Tatsachen die Annahme rechtfertigen, daß ihre Verwendung in Lebensmitteln gesundheitlich nicht unbedenklich ist;
2. soweit es zur Durchführung von Verordnungen oder Richtlinien des Rates oder der Kommission der Europäischen Gemeinschaften erforderlich ist.
Inzwischen wurden durch die ZVerkV noch folgende Stoffe den Zusatzstoffen gleichgestellt:
1. Adipinsäure*,
2. Nicotinsäure*,
3. Nicotinsäureamid*,
4. Nitritpökelsalz*.
Natürlich vorkommende Stoffe mit geruchlichen und geschmacklichen Eigenschaften, außer Süßstoffen und Zuckeraustauschstoffen, sind keine Zusatzstoffe, ebensowenig die meisten Vitamine, im Gegensatz zu der Situation in einigen anderen Ländern auch dann nicht, wenn sie nicht geschmacklichem oder Ernährungszwecken dienen sondern ausschließlich technologischen Zwecken. Ist ein Stoff in wenigsten ei-

# Zusatzstoffe

nem Verwendungsfall Nicht-Zusatzstoff, so ist er es auch in allen anderen Fällen (abstrakte Betrachtungsweise). Zusatzstoffe sind in aller Regel zugleich Lebensmittel, weil sie gemäß § 1 des LMBG dazu bestimmt sind, mit den Lebensmitteln verzehrt zu werden, denen sie zugesetzt worden sind. Keine Lebensmittel sind hingegen die Zusatzstoffe, die aus den Lebensmitteln vollständig oder so weit entfernt werden, daß sie oder ihre Umwandlungsprodukte in den fertigen Lebensmitteln nur noch als technisch unvermeidbare und technologisch unwirksame Reste in gesundheitlich, geruchlich und geschmacklich unbedenklichen Anteil enthalten sind.

In den meisten Ländern sind Kontaminanten und Stoffe die nur vorübergehend mit Lebensmitteln in Berührung kommen, keine Zusatzstoffe, auch nicht Vitamine und andere Mikronährstoffe, wie Mineralstoffe und Spurenelemente, Aromen* und Verarbeitungshilfen*.

In Anlehnung an die Definition des Codex Alimentarius nach Artikel 1 der Richtlinie des Rates zur Angleichung an die Rechtsvorschriften der Mitgliedsstaaten über Zusatzstoffe, die in Lebensmitteln verwendet werden dürfen (89/107/EWG), kurz Rahmenrichtlinie genannt, ist ein Lebensmittelzusatzstoff ein Stoff mit oder ohne Nährwert, der in der Regel weder selbst als Lebensmittel verzehrt noch als charakteristische Lebensmittelzutat verwendet wird und einem Lebensmittel aus technologischen Gründen bei der Herstellung, Verarbeitung, Zubereitung, Behandlung, Verpackung, Beförderung oder Lagerung zugesetzt wird, wodurch er selbst oder seine Nebenprodukte (mittelbar oder unmittelbar) zu einem Bestandteil des Lebensmittels werden oder werden können. Eine sehr ähnliche Definition kennt der Codex Alimentarius. Richtlinie gilt nicht für Verarbeitungshilfen, Pflanzenschutzmittel*, Aromen und Stoffe, die Lebensmitteln zu Ernährungszwecken beigegeben werden, wie Mineralstoffe, Spurenelemente oder Vitamine.

Zusatzstoffe in allen Ländern durch Gesetze oder Rechtsverordnungen zulassungspflichtig, bevor sie gewerbsmäßig bei Lebensmitteln verwendet werden dürfen. Fast überall System der positiven Listen: Verbotsprinzip mit Erlaubnisvorbehalt. Stoff ist so lange verboten; bis er expressis verbis zugelassen wird. Früher übliches System der negativen Listen, Verbote für manche Stoffe und eine grundsätzliche Zulassung für alle anderen, weitgehend verlassen, außer bei Aromen. Zulassungen enthalten meist Angaben darüber, welchen Lebensmitteln welcher Zusatzstoff in welchen Konzentrationen und evtl. unter welchen Bedingungen zugesetzt werden darf.

In einigen Ländern, z. B. Dänemark, gibt es Gesamtlisten für alle Zusatzstoffe; in anderen Ländern, z. B. Frankreich, Zusatzstoff-Zulassungen weitgehend in den Gesetzen und Verordnungen enthalten, welche die Zusammensetzung und Beschaffenheit der einzelnen Lebensmittel regeln; in anderen Ländern gibt es dazwischenliegende Systeme. In der BR Deutschland ist die Verwendung von Zusatzstoffen hauptsächlich in der ZZulV geregelt; daneben gibt es Zusatzstoff-Bestimmungen in der FleischV, der KäseV, der KonfitürenV, der AromenV, der DiätV, der EG-WeinMO, der TrinkwV und weiteren Verordnungen.

Zusatzstoffe werden nur genehmigt, wenn
1. eine technische Notwendigkeit nachgewiesen werden kann und das angestrebte Ziel nicht mit anderen wirtschaftlich und technisch brauchbaren Methoden erreicht werden kann und
2. wenn sie in der vorgeschlagenen Do-

sis für den Verbraucher gesundheitlich unbedenklich sind. Neuerdings kommt noch die meist durch andere Gesetze ohnehin abgedeckte Forderung hinzu, daß die Verwendung eines Zusatzstoffes nicht zu einer Täuschung oder Irreführung des Verbrauchers führen darf. Darüber hinaus muß die Verwendung eines Zusatzstoffes dem Verbraucher nachweisbare Vorteile bieten. Zusatzstoffe müssen in der BR Deutschland den Reinheitsanforderungen* der ZVerkV entsprechen; in anderen Ländern gibt es ähnliche Vorschriften.

Zusatzstoffe werden in fast allen Bereichen der Lebensmitteltechnik bei der Herstellung, Verarbeitung, Zubereitung, Behandlung, Verpackung, Beförderung oder Lagerung der Lebensmittel benutzt. Dienen dazu, Nährwert, Lagerfähigkeit und sensorische Eigenschaften von Lebensmitteln zu erhalten oder zu verbessern und technologische Prozesse möglich zu machen oder zu erleichtern.

**en:** *food additives, additives, intentional additives (US)*
**fr:** *additifs (alimentaires), produits d'addition*

**Literatur:**
AEBI, H., BAUMGARTNER, E., FIEDLER, H. P. und OHLOFF, G.: Kosmetika, Riechstoffe und Lebensmittelzusatzstoffe. Thieme Stuttgart 1978. BRANEN, A. L., DAVIDSON, P. M., und SALMINEN, S.: Food Additives, Marcel Dekker New York — Basel 1990. GLANDORF, K. K. und KUHNERT, P.: Handbuch Lebensmittelzusatzstoffe. Loseblattsammlung. Behr Hamburg 1991.

*E.L.*

### Zusatzstoff-Verkehrsverordnung
Verordnung über das Inverkehrbringen von Zusatzstoffen und einzelnen wie Zusatzstoffe verwendeten Stoffe
Die vom 10. 07. 1984 stammende und inzwischen mehrfach geänderte Verordnung, kurz ZVerkV genannt, regelt die Reinheitsanforderungen an Zusatzstoffe*, die Kennzeichnung ihrer Verpackungen und Warnhinweise für bestimmt Produkte. Enthält ausführliche Listen über allgemeine Reinheitsanforderungen, die für alle Zusatzstoffe gelten und besondere Reinheitsanforderungen für die einzelnen Stoffe. Verordnung gilt nicht nur für Zusatzstoffe sondern auch für Stoffe, die nach deutschem Recht keine Zusatzstoffe sind, jedoch wie solche verwendet werden. Entspricht etwa dem Food Chemicals Codex*.

*E.L.*

### Zusatzstoff-Zulassungsverordnung
Verordnung über die Zulassung von Zusatzstoffen zu Lebensmitteln
Die vom 22. 12. 1981 stammende und inzwischen mehrfach geänderte Verordnung, kurz ZZulV genannt, regelt die Verwendung von Zusatzstoffen*. Sie gilt nicht für Fleisch und Fleischerzeugnisse, Milch und Milcherzeugnisse, Eiprodukte, Speiseeis, Aromen und Trinkwasser. Enthält Listen allgemein und beschränkt zugelassener Zusatzstoffe, deren zulässige Verwendungszwecke und Höchstmengen.

*E.L.*

### Zutaten
Sammelbezeichnung für alle Stoffe, die bei der Herstellung eines Lebensmittels verwendet werden und im Enderzeugnis noch vorhanden sind. Müssen gemäß LMKV bei verpackten Lebensmitteln auf einem Zutatenverzeichnis in absteigender Reihenfolge ihres Gewichtsanteils zum Zeitpunkt der Verwendung bei der Herstellung des Lebensmittels angegeben werden. In der BR Deutschland durch § 5 LMKV wie folgt definiert:
(1) Zutat ist jeder Stoff, einschließlich der Zusatzstoffe*, die bei der Herstellung eines Lebensmittels verwendet wird

und unverändert oder verändert im Enderzeugnis vorhanden ist. Besteht eine Zutat eines Lebensmittels aus mehreren Zutaten (zusammengesetzte Zutat), so gelten diese als Zutaten des Lebensmittels.

(2) Als Zutaten gelten nicht:
1. Bestandteile einer Zutat, die während der Herstellung vorübergehend entfernt und dem Lebensmittel wieder hinzugefügt werden, ohne daß sie mengenmäßig ihren ursprünglichen Anteil überschreiten.
2. Stoffe der Anlage 2 der Zusatzstoffverkehrsverordnung, Aromen*, Enzyme* und Mikroorganismenkulturen*, die in einer oder mehreren Zutaten eines Lebensmittels enthalten waren, sofern sie im Endergebnis keine technologische Wirkung ausüben,
3. Zusatzstoffe im Sinne von § 11 Abs. 2 Nr. 1 des Lebensmittel- und Bedarfsgegenständegesetzes.
4. Lösungsmittel und Trägerstoffe für Stoffe, der Anlage 2 der Zusatzstoffverkehrsverordnung, Aromen, Enzyme und Mikroorganismenkulturen, sofern sie in nicht mehr als technologisch erforderlichen Mengen verwendet werden.

**en:** *ingredients*
**fr:** *ingrédients*

**Literatur:**
GLANDORF, K. K.: Zutatenliste von A-Z. Behr Hamburg, Loseblattsammlung.

*E.L.*

# Gesamtverzeichnis der E-Nummern

Für die Stoffe der Zusatzstoff-Richtlinie sind die gesundheitliche Unbedenklichkeit durch SCF geprüft, für viele Stoffe die Reinheitsanforderungen gemeinschaftlich festgelegt und die Identität gesichert durch Vergabe einer EWG-Nummer, kurz E-Nummer genannt, die aus einem E und einer dreistelligen Zahl besteht.

Die E-Nummern können gemäß Etikettierungsrichtlinie auch zur Kennzeichnung der Zusatzstoffe in der Zutatenliste zusätzlich zum Klassennamen anstelle der oft sehr komplizierten chemischen Namen verwendet werden. Einige dieser Nummern sind noch vorläufig. Diese tragen dann kein E sondern bestehen nur aus einer dreistelligen Zahl.

Bei einigen Zahlen sind Kleinbuchstaben nachgestellt, z. B. „E 450 c". In diesen Fällen handelt es sich um weitere Untergliederungen. Die nachgestellten Kleinbuchstaben sind Bestandteile der Nummer und müssen bei der Kennzeichnung mitverwendet werden. Kleine, nachgestellte römische Ziffern, wie z. B. bei „E 420 i" dienen nur zur Unterscheidung der Spezifikationen und sind keine Teile der Nummern und der Kennzeichnung.

# Gesamtverzeichnis der E-Nummern

| | | | |
|---|---|---|---|
| E 100 | Kurkumin | E 170 | Calciumcarbonat |
| E 101 | (i) Riboflavin, Lactoflavin | E 171 | Titandioxid |
| | (ii) Riboflavin-5'-Phosphat | E 172 | Eisenoxide |
| E 102 | Tartrazin | | (i) Eisenoxid-schwarz |
| E 104 | Chinolingelb | | (ii) Eisenoxid-rot |
| 107 | Gelb 2G * | | (iii) Eisenoxid-gelb |
| E 110 | Gelborange S | E 173 | Aluminium * |
| E 120 | Carmin, Cochenille-Extrakte | E 174 | Silber |
| E 122 | Azorubin | E 175 | Gold |
| E 123 | Amaranth | E 180 | Litholrubin BK * |
| E 124 | Ponceau 4R, Cochenillerot | E 200 | Sorbinsäure |
| E 127 | Erythrosin | E 201 | Natriumsorbat |
| 128 | Rot 2G * | E 202 | Kaliumsorbat |
| 129 | Allurarot AC | E 203 | Calciumsorbat |
| E 131 | Patentblau V | E 210 | Benzoesäure |
| E 132 | Indigotin | E 211 | Natriumbenzoat |
| 133 | Brillantblau FCF | E 212 | Kaliumbenzoat |
| E 140 | Chlorophylle | E 213 | Calciumbenzoat |
| E 141 | Kupfer-Chlorophylle | E 214 | Ethyl-p-Hydroxybenzoat |
| E 142 | Brillantsäuregrün BS, Grün S | E 215 | Natrium-Ethyl-PHB-Ester |
| E 150 a | Zuckerkulör, einfach | E 216 | Propyl-p-Hydroxybenzoat |
| E 150 b | Sulfit-Kulör * | E 217 | Natrium-Propyl-PHB-Ester |
| E 150 c | Ammon-Kulör | E 218 | Methyl-p-Hydroxybenzoat |
| E 150 d | Ammonsulfit-Kulör | E 219 | Natrium-Methyl-PBH-Ester |
| E 151 | Brillantschwarz BN | E 220 | Schwefeldioxid |
| E 153 | Pflanzenkohle | E 221 | Natriumsulfit |
| 154 | Braun FK | E 222 | Natriumhydrogensulfit |
| 155 | Braun HT | E 223 | Natriummetabisulfit |
| E 160 a | Carotine | E 224 | Kaliummetabisulfit |
| | (i) Beta-Carotin | E 225 | Kaliumsulfit |
| | (ii) Natürliche Extrakte | E 226 | Calciumsulfit |
| E 160 b | Annatto-Extrakte, Bixin | E 227 | Calciumhydrogensulfit |
| E 160 c | Paprika-Oleoresine | E 228 | Kaliumhydrogensulfit |
| E 160 d | Lycopin * | E 230 | Diphenyl, Biphenyl * |
| E 160 e | Beta-apo-8'-Carotinal | E 231 | Ortho-Phenylphenol |
| E 160 f | Beta-apo-8'-Carotin-säure-methyl- und -ethylester | E 232 | Natrium O-Phenylphenolat |
| | | E 233 | Thiabendazol |
| E 161 | Xanthophylle | 234 | Nisin |
| E 161 a | Flavoxanthin | 235 | Pimaricin, Natamycin |
| E 161 b | Lutein | E 236 | Ameisensäure |
| E 161 c | Kryptoxanthin | E 237 | Natriumformiat |
| E 161 d | Rubixanthin | E 238 | Calciumformiat |
| E 161 e | Violoxanthin | E 239 | Hexamethylentetramin * |
| E 161 f | Rhodoxanthin | 240 | Formaldehyd * |
| E 161 g | Canthaxanthin * | E 249 | Kaliumnitrit |
| E 162 | Beetenrot | E 250 | Natriumnitrit |
| E 163 | Anthocyane | E 251 | Natriumnitrat |

# Gesamtverzeichnis der E-Nummern

| | | | |
|---|---|---|---|
| E 252 | Kaliumnitrat | 354 | Calciumtartrat |
| E 260 | Essigsäure | 355 | Adipinsäure |
| E 261 | Kaliumazetat | 363 | Bernsteinsäure |
| 262 | Natriumazetat | 370 | 1,4-Heptonolacton * |
| E 263 | Calciumazetat | 375 | Nicotinsäure |
| E 270 | Milchsäure (L-, D- und DL-) | 380 | Ammoniumcitrat |
| E 280 | Propionsäure | 381 | Eisenammoniumcitrat |
| E 281 | Natriumpropionat | 385 | Calciumdinatrium-Ethylendiamin- |
| E 282 | Calciumpropionat | | tetraacetat, CaNa$_2$-EDTA |
| E 283 | Kaliumpropionat | E 400 | Alginsäure |
| E 290 | Kohlendioxid | E 401 | Natriumalginat |
| 296 | Äpfelsäure (DL-) | E 402 | Kaliumalginat |
| 297 | Fumarsäure | E 403 | Ammoniumalginat |
| E 300 | Ascorbinsäure (L-) | E 404 | Calciumalginat |
| E 301 | Natriumascorbat | E 405 | Propylenglycolalginat |
| E 302 | Calciumascorbat | E 406 | Agar-Agar |
| E 304 | Ascorbylpalmitat | E 407 | Carrageen |
| E 306 | Nat. Tocopherol-Konzentrate | E 410 | Johannisbrotkernmehl |
| E 307 | Alpha-Tocopherol, synth. | E 412 | Guar |
| E 308 | Gamma-Tocopherol, synth. | E 413 | Traganth |
| E 309 | Delta-Tocopherol, synth. | E 414 | Gummi Arabicum |
| E 310 | Propylgallat | E 415 | Xanthan |
| E 311 | Octylgallat | 416 | Karaya |
| E 312 | Dodecylgallat | E 420 | Sorbit |
| E 320 | Butylhydroxyanisol, BHA | E 421 | Mannit |
| E 321 | Butylhodroxytoluol, BHT | E 422 | Glycerin |
| E 322 | Lecithine | 432 | Polyoxyethylen (20)- |
| E 325 | Natriumlactat | | Sorbitanmonolaurat * |
| E 326 | Kaliumlactat | 433 | Polyoxyethylen (20)- |
| E 327 | Calciumlactat | | Sorbitanmonooleat * |
| E 330 | Citronensäure | 434 | Polyoxyethylen (20)- |
| E 331 | Natriumcitrate | | Sorbitanmonopalmitat * |
| E 332 | Kaliumcitrate | 435 | Polyoxyethylen (20)- |
| E 333 | Calciumcitrate | | Sorbitanmonostearat * |
| E 334 | Weinsäure (L+) | 436 | Polyoxyethylen (20)- |
| E 335 | Natriumtartrat | | Sorbitantristearat * |
| E 336 | Kaliumtartrat | E 440 | Pektine |
| E 337 | Kalium-Natriumtartrat | 442 | Ammonphosphatide |
| E 338 | Orthophosphorsäure | E 450 a | Diphosphate, ~ Na- und K |
| E 339 | Natriumphosphate | E 450 b | Triphosphate |
| E 340 | Kaliumphosphate | E 450 c | Polyphosphate |
| E 341 | Calciumphosphate | E 460 | Cellulose |
| 343 | Magnesiummalate | | (i) Mikrokristalline Cellulose |
| 350 | Natriummalate | | (ii) Pulvercellulose |
| 351 | Kaliummalate | E 461 | Methylcellulose |
| 352 | Calciummalate | E 463 | Hydroxypropylcellulose |
| 353 | Metaweinsäure | E 464 | Hydroxypropylmethylcellulose |

| | | | |
|---|---|---|---|
| E 465 | Methylethylcellulose | 514 | Natriumsulfate |
| E 466 | Natriumcarboxymethylcellulose CMC | 515 | Kaliumsulfate |
| | | 516 | Calciumsulfat |
| E 470 | Na-, K- und Ca-Salze der Speisefettsäuren | 518 | Magnesiumsulfat |
| | | 520 | Aluminiumsulfat |
| E 471 | Mono- und Diglyceride der Speisefettsäuren | 521 | Aluminium-Natriumsulfat |
| | | 523 | Aluminium-Ammoniumsulfat |
| E 472 a | Essig- und Fettsäureester des Glycerins | 524 | Natriumhydroxid |
| | | 525 | Kaliumhydroxid |
| E 472 b | Milch- und Fettsäureester des Glycerins | 526 | Calciumhydroxid |
| | | 527 | Ammoniumhydroxid |
| E 472 c | Zitronen- und Fettsäureester des Glycerins | 528 | Magnesiumhydroxid |
| | | 529 | Calciumoxid |
| E 472 d | Weinsäure- und Fettsäureester des Glycerins * | 530 | Magnesiumoxid |
| | | 535 | Natriumferrocyanid * |
| E 472 e | Diacetylweinsäure- und Fettsäureester des Glycerins | 536 | Kaliumferrocyanid |
| | | 537 | Eisen(II)hexacyanomanganat * |
| E 472 f | Gemischte Wein-, Essig- und Fettsäureester des Glycerins * | 540 | Dicalciumdiphosphat |
| | | 541 | Natrium-Aluminiumphosphat |
| E 473 | Zuckerester der Fettsäuren | 542 | Calciumphosphat aus Knochen * |
| E 474 | Zuckerglyceride * | 543 | Calciumnatriumpolyphosphat |
| E 475 | Polyglycerinester der Fettsäuren | 544 | Calciumpolyphosphat |
| 476 | Polyglycerinpolyricinoleat, PGPR | 545 | Ammoniumpolyphosphat |
| | | 546 | Magnesiumdiphosphat |
| E 477 | Propylenglycolester der Fettsäuren | 550 | Natriumsilicate |
| | | 551 | Siliziumdioxid |
| 479 | Thermooxidiertes Sojaöl, verestert mit Monoglyceriden | 552 | Calciumsilicat |
| | | 553 a | Magnesiumsilicate |
| E 481 | Natriumstearoyllactylat, NSL | 553 b | Talkum |
| E 482 | Calciumstearoyllactylat, CSL | 554 | Natriumaluminiumsilicat |
| E 483 | Stearyltartrat | 555 | Kaliumaluminiumsilicat |
| 491 | Sorbitanmonostearat | 556 | Calciumaluminiumsilicat |
| 492 | Sorbitantristearat | 557 | Zinksilicat |
| 493 | Sorbitanmonolaurat | 558 | Bentonit |
| 494 | Sorbitanmonooleat | 559 | Kaolin |
| 495 | Sorbitanmonopalmitat | 570 | Stearinsäure |
| 500 | Natriumcarbonate | 571 | Ammoniumstearat |
| 501 | Kaliumcarbonate | 572 | Magnesiumstearat |
| 503 | Ammoniumcarbonate | 573 | Aluminiumstearat |
| 504 | Magnesiumcarbonate | 574 | Gluconsäure (D-) |
| 505 | Eisen(II)Carbonat | 575 | Gluconodeltalacton |
| 507 | Salzsäure | 576 | Natriumgluconat |
| 508 | Kaliumchlorid | 577 | Kaliumgluconat |
| 509 | Calciumchlorid | 578 | Calciumgluconat |
| 510 | Ammoniumchlorid | 579 | Eisengluconat |
| 511 | Magnesiumchlorid | 620 | Glutaminsäure L (+) |
| 513 | Schwefelsäure | 621 | Natriumglutamat, MSG |

| | | | |
|---|---|---|---|
| 622 | Kaliumglutamat | 903 | Carnaubawachs |
| 623 | Calciumglutamat | 904 | Schellack |
| 624 | Ammoniumglutamat | 905 | Paraffine |
| 625 | Magnesiumglutamat | 906 | Benzoe-Harz |
| 626 | Guanylsäure | 907 | Mikrokristalline Wachse |
| 627 | Natrium-5'-Guanylat | 908 | Reisschalenwachs * |
| 628 | Kalium-5'-Guanylat | 913 | Lanolin, Wollwachs |
| 629 | Calcium-5'-Guanylat | 915 | Glycerin-, Methyl- oder |
| 630 | Inosinsäure | | Pentaerythritester des |
| 631 | Natrium-5'-Inosinat | | Kolophoniums |
| 632 | Kalium-5'-Inosinat | 920 | L-Cystein und -Salze |
| 633 | Calcium-5'-Inosinat | 921 | L-Cystin und -Salze |
| 635 | Natrium-5'-Ribonukleotide | 922 | Kaliumpersulfat * |
| 636 | Maltol | 923 | Ammoniumpersulfat * |
| 637 | Ethylmaltol | 924 | Kaliumbromat * |
| 900 | Polydimethylsiloxan | 925 | Chlor |
| 901 | Bienenwachs | 926 | Chlordioxid |
| 902 | Candelillawachs | 927 | Azodicarbonamid * |

---

* Identität, Notwendigkeit oder Unbedenklichkeit sind zweifelhaft.

# Liste der INS-Nummern

Alle im Bereich des Codex Alimentarius verwendeten Stoffe haben im INS eine Kenn-Nummer erhalten, die eine

o leichtere und sichere Identifizierung ohne Sprach- und Übersetzungsfehler sichert
o vereinfachte Kenntlichmachung im Lebensmittel ermöglicht.

Die INS-Nummern sollen bei der LM-Kennzeichnung nur in Verbindung mit einem Klassennamen verwendet werden. Das INS-System wurde aus dem EWG-Ziffernsystem entwickelt, führt jedoch einige weitere Stoffe mit auf.

Die folgende Liste (nach Anh. VI zu Alinorm 89/12A, ergänzt durch Alinorm 90/12), ist nicht als abgeschlossene, jemals endgültig werdende Liste konzipiert, sondern kann von CCFAC stets nach Bedarf ergänzt oder vereinfacht werden. Die vom Codex angegebenen Klassen bzw. Anwendungsgründe sollen nur einer Beschreibung des Stoffes dienen, sollen jedoch weder den Zulassungsrahmen noch die Kennzeichnungsweise verbindlich regeln. Es bedeuten

| | | | |
|---|---|---|---|
| An | Antioxidans | Kg | Kontakt-Gefriermittel |
| As | Synergist der Antioxidanten | Ko | Konservierungsstoff |
| Ba | Backtriebmittel | Me | Mehlbehandlungsmittel |
| Bi | Bindemittel | Pg | Packgas, Treibgas |
| Bl | Bleichmittel | Sa | Säure, Säureregulator |
| Ds | Dispergiermittel, Sequestrant | Sc | Schaumregulator |
| | | St | Stabilisator |
| Em | Emulgator | Sü | Süßungsmittel, Süßstoff |
| Fa | Farbstoff | Tr | Trennmittel, Anticakingmittel |
| Fe | Feuchte-Regulator | | |
| Fs | Farbstabilisator | Üb | Überzugsstoff |
| Fü | Füllstoff | Ve | Verdickungsmittel |
| Ge | Geliermittel | Za | Zartmacher |
| Gv | Geschmacksverstärker | | |
| Hä | Festigungsmittel, Texturiermittel | | |

Zusätzlich zum INS wird in Spalte 4 angegeben:

D: Der Stoff ist in Deutschland zugelassen, er wird in der ZVerkV und in der Fundstellenliste aufgeführt
d: Der Stoff ist hier nur zu diätetischen Zwecken zugelassen
E: Der Stoff ist in geltenden EG-Richtlinien (einschließlich der Nummern-RL) aufgeführt
e: Der Stoff wird nur in Arbeitspapieren der EG erwähnt, (Dok. III/9049/EWG)
– nicht zugelassen / nicht erwähnt

Die Spalte 4 gibt somit einen Überblick darüber, welche Stoffe in anderen Staaten legal verwendet und daher auch eventuell in Importlebensmitteln gefunden werden können. Stoffe, die (nur) zu diätetischen Zwecken, als Kaubasen oder Aromastoffe verwendet werden, bleiben beim INS bewußt unberücksichtigt.

| 1 | 2 | 3 | 4 |
|---|---|---|---|
| INS-Nr. | Name des Zusatzstoffs | Klassen | Zul. |
| 100 | Kurkumin (i) Curcuma (ii) Turmeric-Oleoresine | Fa | D E |
| 101 | Riboflavin (i) Riboflavin, Lactoflavin (ii) Riboflavin-5'-Phosphat | Fa | D E |
| 102 | Tartrazin | Fa | D E |
| 103 | Alkanna | Fa | – – |
| 104 | Chinolingelb | Fa | D E |
| 107 | Gelb 2G | Fa | – e |
| 110 | Gelborange | Fa | D E |
| 120 | Carmin, Cochenille-Extrakte | Fa | D E |
| 121 | Citrusrot 2 | Fa | – – |
| 122 | Azorubin | Fa | D E |
| 123 | Amaranth | Fa | D E |
| 124 | Ponceau 4R, Cochenillerot | Fa | D E |
| 125 | Ponceau SX | Fa | – – |
| 127 | Erythrosin | Fa | D E |
| 128 | Rot 2G | Fa | – e |
| 129 | Allurarot AC | Fa | – e |
| 131 | Patentblau V | Fa | D E |
| 132 | Indigotin | Fa | D E |
| 133 | Brillantblau FCF | Fa | – e |
| 140 | Chlorophylle | Fa | D E |
| 141 | Kupfer-Chlorophylle | Fa | D E |
| 142 | Brillantsäuregrün BS, Grün S | Fa | D E |
| 143 | Echtgrün FCF | Fa | – – |
| 150 a | Zuckerkulör, einfach | Fa | D E |
| 150 b | Sulfit-Kulör | | |
| 150 c | Ammon-Kulör | | |
| 150 d | Ammonsulfit-Kulör | | |
| 151 | Brillantschwarz BN | Fa | D E |
| 152 | Kohlenschwarz, Ruß | Fa | – – |
| 153 | Pflanzenkohle | Fa | D E |
| 154 | Braun FK | Fa | – e |
| 155 | Braun HT | Fa | – e |
| 160 a | Carotine (i) Beta-Carotin (ii) Natürliche Extrakte | Fa | D E |
| 160 b | Annatto-Extrakte | Fa | D E |
| 160 c | Paprika-Oleoresine | Fa | D E |
| 160 d | Lycopin | Fa | D E |
| 160 e | Beta-apo-8'-Carotinal | Fa | D E |

Liste der INS-Nummern 234

| 1 | 2 | 3 | 4 | |
|---|---|---|---|---|
| INS-Nr. | Name des Zusatzstoffs | Klassen | Zul. | |
| 160 f | beta-apo-8'-Carotin-säuremethyl- und -ethylester | Fa | D | E |
| 161 a | Flavoxanthin | Fa | D | E |
| 161 b | Lutein | Fa | D | E |
| 161 c | Kryptoxanthin | Fa | D | E |
| 161 d | Rubixanthin | Fa | D | E |
| 161 e | Violoxanthin | Fa | D | E |
| 161 f | Rhodoxanthin | Fa | D | E |
| 161 g | Canthaxanthin | Fa | D | E |
| 162 | Beetenrot | Fa | D | E |
| 163 | Anthocyane<br>(i) Anthocyanine<br>(ii) Traubenschalenextrakte<br>(iii) Blaubeerextrakte | Fa | D | E |
| 166 | Rotes Sandelholz | Fa | – | e |
| 170 | Calciumcarbonat | Fa, Tr, St | D | E |
| 171 | Titandioxid | Fa | D | E |
| 172 | Eisenoxide<br>(i) Eisenoxid-schwarz<br>(ii) Eisenoxid-rot<br>(iii) Eisenoxid-gelb | Fa | D | E |
| 173 | Aluminium | Fa | D | E |
| 174 | Silber | Fa | D | E |
| 175 | Gold | Fa | D | E |
| 180 | Litholrubin BK | Fa | D | E |
| 181 | Tannin | Fa | – | – |
| 182 | Orchill, Orcein | Fa | – | – |
| 200 | Sorbinsäure | Ko | D | E |
| 201 | Natriumsorbat | Ko | D | E |
| 202 | Kaliumsorbat | Ko | D | E |
| 203 | Calciumsorbat | Ko | D | E |
| 209 | Heptyl-PHB-Ester | Ko | – | – |
| 210 | Benzoesäure | Ko | D | E |
| 211 | Natriumbenzoat | Ko | D | E |
| 212 | Kaliumbenzoat | Ko | D | E |
| 213 | Calciumbenzoat | Ko | D | E |
| 214 | Ethyl-p-Hydroxybenzoat | Ko | D | E |
| 215 | Natrium-Ethyl-PHB-Ester | Ko | D | E |
| 216 | Propyl-p-Hydroxybenzoat | Ko | D | E |
| 217 | Natrium-Propyl-PHB-Ester | Ko | D | E |
| 218 | Methyl-p-Hydroxybenzoat | Ko | D | E |
| 219 | Natrium-Methyl-PHB-Ester | Ko | D | E |
| 220 | Schwefeldioxid | Ko, An | D | E |

| 1 | 2 | 3 | 4 | |
|---|---|---|---|---|
| INS-Nr. | Name des Zusatzstoffs | Klassen | Zul. | |
| 221 | Natriumsulfit | Ko, An | D | E |
| 222 | Natriumhydrogensulfit | Ko, An | D | E |
| 223 | Natriummetabisulfit | Ko, An, Bl | D | E |
| 224 | Kaliummetabisulfit | Ko, An | D | E |
| 225 | Kaliumsulfit | Ko, An | D | E |
| 226 | Calciumsulfit | Ko, An | D | E |
| 227 | Calciumhydrogensulfit | Ko, An | D | E |
| 228 | Kaliumhydrogensulfit | Ko, An | D | E |
| 230 | Diphenyl, Biphenyl | Ko | D | E |
| 231 | Ortho-Phenylphenol | Ko | D | E |
| 232 | Natrium-o-Phenylphenolat | Ko | D | E |
| 233 | Thiabendazol | Ko | D | E |
| 234 | Nisin | Ko | – | E |
| 235 | Pimaricin, Natamycin | Ko | D | e |
| 236 | Ameisensäure | Ko | D | E |
| 237 | Natriumformiat | Ko | D | E |
| 238 | Calciumformiat | Ko | D | E |
| 239 | Hexamethylentetramin | Ko | – | E |
| 240 | Formaldehyd | Ko | – | E |
| 241 | Guajak-harz | – | – | – |
| 242 | Dimethyldicarbonat, DMDC | Ko | D | e |
| 249 | Kaliumnitrit | Ko, Fs | – | E |
| 250 | Natriumnitrit | Ko, Fs | D | E |
| 251 | Natriumnitrat | Ko, Fs | D | E |
| 252 | Kaliumnitrat | Ko, Fs | D | E |
| 260 | Essigsäure | Ko, Sa | D | E |
| 261 | Kaliumazetat | Ko, Sa | D | E |
| 262 | Natriumazetat | Ko, Sa, Ds | D | E |
| 263 | Calciumazetat | Ko, Sa, St | D | E |
| 264 | Ammoniumazetat | Sa | – | – |
| 265 | Dehydroazetatsäure | Ko | – | – |
| 266 | Natriumdehydroazetat | Ko | – | – |
| 270 | Milchsäure (L-, D- und DL-) | Sa | D | E |
| 280 | Propionsäure | Ko | – | E |
| 281 | Natriumpropionat | Ko | – | E |
| 282 | Calciumpropionat | Ko | – | E |
| 283 | Kaliumpropionat | Ko | – | E |
| 290 | Kohlendioxid | Ko, Pg, Kg | D | E |
| 296 | Äpfelsäure (DL-) | Sa | D | E |
| 297 | Fumarsäure | Sa | D | E |
| 300 | Ascorbinsäure (L-) | An | D | E |
| 301 | Natriumascorbat | An | D | E |
| 302 | Calciumascorbat | An | D | E |

## Liste der INS-Nummern 236

| 1 | 2 | 3 | 4 | |
|---|---|---|---|---|
| INS-Nr. | Name des Zusatzstoffs | Klassen | Zul. | |
| 303 | Kaliumascorbat | An | d | – |
| 304 | Ascorbylpalmitat | An | D | E |
| 305 | Ascorbylstearat | An | D | E |
| 306 | Nat. Tocopherol-Konzentrate | An | D | E |
| 307 | Alpha-Tocopherol | An | D | E |
| 308 | Gamma-Tocopherol | An | D | E |
| 309 | Delta-Tocopherol | An | D | E |
| 310 | Propylgallat | An | D | E |
| 311 | Octylgallat | An | D | E |
| 312 | Dodecylgallat | An | D | E |
| 313 | Ethylgallat | An | – | – |
| 314 | Guajakharz | An | – | – |
| 315 | Isoascorbinsäure, Erythorbinsäure | An | – | e |
| 316 | Natriumisoascorbat | An | – | e |
| 317 | Kaliumisoascorbat } -,erythorbate | An | – | – |
| 318 | Calciumisoascorbat | An | – | – |
| 319 | Tertiärbutylhydrochinon, TBHQ | An | – | – |
| 320 | Butylhydroxyanisol, BHA | An | D | E |
| 321 | Butylhydroxytoluol, BHT | An | D | E |
| 322 | Lecithine | An, Em | D | E |
| 323 | Anoxomer | An | – | – |
| 324 | Ethoxyquin | An | – | – |
| 325 | Natriumlactat | As, Fe, Fü | D | E |
| 326 | Kaliumlactat | As, Sa | D | E |
| 327 | Calciumlactat | Sa, Me | D | E |
| 328 | Ammoniumlactat | Sa, Me | – | – |
| 329 | Magnesiumlactat | Sa, Me | d | – |
| 330 | Citronensäure | Sa, As, Ds | D | E |
| 331 | Natriumcitrate | Sa, Ds, Em, St | D | E |
| 332 | Kaliumcitrate | Sa, Ds, St | D | E |
| 333 | Calciumcitrate | Sa, Hä, Ds | D | E |
| 334 | Weinsäure (L+) | Sa, Ds, As | D | E |
| 335 | Natriumtartrat | St, Ds | D | E |
| 336 | Kaliumtratrat | St, Ds | D | E |
| 337 | Kalium-Natriumtartrat | St, Ds | D | E |
| 338 | Orthophosphorsäure | Sa, As | D | E |
| 339 | Natriumphosphate | Sa, Ds, St, Em, Hä, Fe | D | E |
| 340 | Kaliumsphosphate | Sa, Ds, Fe | D | E |
| 341 | Calciumphosphate | Sa, Me, Hä, Ba, Tr | D | E |
| 342 | Ammoniumphosphate | Sa, Fe, Me | – | – |
| 343 | Magnesiumphosphate | Sa, Tr | d | E |

## Liste der INS-Nummern

| 1 | 2 | 3 | 4 |
|---|---|---|---|
| INS-Nr. | Name des Zusatzstoffs | Klassen | Zul. |
| 349 | Ammonmalate | – | – – |
| 350 | Natriummalate | Sa, Fe | D E |
| 351 | Kalimmalate | Sa | D E |
| 352 | Calciummalate | Sa | D E |
| 353 | Metaweinsäure | Sa | D E |
| 354 | Calciumtartrat | Sa | D E |
| 355 | Adipinsäure | Sa | d E |
| 356 | Natriumadipate | Sa | – – |
| 357 | Kaliumadipate | Sa | d – |
| 359 | Ammoniumadipate | Sa | – – |
| 363 | Bernsteinsäure | Sa | D E |
| 365 | Natriumfumarate | Sa | – – |
| 366 | Kaliumfumarate | Sa | – – |
| 367 | Calciumfumarate | Sa | – – |
| 368 | Ammonfumarate | – | – – |
| 370 | 1,4-Heptonolacton | Sa, Ds | – E |
| 375 | Nicotinsäure | Fs | d E |
| 380 | Ammoniumcitrat | Sa | – E |
| 381 | Eisenammoniumcitrat | Tr | d E |
| 383 | Calciumglycerophosphat | – | – – |
| 384 | Isopropylcitrate | As, Ko, Ds | – – |
| 385 | Calciumdinatrium-Ethylendiamintetraacetat, CaNa$_2$-EDTA | As, An, Ko, Ds | – E |
| 386 | Dinatrium-Ethylendiamintetraacetat, Na$_2$-EDTA | As, An, Ko, Ds | – – |
| 387 | Oxystearin | An, Ds | – – |
| 388 | Thiodipropionsäure | An | – – |
| 389 | Dilaurylthiodipropionat | An | – – |
| 390 | Distearylthiodipropionat | An | – – |
| 391 | Phytinsäure | – | – – |
| 400 | Alginsäure | Ve, St | D E |
| 401 | Natriumalginat | Ve, Ge, St | D E |
| 402 | Kaliumalginat | Ve, St | D E |
| 403 | Ammoniumalginat | Ve, St | D E |
| 404 | Calciumalginat | Ve, Ge, St | D E |
| 405 | Propylenglycolalginat | Ve, Em, Sc | D E |
| 406 | Agar-Agar | Ve, Ge, St | D E |
| 407 | Carrageen | Ve, Ge, St | D E |
| 408 | Hefeglykan | – | – – |
| 409 | Arabinogalaktan | – | – – |
| 410 | Johannisbrotkernmehl | Ve, St | D E |
| 411 | Oat-gum | – | – – |
| 412 | Guar | Ve, St | D E |

Liste der INS-Nummern

| 1 | 2 | 3 | 4 | |
|---|---|---|---|---|
| INS-Nr. | Name des Zusatzstoffs | Klassen | Zul. | |
| 413 | Traganth | Ve, St, Em | D | E |
| 414 | Gummi Arabicum | Ve, St | D | E |
| 415 | Xanthan | Ve, St | D | E |
| 416 | Karaya | Ve, St | – | E |
| 417 | Tara-Gummi | Ve, St | – | e |
| 418 | Gellan | Ve, St | – | e |
| 419 | Calcium-lacto-bionat | – | – | – |
| 420 | Sorbit | Sü, Ds, Fs, Hä, Em | D | E |
| 421 | Mannit | Sü, Tr | D | E |
| 422 | Glycerin | Fe, Fü | D | E |
| 429 | Peptone | – | – | – |
| 430 | Polyoxyethylen(8)Stearat | Em | – | E |
| 431 | Polyoxyethylen(40)Stearat | Em | – | E |
| 432 | Polyoxyethylen(20)-Sorbitanmonolaurat | Em, Ds | – | E |
| 433 | Polyoxyethylen(20)-Sorbitanmonooleat | Em, Ds | – | E |
| 434 | Polyoxyethylen(20)-Sorbitanmonopalmitat | Em, Ds | – | E |
| 435 | Polyoxyethylen(20)-Sorbitanmonostearat | Em, Ds | – | E |
| 436 | Polyoxyethylen(20)-Sorbitantristearat | Em, Ds | – | E |
| 440 | Pektine | Ve, St, Ge | D | E |
| 442 | Ammoniumsalze der Phosphatidsäuren | Em | D | E |
| 443 | Bromierte Pflanzenöle | Em, St | – | – |
| 444 | Sucroseazetat-isobutyrat | Em, St | – | – |
| 445 | Kolophon-Glycerinester | Em, St | – | e |
| 446 | Succistearin | – | – | – |
| 450 | Diphosphate<br>(i)   Dinatriumdiphosphat<br>(ii)  Trinatriumdiphosphat<br>(iii) Tetranatriumdiphosphat<br>(iv) Dikaliumdiphosphat<br>(v)  Tetrakaliumdiphosphat<br>(vi) Dicalciumdiphosphat<br>(vii) Calciumdihydrogendiphosphat | Em, St, Sa, Ba, Ds, Fe | D | E |
| | (viii) Dimagnesiumdiphosphat | Em, St, Sa, Ba, Ds, Fe | – | – |
| 451 | Triphosphate<br>(i)  Pentanatriumtriphosphat<br>(ii) Pentakaliumtriphosphat | Ds, Sa, Hä | D | e |
| 452 | Polyphosphate<br>(i)   Natriumpolyphosphat<br>(ii)  Kaliumpolyphosphat<br>(iii) Natrium-Calcium-polyphosphat<br>(iv) Calciumpolyphosphate | Em, St, Ds, Hä, Fe | D | E |

| 1 | 2 | 3 | 4 | |
|---|---|---|---|---|
| INS-Nr. | Name des Zusatzstoffs | Klassen | Zul. | |
| | (v) Ammoniumpolyphosphate | Em, St, Ds, Hä, Fe | – | – |
| 460 | Cellulose | | | |
| | (i) Mikrokristalline Cellulose | Em, Tr, Hä, | D | E |
| | (ii) Pulvercellulose | Ds | | |
| 461 | Methylcellulose | Ve, Em, St | D | E |
| 462 | Ethylcellulose | Bi, Fü | D | – |
| 463 | Hydroxypropylcellulose | Ve, Em, St | D | E |
| 464 | Hydroxypropylmethylcellulose | Ve, Em, St | D | E |
| 465 | Methylethylcellulose | Ve, Em, St | – | E |
| 466 | Natriumcarboxymethylcellulose, CMC | Ve, Em, St | D | E |
| 467 | Ethylhydroxyethylcellulose | Ve, Em, St | – | – |
| 470 | Al-, Ca-, Na-, Mg-, K- und $NH_4$-Salze der Speisefettsäuren | Em, St, Tr | (D) | (E) |
| 471 | Mono- und Diglyceride der Speisefettsäuren | Em, St | D | E |
| 472 a | Essig- und Fettsäureester des Glycerins | Em, St, Ds | D | E |
| 472 b | Milch- und Fettsäureester des Glycerins | Em, St, Ds | D | E |
| 472 c | Zitronen- und Fettsäureester des Glycerins | Em, St, Ds | D | E |
| 472 d | Weinsäure- und Fettsäureester des Glycerins | Em, St, Ds | D | E |
| 472 e | Diacetylweinsäure und Fettsäureester des Glycerins | Em, St, Ds | D | E |
| 472 f | Gemischte Wein-, Essig- und Fettsäureester des Glycerins | Em, St, Ds | D | E |
| 472 g | Bernsteinsäure- und Fettsäureester des Glycerins | Em, St, Ds | – | – |
| 473 | Zuckerester der Fettsäuren | Em | – | E |
| 474 | Zuckerglyceride | Em | D | E |
| 475 | Polyglycerinester der Fettsäuren | Em | D | E |
| 476 | Polyglycerinpolyricinoleat, PGPR | Em | – | E |
| 477 | Propylenglycolester der Fettsäuren | Em | – | E |
| 478 | Lactylierte Fettsäureglyceride mit Propylenglycol | Em | – | – |
| 479 | Thermooxidiertes Sojaöl, verestert mit Monoglyceriden | Em | – | E |
| 480 | Dioctylnatriumsulfosuccinat, DOSS | Em, Fe | – | – |
| 481 | (i) Natriumstearoyllactylat, NSL | Em, St | – | E |
| | (ii) Natriumoleyllactylat | – | – | – |
| 482 | (i) Calciumstearoyllactylat, CSL | Em, St | – | E |
| | (ii) Calciumoleyllactylat | – | – | – |
| 483 | Stearyltartrat | Me | – | E |
| 484 | Stearylcitrat | Em, Ds | – | – |
| 485 | Natriumstearoylfumarat | Em | – | – |
| 486 | Calciumstearoylfumarat | Em | – | – |
| 487 | Natriumlaurylsulfat | Em | – | – |

Liste der INS-Nummern

| 1 | 2 | 3 | 4 | |
|---|---|---|---|---|
| INS-Nr. | Name des Zusatzstoffs | Klassen | Zul. | |
| 488 | Ethoxylierte Mono- und Diglyceride | – | – | – |
| 489 | Kokosöl-Methylglykoside | – | – | – |
| 491 | Sorbitanmonostearat | Em | – | E |
| 492 | Sorbitantristearat | Em | – | E |
| 493 | Sorbitanmonolaurat | Em | – | E |
| 494 | Sorbitanmonooleat | Em | – | E |
| 495 | Sorbitanmonopalmitat | Em | – | E |
| 496 | Sorbitantrioleat | Em, St | – | – |
| 500 | Natriumcarbonate | Sa, Ba, Tr | D | E |
| 501 | Kaliumcarbonate | Sa, St | D | E |
| 503 | Ammoniumcarbonate | Sa, Ba | D | E |
| 504 | Magnesiumcarbonate | Sa, Tr, Fs | D | E |
| 505 | Eisen(II)carbonat | Sa | – | E |
| 507 | Salzsäure | Sa | D | E |
| 508 | Kaliumchlorid | Ge | D | E |
| 509 | Calciumchlorid | Hä | D | E |
| 510 | Ammoniumchlorid | Me | D | E |
| 511 | Magnesiumchlorid | Hä | – | E |
| 512 | Zinnchlorid | An, Fs | – | e |
| 513 | Schwefelsäure | Sa | D | E |
| 514 | Natriumsulfate | Sa | D | E |
| 515 | Kaliumsulfate | Sa | D | E |
| 516 | Calciumsulfat | Me, Ds, Hä | D | E |
| 517 | Ammoniumsulfate | Me, St | – | – |
| 518 | Magnesiumsulfat | Hä | – | E |
| 519 | Kupfersulfat | Fs, Ko | D | E |
| 520 | Aluminiumsulfat | Hä | D | E |
| 521 | Aluminium-Natriumsulfat | Hä | – | E |
| 522 | Aluminium-Kaliumsulfat | Sa, St | – | – |
| 523 | Aluminium-Ammoniumsulfat | Hä, St | D | E |
| 524 | Natriumhydroxid | Sa | D | E |
| 525 | Kaliumhydroxid | Sa | D | E |
| 526 | Calciumhydroxid | Sa, Hä | D | E |
| 527 | Ammoniumhydroxid | Sa | D | E |
| 528 | Magnesiumhydroxid | Sa, Fs | D | E |
| 529 | Calciumoxid | Sa, Me | D | E |
| 530 | Magnesiumoxid | Tr | D | E |
| 535 | Natriumferrocyanid | Tr | D | E |
| 536 | Kaliumferrocyanid | Tr | D | E |
| 537 | Eisen(II)hexacyanomanganat | Tr | – | E |
| 538 | Calciumferrocyanid | Tr | D | – |
| 539 | Natriumthiosulfat | An, Ds | D | – |
| 541 | Natrium-Aluminiumphosphat | Sa, Em | – | E |

## Liste der INS-Nummern

| 1 | 2 | 3 | 4 | |
|---|---|---|---|---|
| INS-Nr. | Name des Zusatzstoffs | Klassen | Zul. | |
| 542 | Calciumphosphat aus Knochen | Em, Tr, Fe | – | E |
| 550 | Natriumsilikate | | | |
| | (i) Natriumsilikat | Tr | D | E |
| | (ii) Natriummetasilikat | | | |
| 551 | Siliziumdioxid | Tr | D | E |
| 552 | Calciumsilikat | Tr | D | E |
| 553 | Magnesiumsilikate | | | |
| | (i) Magnesiumsilikat | Tr | D | E |
| | (ii) Magnesiumtrisilikat | | | |
| | (iii) Talkum | | | |
| 554 | Natriumaluminosilikat | Tr | – | E |
| 555 | Kaliumaluminosilikat | Tr | – | E |
| 556 | Calciumaluminosilikat | Tr | – | E |
| 557 | Zinksilikat | Tr | – | E |
| 558 | Bentonit | Tr | D | E |
| 559 | Aluminiumsilikat | Tr | D | E |
| 560 | Kaliumsilikat | Tr | – | – |
| 570 | Speisefettsäuren | Sc, Üb | D | E |
| 574 | Gluconsäure (D-) | Sa, Ba | D | E |
| 575 | Gluconodeltalacton, GdL | Sa, Ba | D | E |
| 576 | Natriumgluconat | Ds | d | E |
| 577 | Kaliumgluconat | Ds | d | E |
| 578 | Calciumgluconat | Sa, Hä | d | E |
| 579 | Eisengluconat | Fs | d | E |
| 580 | Magnesiumgluconat | Sa, Hä | d | e |
| 585 | Eisenlactat | Fs | d | e |
| 620 | Glutaminsäure L (+) | Gv | D | E |
| 621 | Natriumglutamat, MSG | Gv | D | E |
| 622 | Kaliumglutamat | Gv | D | E |
| 623 | Calciumglutamat | Gv | D | E |
| 624 | Ammoniumglutamat | Gv | – | E |
| 625 | Magnesiumglutamat | Gv | – | E |
| 626 | Guanylsäure | Gv | – | E |
| 627 | Natrium 5'-Guanylat | Gv | D | E |
| 628 | Kalium 5'-Guanylat | Gv | d | E |
| 629 | Calcium 5'-Guanylat | Gv | – | E |
| 630 | Inosinsäure | Gv | – | E |
| 631 | Natrium 5'-Inosinat | Gv | D | E |
| 632 | Kalium 5'-Inosinat | Gv | d | E |
| 633 | Calcium 5'-Inosinat | Gv | – | E |
| 634 | Calcium 5'-Ribonukleotide | Gv | – | E |
| 635 | Natrium 5'-Ribonukleotide | Gv | – | E |
| 636 | Maltol | Gv | D | E |

Liste der INS-Nummern 242

| 1 | 2 | 3 | 4 | |
|---|---|---|---|---|
| INS-Nr. | Name des Zusatzstoffs | Klassen | Zul. | |
| 637 | Ethylmaltol | Gv | D | E |
| 640 | Glycin | Gv | D | e |
| 641 | L-Leucin | Gv | D | – |
| (Die Nummern 640– 899 sind belegt durch Tierarzneimittel/Futtermittelzusätze) | | | | |
| 900 a | Polydimethylsiloxan | Sc | – | E |
| 900 b | Methylphenylpolysiloxan | – | – | – |
| 901 | Bienenwachs | Tr, Üb | D | E |
| 902 | Candelillawachs | Tr, Üb | D | E |
| 903 | Carnaubawachs | Üb | D | E |
| 904 | Schellack | Üb | D | E |
| 905 a | Parraffine, Mineralöle | | | |
| 905 b | Petrolatum | Üb | D | E |
| 905 c | Hautparaffine | | | |
| 906 | Benzoe-Harz | Üb, Tr | D | E |
| 907 | Mikrokristalline Wachse | Üb | D | E |
| 908 | Reisschalenwachs | Üb | – | E |
| 909 | Spermöl | Üb | – | – |
| 910 | Wachsester | Üb | D | – |
| 911 | Methylester der Speisefettsäuren | – | – | – |
| 913 | Lanolin, Wollwachs | Üb | D | E |
| 915 | Kolophonester | Üb | D | E |
| 916 | Calciumiodat | Me | – | – |
| 917 | Kaliumiodat | Me | d | – |
| 918 | Stickoxide | Me | – | – |
| 919 | Stickstoffchlorid | Me | – | – |
| 920 | L-Cystein und -Salze | Me | D | E |
| 921 | L-Cystin und -Salze | Me | D | E |
| 922 | Kaliumpersulfat | Me | – | E |
| 923 | Ammoniumpersulfat | Me | – | E |
| 924 a | Kaliumbromat | Me | – | E |
| 924 b | Calciumbromat | – | – | – |
| 925 | Chlor | Me | D | E |
| 926 | Chlordioxid | Me | D | E |
| 927 a | Azodicarbonamid | Me | – | E |
| 927 b | Harnstoff-carbamid | – | – | – |
| 928 | Benzoylperoxid | Me, Ko | – | – |
| 929 | Acetonperoxid | Me | – | – |
| 930 | Calciumperoxid | – | – | – |
| 940 | Dichlordifluormethan | Pa, Kg | – | – |
| 941 | Stickstoff | Pa, Kg | D | e |
| 942 | Distickstoffoxid | Pa | D | e |
| 943 a | Butan | Pa | – | – |
| 943 b | Isobutan | – | – | – |

# Liste der INS-Nummern

| INS-Nr. | Name des Zusatzstoffs | Klassen | | Zul. |
|---|---|---|---|---|
| 944 | Propan | Pa | – | – |
| 945 | Chloropentafluorethan | Pa | – | – |
| 946 | Oktafluorcyclobutan | – | – | – |
| 950 | Acesulfam-Kalium | Sü | D | e |
| 951 | Aspartam | Sü, Gv | D | e |
| 952 | Cyclaminsäure (und Na-, K-, Ca-Cyclamate) | Sü | D | e |
| 953 | Isomalt (Isomaltitol) | Sü, Tr, Fü, Üb | D | e |
| 954 | Saccharin (und Na-, K-, Ca-Salze) | Sü | D | e |
| 957 | Thaumatin | Sü, Gv | – | e |
| 958 | Glycyrrhizin | Sü, Gv | – | – |
| 959 | Neohesperidin-Dihydrochalcon | Sü | – | e |
| 965 | Maltit und Maltitol-Sirup | Sü, St, Em | D | e |
| 966 | Lactit | Sü, Fü | – | e |
| 967 | Xylit | Sü, Fe, St, Em, Ve | D | e |
| 999 | Quillaya-Extrakte | Sc | – | e |
| 1000 | Cholin | Em | d | – |
| 1001 | Cholinsalze und -Ester | Em | d | – |
| 1200 | Polydextrose A und N | Fü, St, Ve, Fe, Hä | – | e |
| 1201 | Polyvinylpyrrolidon, PVP | Fü, St | – | E |
| 1202 | Polyvinylpolypyrrolidon, PVPP | Fs, St | – | E |
| 1503 | Ricinusöl | Tr | – | – |
| 1518 | Triacetin | Fe | D | e |
| 1519 | Triethylcitrat | Sc | D | – |
| 1520 | Propylenglycol | Fe | D | E |

**Enzyme**

| | | | | |
|---|---|---|---|---|
| 1100 | Amylase | Me | D | E |
| 1101 | Proteasen<br>(i) Protease<br>(ii) Papain<br>(iii) Bromelain<br>(iv) Ficin | } Me, Gv, St, Za | D | e |
| 1102 | Glucoseoxidasen | An | D | e |
| 1103 | Invertasen | St | D | e |
| 1104 | Lipasen | Gv | D | e |
| 1105 | Lysozym | Ko | – | e |

**Modifizierte Stärke**

| | | | | |
|---|---|---|---|---|
| 1400 | Dextrine, weiß und gelb | St, Ve, Bi | D | e |
| 1401 | Säurebehandelte Stärke | St, Ve, Bi | D | e |
| 1402 | Alkalibehandelte Stärke | St, Ve, Bi | – | e |

Liste der INS-Nummern 244

| 1 | 2 | 3 | 4 | |
|---|---|---|---|---|
| INS-Nr. | Name des Zusatzstoffs | Klassen | Zul. | |
| 1403 | Gebleichte Stärke | St, Ve, Bi | D | e |
| 1404 | Oxydierte Stärke | St, Ve, Bi | D | e |
| 1405 | Enzymbehandelte Stärken | Ve | D | e |
| 1410 | Monostärkephosphat | St, Ve, Bi | D | e |
| 1411 | Distärkeglycerin | – | – | – |
| 1412 | Distärkephosphat | St, Ve, Bi | D | e |
| 1413 | Phosphatiertes Distärkephosphat | St, Ve, Bi | D | e |
| 1414 | Acetyliertes Distärkephosphat | Em, Ve | D | e |
| 1420 | Stärkeacetat (mit Acetanhydrid) | Ve, St | D | e |
| 1421 | Stärkeacetat (mit Vinylacetat) | Ve, St | – | e |

# Weiterführende Literatur

AEBI, H., BAUMGARTNER, E., FIEDLER, H. P. und OHLOFF, G.: Kosmetika, Riechstoffe und Lebensmittelzusatzstoffe. Thieme Stuttgart 1978

ALLAN, J. C. und HAMILTON, R. J.: Rancidity in Foods. Elsevier London - New York. 2. Aufl. 1989

BERTRAM, B.: Farbstoffe in Lebensmitteln und Arzneimitteln: Eine Farbstoffübersicht mit toxikologischer Bewertung. Wissenschaftliche Verlagsgesellschaft Stuttgart 1989

BEUTLER, H. O.: Enzympräparate. Standards für die Verwendung in Lebensmitteln. Behr Hamburg 1983

BK LADENBURG: Die Schmelzkäseherstellung. JOHA® Leitfaden. Ladenburg 1989

BODE, J.: Backpulver – Geschichte und Wirkprinzip. Heft 9 der Informationen aus dem Backmittelinstitut 1987

BRANEN, A. L. und DAVIDSON, P. M.: Antimicrobials in Foods. Marcel Dekker New York - Basel 1983

BRODY, A. L.: Controlled/Modified Atmosphere/Vacuum Packaging of Foods. Food & Nutrition Press Trumbull 1989

BURCHARD, W.: Polysaccharide. Eigenschaften und Nutzung. Springer Berlin - Heidelberg - New York - Tokyo 1985

CALDERON M. und BARKAI-GOLAN, R.: Food Preservation by Modified Atmosphere. CRC Press Boca Raton 1991

CHAIGNEAU, M.: Stérilisation et désinfection par les gaz. Maisonneuve Sainte-Ruffine 1977

CHARALAMBOUS, G. und DOXASTAKIS, G.: Food Emulsifiers. Chemistry, Technology, Functional Properties and Applications. Elsevier Amsterdam - New York 1989

CLASSEN, H.-G., ELIAS, P. S. und HAMMES, W. P.: Toxikologisch-hygienische Beurteilung von Lebensmittelinhalts- und -zusatzstoffen sowie bedenklicher Verunreinigungen. Parey Berlin - Hamburg 1987

DFG. DEUTSCHE FORSCHUNGSGEMEINSCHAFT, FARBSTOFF-KOMMISSION: Farbstoffe für Lebensmittel. VCH Weinheim, Loseblattsammlung

FRIEDRICH, W.: Handbuch der Vitamine. Urban und Schwarzenberg München - Wien - Baltimore 1987

FÜLGRAFF, G.: Lebensmittel-Toxikologie. Ulmer Stuttgart 1989

FURIA, T. E. und BELLANCA, N.: Fenaroli's handbook of flavor ingredients. CRC Press Cleveland. 2. Aufl. 1975

GERHARDT, U.: Gewürze in der Lebensmittelindustrie. Eigenschaften – Technologien – Verwendung. Behr Hamburg 1990

GLANDORF, K. K. und KUHNERT, P.: Handbuch Lebensmittelzusatzstoffe. Behr Hamburg 1991. Loseblattsammlung.

HARRIS, P.: Food Gels. Elsevier London - New York 1990

HAUCK, A. B., KUENZLE, C. C. und REHM, W. F.: Vitamin A. Parey Berlin - Hamburg 1991

HOLTMEIER, H. J.: Zink. Wissenschaftliche Verlagsgesellschaft Stuttgart 1991

HUDSON, B. J. F.: Food Antioxidants. Elsevier London - New York 1990

KAWAMURA, Y. und KARE, M. R.: Umami: A Basic Taste. Marcel Dekker New York - Basel 1987

KEMPER, F. und MAYER, D.: Acesulfame-K. Marcel Dekker New York - Basel - Hong Kong 1991

KNORR, F. und KREMKOW, C.: Chemie und Technologie des Hopfens. Brauwelt Nürnberg 1972

KUHNERT, P.: Überzugsstoffe und Trennmittel. Anwendung und Wirkung in und auf Lebensmitteln. Behr Hamburg 1990

LINDNER, E.: Toxikologie der Nahrungsmittel. Thieme Stuttgart. 4. Aufl. 1990

LÜCK, E.: Chemische Lebensmittelkonservierung. Stoffe – Wirkungen – Methoden. Springer Berlin - Heidelberg - New York - Tokyo. 2. Aufl. 1986

MACHLIN, L. J.: Handbook of Vitamins. Marcel Dekker New York - Basel. 2. Auflage 1991

MOLLENHAUER, H. P.: Phosphate – Anwendung und Wirkung in Lebensmitteln. Behr Hamburg 1983

NEUKOM, H. und PILNIK, W.: Gelier- und Verdickungsmittel in Lebensmitteln. Forster Zürich 1980

NEY, K. H.: Lebensmittelaromen. Behr Hamburg 1987

O'BRIEN NABORS, L. und GELARDI, R.: Alternative Sweeteners. Marcel Dekker New York - Basel - Hong Kong, 2. Auflage 1991.

OSSERMAN, E. F., CANFIELD, R. E. und BEYCHOK, S.: Lysozyme. Academic Press New York - London 1974

OTTERSTÄTTER, G.: Die Färbung von Lebensmitteln, Arzneimitteln, Kosmetika. Behr Hamburg 1987

PARDUN, H.: Die Pflanzenlecithine. Verlag für chemische Industrie Ziolkowsky Augsburg 1988

PENNINGTON, N. L. und BAKER, C. W.: Sugar, a User's Guide to Sucrose. Van Nostrand Reinhold Florence 1991

ROUSEFF, R. L.: Bitterness in Foods an Beverages. Elsevier, Amsterdam 1990

RUSSELL, N. J. und GOULD, G. W.: Food Preservatives. Blackie Glasgow - London 1991

VON RYMON LIPINSKI, G.-W. und SCHIWECK, H.: Handbuch Süßungsmittel. Behr Hamburg 1990

SCHÄFER, W. und WYWIOL, V.: Lecithin, der unvergleichliche Wirkstoff. Strothe Frankfurt 1986.

SCHUSTER, G.: Emulgatoren für Lebensmittel. Springer Berlin - Heidelberg - New York - Toyko 1985

SEIB, P. A. und TOLBERT, B. M.: Ascorbic acid: Chemistry, Metabolism and Uses. American Chemical Society Washington 1982

SPICHER, G.: Handbuch Sauerteig. Biologie, Biochemie, Technologie. Behr Hamburg. 3. Aufl. 1987

SOFOS, J. N.: Sorbate Food Preservatives. CRC Press Boca Raton 1989

STAHL, E., QUIRIN, K. W. und GERARD, D.: Verdichtete Gase zur Extraktion und Raffination. Springer Berlin - Heidelberg - New York - London - Paris - Toyko 1987

STEGINK, L. D. und FILER, L. J.: Aspartame. Marcel Dekker New York - Basel 1984

TEGGE, G.: Stärke und Stärkederivate. Behr Hamburg 1984

TÒTH, L.: Chemie der Räucherung. Wissenschaftliche Arbeitspapiere der Senatskommission zur Prüfung von Lebensmittelzusatz- und -inhaltsstoffen. Verlag Chemie 1982

TUCKER, G. A. und WOODS, L. F. J.: Enzymes in food processing. Blackie Glasgow - London 1991

VETTORAZZI, G. und MACDONALD, I.: Sucrose. Nutritional and Safety Aspects. Springer London - Berlin - Heidelberg - New York - Paris - Tokyo 1988

WALLHÄUSSER, K. H.: Praxis der Sterilisation – Desinfektion – Konservierung – Keimidentifizierung – Betriebshygiene. Thieme Stuttgart - New York. 4. Aufl. 1988

WHISTLER, R. L. und HYMOWITZ, T.: Guar. Agronomy, Production, Industrial Use and Nutrition. Purdue University Press West Lafayette 1979

WIEDER, G.: Genußsäuren und ihre Salze. Anwendung und Wirkung in Lebensmitteln. Behr Hamburg 1989

WINTERMEYER, U.: Vitamin C, Deutscher Apotheker Verlag Stuttgart 1981

ZIEGLER, E.: Die natürlichen und künstlichen Aromen. Hüthig Heidelberg 1982

ZUMKLEY, H.: Spurenelemente. Grundlagen – Ätiologie – Diagnose – Therapie. Thieme Stuttgart - New York 1983